供託されても
ひるまない

徴収職員のための
供託制度の知識と対処法

吉国智彦 [著]
社会保険労務士・公租公課徴収指導者

第一法規

はしがき

1　筆者の認識

　筆者は、社会保険事務所（社会保険庁）及び年金事務所（日本年金機構）に41年余勤務し、平成29年7月末をもって退職した。そこでは、保険料徴収又は滞納処分実務担当者（徴収職員）又は管理者（指導者を含む）の経験が通算して31年余となった。それくらい経験があると、本書の題材である「供託」には、何度も出会い、滞納処分実務における供託の重要性を理解できる。

　しかし、重要と認識できたとしても、供託制度は底の深い法律知識であって、弁護士にとってさえも難解な分野である。自治体では、選挙供託において馴染みが深いが、行政職の全体からみたときには、供託に出会うことはやはり稀といえ、供託に対応する局面は少ない。

2　徴収職員向け滞納処分実務書の必要性

　滞納処分実務においては、供託制度の理解は極めて重要で、かつ、頻度も高く、迅速性・正確性が要求されるため、知識のある職員でなければ対応が困難となっている。

　供託制度は、重要な仕組みであるからその解説書は多く出されているが、滞納処分と供託の関係を体系的に解説しているものは少ないのが実情である。

　筆者も滞納処分実務初期の段階から供託に出くわし、調べようにも職場に解説書がなく、供託を理解するためだけに多くの時間を費やした経験がある。

　法解釈では、理屈をこねることが多いところ、供託は、これでもかというほど理屈をこねくり回している側面があって、滞納処分実務の中でも難しい分野といえるであろう。

　滞納処分実務では、今日は財産があっても明日にはなく、迅速な判断が求められるのである。この認識に基づき、滞納処分の観点からみた供託の解説書が必要と考え、これまでの経験をふまえて刊行に至ったものである。

3 徴収職員の資質向上

　筆者は、年金保険・医療保険の実務担当者であった。保険料は、制度の根幹であるし、また、行政全般の施策に財源確保は不可欠であり、これを抜きに行政は成り立たない。それを支える遣り甲斐の高い業務といえる。反面、徴収・滞納処分業務というものは、納付者との間で軋轢が生じることが多く、一般に敬遠されがちである。たしかにそういう側面も多く経験することになるが、高度な法的知識を有して、的確な徴収・滞納処分ができたときは、具体的な成果としてスカッとした満足感のある業務でもある。

　滞納処分を遂行していけば供託への対応を行う事態は不可欠であり、本書を活用して遣り甲斐と満足度の高い業務となれば幸いである。

4 判例を重視

　判例に示される解釈は重要であるから、積極的に紹介する構成としている。判例から学ぶことは多く、一つの解釈だけではなく、複数の解釈が示されていることが多いし、滞納処分において証拠を積み上げること、行政法の立場から考察するなど、実務での注意事項を学ぶことができる。判例集としての価値も見出していただきたい。

　広範な行政事務を担当する自治体職員では、徴税事務以外の部署においても役立つこと必定である（後記徴収職員体験記・番外編参照）。

5 本書の特徴

　法律には解釈が伴い、その最終解釈は裁判所（特に最高裁判所）によるため、判例と向き合うことは必要不可欠である。一方で、徴収するためには、迅速性、正確性、適法性の三つを合わせ有すべきで、現場の判断が裁判に持ち込まれた場合、裁判所から支持を受けるものでなければならない。

　ところが、たいていの解説書は、判例の存在を紹介するにとどまっているし、読むところまでいったとしても、初学者には、これを読み解くことがなかなか難しい。

　そこで、本書は、判例を掲載しつつ、他書では見られない次の編集を行っ

ており、原文よりも格段に読みやすく、初学者でも簡単に読み解くことができる。

6　オンリーワンの解説書

(1)　判例には見出しをつけ、「事案の概要図」を掲載しているため、要点、当事者、時間軸が容易にわかる。

(2)　法律条数、年月日、金額、数値等はアラビア数字に置き換えている。

(3)　従来、法令は、「だつた」「あつては」等のように、大書きにすることが慣例となっていたが、昭和63年12月招集第114回通常国会に提出される法律から、「だった」「あっては」のように小書きすることになり、これをふまえ、大書きされている箇所は小書きに編集して読みやすくした。

(4)　「**供託物払渡請求権**」「**供託物取戻請求権**」「**供託物還付請求権**」の3つの用語の区別がつきやすいよう表記（編集）を統一している。

(5)　解説書を読むときによく体験するが、法律を探してその条文を読むことは、けっこうな労力である。あちこち開く手間を解消するため、必要に応じて関係条文を掲記した。

(6)　本書では、供託当事者をわかりやすくするため、供託者、被供託者、供託所の図を次のとおり統一した。

最後に、本書の刊行に際して、第一法規・出版編集局編集第二部大庭政人氏との間に、よいものを発信しようとの共通理解があったことは、当方にとって大きな勇気であった。

企画時には、難解な法律をよく研究され、細かな部分まで当方の意見を汲み取っていただいたことで、自治体職員をはじめとした多くの徴収職員にこれまでとは発想の異なるわかりやすい図書を提供できることは両者にとって大きな喜びである。優秀な編集者との出会いがあったからこそであると、深く感謝を申し上げる。

目次

はしがき

略語表

■ 徴収職員体験記・提言編（判例が読める職員）

第1章　供託の意義

1　供託との出会い……………………………………………………………1
2　供託の沿革…………………………………………………………………2
3　供託の字解…………………………………………………………………2
4　供託の意義…………………………………………………………………3
5　供託の根拠法令……………………………………………………………4
■ 徴収職員体験記1（主観論対法律論）……………………………………5

第2章　供託制度の基本

第1節　供託制度の当事者

1　難解な供託制度……………………………………………………………9
2　供託者………………………………………………………………………9
3　被供託者……………………………………………………………………11
4　供託者と被供託者の当事者能力…………………………………………11
5　供託の当事者適格…………………………………………………………12
6　供託所………………………………………………………………………13
　(1)　金銭、有価証券及び振替国債の場合　13
　(2)　物品の供託所　13
　(3)　弁済供託における特殊供託所　13
7　供託所の機能（現金取扱庁と非現金取扱庁）…………………………14

8	供託官の位置付け	14
9	供託官の職務とその権限	15
10	供託官の処分に対する不服申立制度	26

第2節　供託物と供託物払渡請求権

1	供託の目的物	33
2	供託物払渡請求権	34

■ 徴収職員体験記2（正確性が要求される）……………………35

第3章　供託の構造

1	供託手続きの流れ	37
2	供託物払渡請求権の差押え又は譲渡	38
3	供託物取戻請求権と供託物還付請求権の関係	40
4	供託物取戻請求権の処分と還付請求権の行使	42
5	供託の受諾	53
6	供託金払渡手続き	54

　(1)　供託物還付請求権　54
　(2)　供託物取戻請求権　55

■ 徴収職員体験記3（暗躍する地面師）……………………56

第4章　供託制度の概要

第1節　供託の種類

1	弁済供託	59
2	徴収法上の担保供託	61
3	裁判上の担保供託	65
4	営業保証供託	66
5	執行供託	67

6　混合供託 71
　(1)　混合供託の定義　71
　(2)　混合供託の存在意義　72
　(3)　混合供託の事例1　75
　(4)　混合供託の事例2　76
　(5)　混合供託の事例3　76
　(6)　混合供託ではない事例　77
7　選挙供託 77
　(1)　立候補届出の供託　77
　(2)　供託所の管轄　78
　(3)　供託の性質　78
8　没取供託 81
9　保管供託 82
10　強制執行の権利供託と義務供託 82
　(1)　権利供託　82
　(2)　義務供託　84
11　仮差押えの権利供託 85
12　執行供託と転付命令 88
13　滞調法の権利供託・義務供託 92
　(1)　滞納処分による差押え、強制執行による差押えの順（権利供託）　93
　(2)　強制執行による差押え、滞納処分による差押えの順（義務供託）　94
　(3)　滞納処分による差押え、仮差押え又はこの逆（権利供託）　95

第2節　供託金の変動

1　供託金の利息 97
2　供託金利息の利率経過 98
3　供託金利息の払渡請求権者 98
4　供託物払渡請求権の差押えとその利息への効力 99
5　供託金払渡請求権の消滅時効 103

(1) 供託金払渡請求権の消滅時効の起算の先例要旨　103
 (2) 供託金払渡請求権の消滅時効の起算点　104
 (3) 供託金払渡請求権の消滅時効期間　105
■ 徴収職員体験記4（知識の引き出し）……………………………………127

第5章　徴収実務と供託

第1節　徴収法上の債権差押えの取扱い
1　債権差押えと供託の関係……………………………………………………129
2　債権の全額差押え……………………………………………………………129
3　債権を全額差押えする立法趣旨……………………………………………131
4　一部差押えの問題点…………………………………………………………137
5　処理を複雑化する一部差押え………………………………………………138
6　債権譲渡と債権差押えの競合………………………………………………139
7　差押えと債権譲渡通知との先後が不明である場合の債権者不確知供託
　……………………………………………………………………………………146

第2節　滞納処分実務と供託
1　残余金が生じる場合…………………………………………………………148
2　弁済供託の要件………………………………………………………………149
 (1) 債権者の受領拒絶　149
 (2) 債権者の受領不能　150
 (3) 債権者不確知　150
3　供託場所………………………………………………………………………163
4　弁済供託書の作成例…………………………………………………………165
5　弁済供託の通知………………………………………………………………166
6　残余金の供託金還付請求権を差押えする場合……………………………167
7　仮差押解放金債権の差押え…………………………………………………168
8　みなし仮差押解放金債権の差押え…………………………………………169

9	仮差押解放金の取立て	170

第3節　金銭債権に対する差押えの競合その1（滞調法）

1	滞納処分による差押え後の強制執行による差押え	170
2	滞納処分の債権差押えと強制執行による債権差押え	173
3	強制執行による差押えの効力拡張の理由	174
4	取立て等の制限	175
5	滞調法上の権利供託	175
6	供託することができる金額	178
7	第三債務者への供託等の教示	180
8	第三債務者からの事情届	180
9	事情届があった場合の処理	180
10	債権差押えの基本の遵守	182
11	供託金の還付等	182
12	裁判所の配当	185

第4節　金銭債権に対する差押えの競合その2（滞調法）

1	強制執行による差押え後の滞納処分による差押え	185
2	強制執行による差押えの効力の拡張	188
3	差押競合債権	189
4	差押競合債権となった場合の通知など	190
5	滞調法上の義務供託	191
6	供託すべき金額	192
7	第三債務者からの事情届	194
8	裁判所の配当	194

第5節　金銭債権に対する差押えの競合その3（滞調法）

1	滞納処分と強制執行による差押通知が同時到達した場合	196
2	滞納処分と強制執行による差押通知の到達先後不明の場合	203

第6節　混合供託がされている供託金還付請求権の差押え

1 滞納処分における執行供託と混合供託での実務 …………………204
2 供託金還付請求権の取立て ………………………………………205
3 国税庁通達の意味 …………………………………………………206
4 混合供託の事案と債権譲渡の承諾 ………………………………208
5 供託物取戻請求権譲渡及び供託物還付請求権譲渡の確定日付 …………215

第7節　仮差押えがされている金銭債権への滞納処分による差押え

1 仮差押えと滞納処分による差押え ………………………………219
2 仮差押競合債権 ……………………………………………………219
3 仮差押競合債権における第三債務者の供託 ……………………220
4 仮差押競合債権を配当した結果の残余金 ………………………221
■ 徴収職員体験記5（こだわりすぎ）……………………………………236

第6章　執行法と保全法による供託

第1節　執行法編

1 民事執行と滞納処分の相違 ………………………………………239
2 執行法上の権利供託（執行法第156条第1項）…………………241
3 執行法上の義務供託（執行法第156条第2項）…………………246

第2節　保全法編

1 保全法上の権利供託 ………………………………………………247
2 仮差押解放金債権の意義 …………………………………………251
3 みなし仮差押解放金債権の意義 …………………………………255
4 仮差押解放金の取立て ……………………………………………257
■ 徴収職員体験記6（1秒で判断する）…………………………………258

第7章 破産手続開始決定と供託金還付請求権の差押え

1 破産手続開始決定と滞納処分による差押え…………………261
2 基本債権の差押え後に基本債権が供託されたときの取扱い………265
3 破産手続開始決定後の供託物還付請求権との関係……………271
4 新たな滞納処分か否か……………………………………273
■ 徴収職員体験記7（破産と滞納処分）……………………274

第8章 供託の閲覧手続き

1 供託物払渡請求権の差押え………………………………277
2 徴収法上の質問及び検査権………………………………277
3 供託に関する書類の閲覧規則……………………………278
4 閲覧を請求できる者（利害関係人）………………………278
5 官公署からの閲覧請求規定………………………………279
6 閲覧方法……………………………………………………280
7 閲覧申請書の内容…………………………………………281
8 閲覧による消滅時効中断…………………………………281
■ 徴収職員体験記8（時効の制度も実は難しい）…………287

第9章 法令

1 供託法（明治32年法律第15号）…………………………291
2 供託規則（昭和34年法務省令第2号）……………………293

様式編

1 第三債務者への供託及び事情届提出の教示………………322
2 第三債務者からの事情届…………………………………323

3 滞調法の事情届通知書（滞納処分庁→裁判所）……………………324
4 滞納処分庁からの残余金受け取りの催告………………………………325
5 副本ファイル閲覧申請書…………………………………………………326
6 滞調法上の差押え及び交付要求解除（通知）書（滞納処分庁→裁判所）
　　　……………………………………………………………………………327
7 滞調法上の債権差押通知書（滞納処分庁→裁判所）（国税様式）…………328
8 滞調法上の滞納現在額申立書（滞納処分庁→裁判所）（国税様式）………329
9 滞調法上の差押通知書及び交付要求書（滞納処分庁→裁判所）（国税様式）
　　　……………………………………………………………………………330

事項索引　331

判例年月日索引　334

判例要旨索引　336

先例年月日索引　338

先例要旨索引　339

略語表

1　本文中の法令等の略語は次のとおりである。

法令

供託法：供託法（明治32年2月8日法律第15号）
供託規則：供託規則（昭和34年1月17日法務省令第2号）
民法：民法（明治29年4月27日法律第89号）
改正民法：民法の一部を改正する法律（平成29年6月2日法律第44号）
徴収法：国税徴収法（昭和34年4月20日法律第147号）
徴収法施行令：国税徴収法施行令（昭和34年10月31日政令第329号）
徴収法施行規則：国税徴収法施行規則（昭和37年4月2日大蔵省令第31号）
通則法：国税通則法（昭和37年4月2日法律第66号）
滞調法：滞納処分と強制執行等との手続の調整に関する法律
　　　　（昭和32年5月2日法律第94号）
滞調法政令：滞納処分と強制執行等との手続の調整に関する政令
　　　　　　（昭和32年8月1日政令第248号）
滞調法規則：滞納処分と強制執行等との手続の調整に関する規則
　　　　　　（昭和32年8月1日最高裁判所規則第12号）
地方税法：地方税法（昭和25年7月31日法律第226号）
民訴法：民事訴訟法（平成8年6月26日号外法律第109号）
執行法：民事執行法（昭和54年3月30日法律第4号）
執行法施行令：民事執行法施行令（昭和55年8月30日政令第230号）
執行法規則：民事執行規則（昭和54年11月8日最高裁判所規則第5号）
保全法：民事保全法（平成元年12月22日法律第91号）
保全規則：民事保全規則（平成2年5月16日号外最高裁判所規則第3号）
厚年法：厚生年金保険法（昭和29年5月19日法律第115号）
健保法：健康保険法（大正11年4月22日法律第70号）
徴収法基本通達：国税徴収法基本通達（国税庁）
通則法基本通達：国税通則法基本通達（国税庁）
滞調法基本通達：滞納処分と強制執行等との手続の調整に関する法律の逐条通達
　　　　　　　　（国税庁）

判例

大判（決）：大審院判決（決定）
最（大・一・二・三）判（決）：最高裁判所（大・第一・二・三）法廷判決（決定）
高判（決）：高等裁判所判決（決定）
地判（決）：地方裁判所判決（決定）

判例集

民録：大審院民事判決録
民集：最高裁判所民事判例集
集民：最高裁判所裁判集民事
判時：判例時報
判タ：判例タイムズ
金法：金融法務事情
高民集：高等裁判所民事判例集
下民集：下級裁判所民事判例集
行集：行政事件裁判例集
訟務：訟務月報
税資：税務訴訟資料

参考文献

吉岡供託実務：吉岡誠一　新版よくわかる供託実務（日本加除出版）
実務供託入門：登記研究編集室　新訂実務供託法入門（テイハン）
執行供託実務：立花宣男著　全訂執行供託の理論と実務（金融財政事情研究会）
供託実務事例：東京法務局ブロック管内供託実務研究会編　供託実務事例集
　　　　　　　（日本加除出版）
ジュリ 107 百選：別冊ジュリスト 107 供託先例判例百選（有斐閣）
ジュリ 158 百選：別冊ジュリスト 158 供託先例判例百選（有斐閣）
小田執行保全法：小田司編　Next 教科書シリーズ民事執行法・民事保全法（弘文堂）
平野執行保全法：平野哲郎　実践民事執行法民事保全法（日本評論社）
中野執行法：中野貞一郎　現代法律学全集 23 民事執行法〔新訂 4 版〕
潮見債権総論：潮見佳男　債権総論Ⅱ［第 3 版］債権保全・回収・保証・帰属変更
　　　　　　　（信山社）

徴収職員体験記・提言編

判例が読める職員

　冒頭、筆者の経験則上から、判例の重要性について問題提起をさせていただく。

　筆者が徴収職員となったのは、昭和56年4月、岩国社会保険事務所であった。まだ駆け出しの頃に、売掛金債権を差し押さえたところ、滞納事業主が男性一人を伴って来所してきた。郵送した差押調書謄本を目の前でひらひらとさせ、「吉国さんはあんたか。やってくれたのおー。だけど、これは取れんど。わしはこの売掛を放棄する。この人が売掛先じゃ。○○さん（第三債務者）、わしは売掛を放棄したから社会保険事務所へ払わんでいい。（筆者を手で指して）この人が証人だ。吉国さんいいな」と言う。まさかの予測していない事態で、どう言ったらよいのか内心困っていると、「それを確認しに来た。ええな」と畳みかけられる。何か言わねばと「それでは、社長さんの損になるではないですか。これが保険料に充てられたなら社長さんの借金も減るのだから」とは、かえって火に油を注ぐ発言。「やかましい。社会保険にうちの経営をどうこう言われる筋合いはない。社会保険に取られるくらいならどぶに捨てた方がましだ」とまで言い切る。やけくそな話だからそんな反応となることはなんとなく予測できたのだが。この辺になると、大きな声が事務所内に響き渡っている。こうなると筆者の手に追えない。すぐに決着を図ろうとする事業主に、後日回答するからいいではないかと伝えて引き取ってもらう。

　事情は奥にいる課長、所長まで行き渡って、「怪しい話だ。ああやって差押えを解除させて、回収しようとしているのだろう」「あの二人はお互い示し合わせているのだろう。そういう証拠がつかめないか」「社長の話は嘘に決まっている」などと相談するも、決め手となる対応に結びつかない。

　そこで、それまで接触がまったくなかったのであるが、税務署へ聞きにいくことにした。駆け込んで事情を話すと、瞬時に結論が出た。差押えには処分禁止効がある。放棄するというのは勝手だが、差押えの効力が生じている

以上、放棄は処分だからすることはできない。だから取立てできるとの説明。

そうだったのか。すご〜く納得のいく結論で、更にどこに書いてあるかと聞けば、これまたすぐに徴収法基本通達の該当部分を示してくれた。え〜っ！あり得ない。別世界に立っているほど素晴らしすぎる。

翌日、第三債務者のもとへ行き、その説明をすると特に反論することもなく取立てに応じるとの態度。第三債務者もやむを得ず滞納者に付き合っていたようで、怪しい話と感じていたようであった。

いずれにせよ、まんまと滞納者の土俵に上がらされ、踊らされたことになる。しかし、このときの経験で、「このときはこうやる」との仕事ぶりは間違いで、徴収法（基本通達）を学ばないといけないことがわかった。そこで、それを少しずつ読み、経験を積み重ねていくとともに、判例を学ぶべきことにいきついた（長い時間を費やしたが）。

社会保険の職場において、判例の重要性に気がつき、それを活用して指導することになったのは、筆者が最初だと思っている（そういう先輩に出会っていない）。

裁判は、事実審と法律審で構成されるから、判決文を読むと、これこれの事実で、これを法律にあてはめるとこの判決になるとの構成になっている。

徴収職員は、滞納処分における事実を調査し、その証拠を収集し、その結果に基づいて滞納処分の執行をすることになる。解説書では、判例の結論のみ引用されていることが多数で、実際に判決文を読むと、「これこれの事実を証する資料があった」ということがわかるし、実際の紛争の経過がわかってその事案に自己の姿を投影して考察することもでき、徴収職員としての成長に繋げていくことができた。単に法律の解釈だけではなく、滞納処分業務においてどう立ち回るかべきかが見えてくるのである。そして、そのことは、行政事務全般に共通している。

社会保険庁・日本年金機構では、徴収の正反対である年金給付があり、判例を学ぶ態度はそこでも活かすことができた。

自治体職員では、生涯を通じると最も広範囲に行政事務を司ることであろ

う。判例に強い、判例に根拠を求めるとの姿勢は、あらゆる部署において公平・中立な事務を執行できることに繋がることは間違いない。

　そういった観点からも本書を活かしていただきたいと、切望している。

第1章 供託の意義

1 供託との出会い

　筆者は、昭和51年4月に社会保険庁に採用され、当時は各県ごとに社会保険事務所を統括する組織（山口県民生部保険課）があって、その庶務係であった。そして、昭和54年4月に社会保険事務所の厚生年金保険・健康保険の適用係、昭和56年4月から徴収課（保険料徴収・滞納処分業務）の担当となった。

　その徴収課配属時に、管内の保険医療機関が診療報酬の不正請求を行い、その行為が明るみに出た頃、保険料が滞納となり、社会保険診療報酬支払基金に対する診療報酬債権の差押えを執行した。社会保険事務所だけではなく、他の債権者がその診療報酬債権の差押えを執行したようであり、担当である先輩職員と課長が「支払基金からキョウタクすると連絡があった」という会話をしている。仕事上はもちろん、それまでの人生においても聞いたことがない単語。

　「課長、さっきのキョウタクってなんですか。どんな漢字を書くのですか」
　「私もよくは知らんのだが、社会保険事務所へ払わないで法務局へ預けることのようだ」という説明ぶりで、「供託」の2文字を漢字で書き示してくれたものだ。

　徴収課に配属されると、生まれて初めて小切手、手形の実物を見たという具合で、専門的な仕事だなあと感ずることが多々あった。それでも小切手、手形の存在は何となくは知っていた。しかしながら、供託なんて字句はまったく聞いたことがなく、近寄りがたい響きがあったことを覚えている。

　課長からも明確な説明はなく、また、当時、供託について調べようにも参考文献がなく、そうなるとどのように行動すべきなのかわからない。直接の

担当でもなかったことから、あやふやなままとなって、聞いたこともない言葉があるものだとの記憶が残っただけであった。

2　供託の沿革

　わが国の供託制度は、明治23年に旧民法が公布されると同時に、同年7月25日勅令第145号をもって供託規則が定められた。その後、新民法の施行に伴い、明治32年2月8日法律第15号をもって現行の供託法が公布され、同年4月1日から施行された。

　当初、大蔵省所管の金庫で取り扱う制度として発足し、民法、商法、民事訴訟法等の司法行政と密接な関係があることから、司法省に供託局を新設してそこで取り扱うことになった。昭和22年5月に司法省が法務庁に改組されると供託局は司法事務局となり、司法事務局が法務局及び地方法務局に改組されたというのが沿革である（浦野雄幸：ジュリ107百選-43）。

　このように、供託を取り扱う担当組織には変遷があるところ、供託制度は、最も古くからある制度の一つであり、それだけ重要な仕組みといえる。

3　供託の字解

　次に「供」と「託」の漢字の意味をみることにしよう。

　「供」は、提供、物品などをさし出して相手の用にあてることであり、「託」は、よせる、たのむ、まかせる、の意味である（白川静：常用字解）。合わせれば、さし出して、たのみ又はまかせるとの熟語になり、供託の仕組みを端的かつ見事に表現している。

　少し脱線すると、平成30年1月から開始となった「つみたてＮＩＳＡ」は、少額からの長期・積立・分散投資を可能とし、非課税であることが売りとなっている。これは、公募株式投資「信託」と上場株式投資「信託」に限定されている。信託とは、投資者（委託者）から資金を集め、運用のプロである受託者が運用を行い、委託者へ利益の還元を行うもので、委託者が受託者へ資金をよせて、まかせる仕組みである。

4　供託の意義

3のとおり供託とは、供託者が、供託物（財産）を供託所にさし出して、その管理をまかせて、供託所を通じて供託物を被供託者に取得させる制度といえる（図1）。

更に法的な解説をすれば、「供託制度は、弁済者が弁済の目的物を債権者のために供託所に寄託して債務を免れる制度として広く利用されている」（実務供託入門-1）。「供託は、公法上の一種の寄託契約と観念される」（執行供託実務-2）。「ことに弁済供託の供託関係は、通説によれば、第三者（債権者）のためにする寄託契約である」（五郎丸豪紀：ジュリ158百選-174）と解説され、「もともと、弁済供託は、弁済者の申請により供託官が債権者のために供託物を受け入れ管理するもので、民法上の寄託契約の性質を有するものである」（後掲最大判昭45.7.15民集24-7-771）と判示されている。

寄託が共通項であり、寄託とは、「当事者の一方が相手方のために保管をすることを約してある物を受け取ることによって、その効力を生ずる」（民法第657条）と規定されているとおり、保管を目的とするものといい得る。

供託には、各種の形態があり、これらをまとめて解説することは困難であるが、少し丁寧に定義づけをすれば、一般には、「金銭、有価証券（振替国債を含む）(注1)その他の物品を国家機関である供託所又は法務大臣の指定する倉庫業者等に提出して、その管理に委ね、その供託所又は倉庫業者等を

【図1】

(注1)　国債とは、もともと紙媒体である国債証券（券面・有価証券）の存在を前提としていたところ、現在では、社債、株式等の振替に関する法律により、国債はペーパーレス化され、権利となっており、この権利の帰属は、前記法律による振替口座簿の記載又は記録により定まるものとされている。社債や株式もペーパーレス化されており、徴収法上では、これらを振替社債等と呼び、差押えの手続きが規定されている（同法第73条、第73条の2参照）。

通じて、それらの物をある人に受領させることにより、債務の弁済、裁判上の担保又は営業上の担保等における一定の法律上の目的を達成しようとする手続き」（吉岡供託実務-1）とされている。

5　供託の根拠法令

　供託は、法令において供託を義務付け又は供託を許容する規定がなければすることができない。その主要な法令と条文を示すと次のとおりである。詳細は、実務供託入門の供託根拠法令条項一覧（501頁）を参照されたい。
　滞納処分実務に直接、影響を与えるのは、民法、徴収法、通則法、滞調法、執行法、保全法となる。

【表1】供託義務又は許容規定

法令名	条項
民法 （明治29年4月27日法律第89号）	第366条、第394条、第398条の22、第461条、第494条～498条、第578条
商法 （明治32年3月9日法律第48号）	第518条、第524条、第527条、第585条、第586条、第621条、第622条、第754条、第773条
会社法 （平成17年7月26日法律第86号）	第141条～142条、第154条、第272条、第840条
公職選挙法 （昭和25年4月15日法律第100号）	第92条
土地収用法 （昭和26年6月9日法律第219号）	第83条、第95条、第98条～第100条
国税徴収法 （昭和34年4月20日法律第147号）	第133条、第134条、第152条、第159条
国税通則法 （昭和37年4月2日法律第66号）	第46条、第121条
滞納処分と強制執行等との手続の調整に関する法律 （昭和32年5月2日法律第94号）	第20条の6、第20条の9、第36条の6、第36条の12
仮登記担保契約に関する法律 （昭和53年6月20日法律第78号）	第7条

法令名	条項
民事訴訟法 (平成8年6月26日法律第109号)	第75条、第405条
民事執行法 (昭和54年3月30日法律第4号)	第15条、第91条、第104条、第108条、第137条、第141条、第156条、第157条、第168条
民事保全法 (平成元年12月22日法律第91号)	第4条、第14条、第22条、第25条、第47条、第49条、第50条
宅地建物取引業法 (昭和27年6月10日法律第176号)	第25条、第26条、第28条、第29条、第64条の7、第64条の8、第64条の15、第64条の23
旅行業法 (昭和27年7月18日法律第239号)	第7条、第8条、第9条、第18条、第22条の8、第22条の9、第22条の15、第22条の22
船舶の所有者等の責任の制限に関する法律 (昭和50年12月27日法律第94号)	第19条、第21条、第22条、第30条
船舶油濁損害賠償保障法 (昭和50年12月27日法律第95号)	第38条(船舶の所有者等の責任の制限に関する法律の準用)

徴収職員体験記 1

主観論対法律論

　本書は、主として滞納処分実務の参考となる内容である。供託は、滞納処分に関して多く対応することになるだけではなく、個人の日常生活や滞納処分以外の業務においても関係してくる。供託の字句には、近寄りがたい響きがあるとしても、概要ぐらいは知っておくべき法律なのである。

　年金相談における困難案件が供託によって解決した事例を紹介しておく。老齢厚生年金の年金額は、厚生年金保険の加入月数、その加入時の給与・賞与(標準報酬という数値に置き換えて計算する)がいくらであったかによって定まる。したがって、加入開始時から前記年金記録が基礎年金番号によって管理され、年金額が計算される仕組みとなっている。

　ある男性の老齢厚生年金において、前記の年金記録に誤りがあったことか

ら、決定していた年金額を減額改定せざるを得ない事態が発生した。年金相談窓口において、返納すべきおよその金額を試算し、50,000円程度とお伝えし、納得いただいたはずであった（そう感じられた）。

実際の計算結果では、49,000円の返納となり、後日、年金受給者宛に納入告知がされたところ、当該年金受給者が年金事務所へ来所され、約束だから5万円受け取れと主張。50,000円は概算である旨説明するもまったく聞き入れず、一方的に50,000円及び納入告知書を置き去ってしまった。

年金事務所としては、年金受給者から49,000円の範囲内において納入手続きの委託を受けたと解し、金融機関にてその納入手続きを行い、1,000円の金員と領収証書を自宅に持参した。ところが、領収証書は受け取っても、頑として1,000円も年金事務所が受け取れとの主張に終始し、受領を拒否。やむなく一旦年金事務所へ持ち帰り、郵便によって返金したところ、すぐさま年金事務所を訪れ1,000円を置き去ってしまった。その後、電話による説得、奥様に対して協力を求めるもいずれも不調。へとへとになって、1,000円とにらめっこする日々であったという。

そうして、何かよい解決策はないものかと筆者に相談があった。供託の制度を説明するとともに、供託書を以下のような記述として手続きをするよう勧めた。この対応をとることにより、供託が完了し、あっという間に一件落着したのである。

《上記事案の供託書の供託原因欄の記載》

1 　被供託者（編注：年金受給者）は、国民年金法・厚生年金保険法上の年金受給者であるところ、年金受給の基礎となる年金記録の訂正により平成○年○月○日付けをもって年金額の減額改定がされ、これにより過払額が生じ、平成○年○月○日付け被供託者宛返納金49,000円の納入告知が行われた。

2 　年金記録訂正手続き時において、供託者（編注：年金事務所）職員は、被供託者に対して返納金額は概算で5万円であることを説明していたところ、被供託者は5万円に固執し、平成○年○月○日供託者を来訪し、5万円の金員及び返納金納入告知書を供託者の年金相談窓口に一方的に差し

置いた。
3 　供託者は、被供託者の 49,000 円の範囲内で納入手続きを代行した結果、1,000 円の金員を返還すべく平成○年○月○日被供託者自宅を供託者職員が訪問し、受領を求めたが、受領を拒否された。
4 　供託者は、平成○年○月○日付け郵便によって、被供託者宛に 1,000 円の金員を返還したところ、被供託者が再び来訪し、供託者職員の制止を聞くことなく、供託者年金相談窓口に同金員を差し置いた。
5 　平成○年○月○日をもって 1,000 円を受領するよう書面によって催告を行ったが、受領をしないため、供託する。

　これは年金事務所において 1,000 円の返還債務があると認識できる場面であり、年金事務所が債務者の立場にある。弁済供託として、供託すれば年金事務所の債務は消滅することになる。年金受給者が受け取ってくれないからと手元に保管しておくならば、来るか来ないかわからないのに（この事案では来ない確率が 100％）、いつも 1,000 円を用意しておかなければならず、これはやってられない。弁済供託は、この事態から債務者を救ってくれることになる。
　行政窓口では、ときに難題を持ち掛けられる。そのときに、主観論対主観論になりがちである。職員は、主張を受け止めて、理解を得られるよう説明する態度が求められる。そのうえで、どんな法律問題なのかを考えて、主観論対法律論として考慮することが必要となってくる。肝心の法律を知っていなければ、延々と相手の土俵にとどまるしかない。
　前記事案では、被供託者である年金受給者が供託所より供託金の還付を受ければこの供託は目的を遂げて終わることになる。しかし、この方はおそらくその行動はとっていないと想像される。
　供託金還付請求権には消滅時効があるから、供託時より 10 年で消滅時効が完成することになる。この事案は、平成 23 年頃であったから、供託所においてひたすら消滅時効の完成を待っているのであろう。消滅時効が完成すると歳入納付の手続きによって国庫に帰属することになる。

第2章 供託制度の基本

第1節 供託制度の当事者

1 難解な供託制度

　供託制度は、重要な仕組みであるとしても、一般に馴染みがあるものではなく、複雑かつ難解であるといってよく、実務経験がなければ弁護士においてさえわからないと言わしめる。

　基本のキ、いろはのイという言い方をする。供託制度における用語の理解から始めることとする。中でもわかりにくいのは、次節で解説する**供託物払渡請求権**の構造（**供託物取戻請求権**と**供託物還付請求権**）であり、ここを理解することは基本のキ、いろはのイといえる。これがわからなければどんな解説書を読んでも理解できず、また、正確に理解をしていなければ不正確な対応をすることになってしまう。和解調書で**供託物取戻請求権**と**供託物還付請求権**を取り違えて記載したために、せっかく和解で解決した事件が再燃したケースを体験したとの紹介がされている（平野執行保全法-44）くらいである。他山の石としたい。

2 供託者

　簡単な事例から紹介してみよう。滞納処分で多い事例は、滞納処分による換価代金等を配当した結果、残余金が生じたときは、これを滞納者へ交付することになる。しかし、滞納者（もっともこの時点では、既に完納となっているからかつての滞納者ということになる）が行方不明又は受領を拒否したときは、残余金を供託することになる（図2）。滞納処分庁が公租公課の債権者、滞納者がその債務者であったところ、一転して滞納処分庁が滞納者に

対する債務者となったわけである。残余金を交付できないとすれば、滞納処分庁は常に弁済できる用意をしておかねばならず、管理に多大な労力を費やすことになるため、弁済供託（注1）によって債務を免れることができるわけである。

このときは、滞納処分庁が供託者、滞納者が被供託者となるから、供託書では、供託者とは滞納処分庁、被供託者とは滞納者を指し、供託書の供託の原因たる事実欄では、滞納処分庁や滞納者の固有名詞を記載するのではなく、「供託者は…」、「被供託者は…」と記載していく。未経験者にとっては、やたら難しい記述となることはたしかである（徴収職員体験記1参照）。

このように供託者とは、供託物の目的物を供託所に提出してその保管に委ね、もって、弁済、担保権設定等の効果を享有する者である（吉岡供託実務－6）。

供託の態様によっては、供託者が第三債務者となる場合もある（図3）（注2）。

【図2】差押債権者の残余金の弁済供託

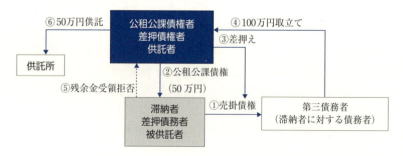

(注1)　金銭その他の財産の給付を目的とする債務を負担している債務者が当該債務を弁済しようとしても債権者が弁済の受領を拒み、又はこれを受領することができないとき若しくは弁済者が過失なくして債権者を確知することができないときに認められるものである。「弁済供託は、弁済者の申請により供託官が債権者のために供託物を受け入れ管理するもので、民法上の寄託契約の性質を有する」（大阪高判昭45.9.30判時619-43）と判示している。本節10及び第4章第1節1を参照。
(注2)　詳細は、第4章第1節5を参照。

【図3】第三債務者の弁済供託

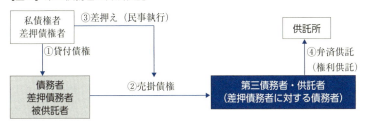

3 被供託者

　図2の弁済供託（⑥50万円供託）では、残余金を受領する滞納者が被供託者となっているとおり、被供託者とは、供託された供託物を受け取ることによって、その債権の満足を受ける者である（吉岡供託実務-6）。図2では、被供託者は残余金を受け取れる債権者であり、供託当初から確定しているところ、図3では、被供託者は、供託金から配当を受けることのできる差押債権者ということになるが、それは観念的なものであり、執行裁判所の配当によって具体的に定まることになる。

　金銭債権に対して、滞納処分による差押えがされ、続いて強制執行による差押えがされたときは、第三債務者は供託することができ（権利供託）、前記順番が逆の場合、第三債務者は供託しなければならず（義務供託）(注3)、そのいずれの場合も被供託者欄を記載することを要しない。これは、前者では第三債務者は必ずしも公租公課債権者の優先徴収権を知らないこと、後者では配当等によって供託物の受け取りをできる者が決まるとの理由からと考えられる。

　このように、供託書上は、供託者が必ず記載され、被供託者は必ずしも記載はされない。

4 供託者と被供託者の当事者能力

　供託当事者である供託者と被供託者には、当事者能力が必要とされてお

(注3)　詳細は、第5章第3節及び第4節を参照。

り、供託実務上、民法上の権利能力者である自然人、会社その他の法人はすべて供託の当事者能力を有する。

　また、権利能力のない社団又は財団（注4）も、その代表者又は管理人の定めがあるものについては当事者能力を有するとされ、法人でない社団若しくは財団であって、代表者若しくは管理人の定めのあるものであるときは、その名称、主たる事務所及び代表者又は管理人の氏名を記載しなければならず（供託規則第13条第2項第1号）、法人でない社団又は財団であって、代表者又は管理人の定めのあるものが供託しようとするときは、更に、当該社団又は財団の定款又は寄附行為及び代表者又は管理人の資格を証する書面を供託書に添付しなければならない（同規則第14条第3項）。

　供託手続きを行うためには、行為能力も必要とされており、未成年者及び成年被後見人（注5）は、行為能力を有していないから、法定代理人によってのみすることができる。

5　供託の当事者適格

　4の供託の当事者能力とは異なり、個々の具体的な供託手続きにおいて、何人が供託者となり、何人を被供託者とするのが相当かというのが当事者適格の問題である（吉岡供託実務-9）。

　滞納処分において多くある残余金の供託（図2）では、供託者となるべき者は弁済すべき債務者（滞納処分庁）であり、被供託者は債権者（元の滞納者）である。

（注4）　人格のない社団又は財団とも呼ばれる。私法一般では、「権利能力のない社団・財団」と呼称されることが多い。「社団法人と同様の実態をもつが法人格を認められていない団体。公益又は営利を目的としない団体や設立中などで未登記の団体がこれに当たる（民法第34条・同法第45条）。法人格をもたないが、できるだけ社団法人の規定を類推適用することが妥当と解されている。ただし、登記は代表者名義でするほかない。民事訴訟の当事者となり得ることは、明文で認められている（民事訴訟法第29条）。また、権利能力のない社団のうち、代表者又は管理人の定めのあるもので、一定の収益事業を営むものは、法人税等の税法上、法人とみなされている」（有斐閣法律用語辞典）。法人でない社団又は財団で代表者又は管理人の定めがあるものは、法人とみなすことになっている（通則法第3条、徴収法第3条）。
（注5）　成年後見人は、成年被後見人が単独で行った法律行為について、取消権と追認権を有する（民法第120条・第122条）。

ただし、弁済供託の理由が債権者の受領拒否又は受領不能であれば当該債権者が被供託者となる。

しばしば問題となる譲渡禁止特約付債権であるにもかかわらず当該債権が譲渡された場合は、譲受人がその特約につき善意であるか悪意であるかが不明となり、債権者不確知として供託されることが多く、この場合は、後に確定される者が被供託者となる。

6　供託所

筆者が徴収職員として初期段階の頃は、「法務局に供託する」と認識していた。実態として多数が法務局に供託することになり、そう認識していても滞納処分の実務上、問題となることはまずないといってよい。「実務上、金銭、有価証券及び振替国債の供託が大部分であり、単に供託所というときは、法務局を指すことが通常である」（実務供託入門-23）と記されている。

しかしながら、以下のとおり供託所＝法務局ではないから、「供託所に供託する」が正しい理解なのである。

供託事務を取り扱う機関を供託所といい、供託所は、供託法上の機関の名称であり、その種類は次のとおりである（実務供託入門-24）。

(1)　金銭、有価証券及び振替国債の場合

法務局、地方法務局又はこれらの支局若しくは法務大臣が指定するこれらの出張所である。

これら供託所は、全国に313か所（平成27年2月1日現在）あり、内訳は、法務局8、地方法務局42、支局263となっており、法務大臣が指定する出張所は存在しない。

(2)　物品の供託所

金銭、有価証券及び振替国債以外の物品であるときは、法務大臣の指定する倉庫業者又は銀行が供託所として供託事務を取り扱う（供託法第5条第1項）。物品の供託所として指定された倉庫業者で現に営業中のものは全国に18か所あり、銀行については指定がされていない。

(3)　弁済供託における特殊供託所

金銭、有価証券及び振替国債以外の物を弁済供託しようとする場合において、債務の履行地に供託法第5条の供託所（法務大臣の指定した倉庫業者又は銀行）がないとき又は供託所があってもその種類の物品の保管を取り扱わないとき若しくは目的物の保管能力がないときは、裁判所が供託所の指定又は供託物の保管者の選任をするものとされている（民法第495条第2項）。

7 供託所の機能（現金取扱庁と非現金取扱庁）

現金取扱庁は、供託の受理決定と同時に供託金の受入れをするため、直ちに供託が成立する。法務局・地方法務局の本局及び東京法務局八王子支局、福岡法務局北九州支局がこれに該当する。

非現金取扱庁は、供託官が、供託の受理をすべきものと認めるときは、供託書正本へ一定期日までに供託物を日本銀行へ納入すべき旨及びその期日までに供託物を納入しないときには、受理の決定が効力を失う旨を記載のうえ、記名押印して保管金払込書とともに供託者に交付されることから、供託者が供託金を日本銀行へ払い込んだときに供託が成立することになる。

前記現金取扱庁を除く供託所が非現金取扱庁である (注6)。

したがって、供託所が現金取扱庁であるときは、供託書と供託金を供託所へ持参し提出することになり、非現金取扱庁であるときは、金銭は、公租公課債権者の事務所で保管したままとし、供託官から供託書正本及び保管金払込書の交付を受けて日本銀行へ払い込みすることになる。

具体例を挙げると、大阪法務局は現金取扱庁（法務局）、その管内の東大阪支局は非現金取扱庁であり、同様に山口地方法務局は現金取扱庁（地方法務局の本局）、その管内の周南支局は非現金取扱庁となっている。

8 供託官の位置付け

供託官は、供託所ごとに1名（ただし、東京法務局にあっては2名）置か

(注6) 法務省ＨＰにて現金取扱庁と非現金取扱庁とに区分されて供託所一覧が掲記されている。
《http://houmukyoku.moj.go.jp/homu/static/kankatsu.html》

れ、法務局、地方法務局の本局においては供託課長、地方法務局の支局においては支局長（課制のある支局においては支局総務課長）、供託を取り扱う出張所においては出張所長が、それぞれ供託官に指定されている。

「供託所ニ於ケル事務ハ法務局若ハ地方法務局若ハ此等ノ支局又ハ此等ノ出張所ニ勤務スル法務事務官ニシテ法務局又ハ地方法務局ノ長ノ指定シタル者カ供託官トシテ之ヲ取扱フ」（供託法第1条ノ2）と規定されている。供託官は、独立して供託事務を処理するものとされ、供託事務に関し国家機関である供託所を代表する者は供託官であり、法務局長、地方法務局長は、供託官を指定する権限を有するとしても、供託所を代表する者ではないのである（実務供託入門-34）。

供託金払渡請求権（これには、供託金還付請求権と供託金取戻請求権とがある）の差押えをすべきことが多々生じるところ、その場合、第三債務者を国とし、その代表者を供託官とし、供託官あてに債権差押通知書を送達する（昭26.4.18付民事甲第61号最高裁判所民事局長回答参照）ことになっている（徴収法基本通達62-18）。

9　供託官の職務とその権限

供託官は、供託事務の処理上、供託の申請、供託物の払渡請求をはじめ、供託関係書類の閲覧及び供託に関する証明申請等、供託当事者又は関係者による供託手続き上の申請行為につき、それが法律上の要件を具備しているか否かについて一定の審査を行い、審査の結果、当該申請が適法であると認めるときはこれを受理し、不適法であるときはこれを却下しなければならない（供託規則第21条の7、第31条、第37条）（実務供託入門-36）。

供託は、法令において供託を義務付け又は供託を許容する規定がなければすることができないから、前記のとおり供託官は、供託の申請についてこれを受理すべきか却下すべきかの審査権限を有することになる。

その場合の供託官は、「形式的要件についての審査をすれば足り、それ以上に供託の原因たる契約の存否、効力の有無等についての実質的審査権限を有するものでない」（後掲最一判昭36.10.12集民55-125）とされている。更

に、「供託申請についての供託官の審査権限は、供託書及び添付書類のみに基づいてするいわゆる形式的審査の範囲にとどまるものであるが（最高裁昭和36年（オ）第299号同年10月12日第一小法廷判決・裁判集民事55号125頁参照）、その審査の対象は、供託書の適式性、添付書類の存否等の手続的要件に限られるものではなく、提出された供託書及び添付書類に基づいて判断しうる限りにおいて、供託原因の存否等当該供託が実体法上有効なものであるか否かという実体的要件にも及ぶ」（後掲最二判昭59.11.26集民143-205）とされている。

このように、供託官の審査権限は、形式的要件と実体上の事項に関する実質的要件とから構成されると解されている。

形式的要件とは、①供託の申請が適式有効であること、②当事者が実在し、当事者能力を有すること、③供託を義務づけ又は許容する根拠法が実在すること、④供託所が当該供託につき管轄権を有することである。

実質的要件とは、①当事者が当事者適格を有すること、②供託の原因が存在するかについてである。

そして、実質的要件の審査方法はあくまでも供託書及びその添付書類の限度にとどまり、それとは別個の方法を用いてまで審査する権限を有するものではない（梅本吉彦：ジュリ107百選-29）。つまり、供託官において当事者への実質的要件の審査のため出掛けていき、供述を得ることなどの審査までをする権限を有しないわけである。

《供託官の審査は形式的要件により実質的審査権限を有するものでない》
最一判昭36.10.12（集民55-125、訟務8-2-325）

事案の概要

供託所		供託者 訴外A 賃借人		被供託者 原告 賃貸人
	昭34.10.9 4,500円供託 供託書住所誤記あり		昭34.10.1 賃料等提供 残賃料1,500円、敷金差額3,000円 受領を拒否	
	昭34.10.11 供託書上に被供託者住所等誤記があることから異議申立て			
	昭34.11.28 異議申立てを棄却			

上告人の上告理由第一点について。

しかし、上告人（控訴人、原告）の原審における事実上の主張は、第一審判決の事実摘示と同一であることが記録上明らかであって、原判決理由は、第一審判決の理由と同一であること判文上明白であるから、原判決には所論の判断遺脱は認められない。されば、所論違憲の主張もその前提を欠き採ることができない。

同第二点ないし第五点について、

しかし、原判決（およびその是認引用にかかる第一審判決）は、<u>供託官吏は供託書につきそれが供託法2条所定の要件を具備しているかどうか等いわゆる形式的要件についての審査をすれば足り、それ以上に供託の原因たる契約の存否、効力の有無等についての実質的審査権限を有するものでなく、さらに、住所の誤記等については後日これを訂正することも可能であって、その誤記があっても供託受理行為の無効又は取消原因とならない旨判断している。そしてその判断は当裁判所もこれを正当として是認する。</u>されば、原判決には、所論の法律解釈を誤った違法はなく、所論引用の判例は本件に適切でない。所論違憲の主張は、原判示に副わない独自の見解に基くものであって採ることができない。

よって、民訴401条、95条、89条に従い、裁判官全員の一致で、主文のとおり判決する。

《供託官の審査は形式的要件により実質的審査権限を有するものでない》
千葉地判昭 35.6.7（行集 11 - 6 - 1837）（最一判昭 36.10.12 の第一審）

原告主張の日原告主張のとおり、訴外Aが供託をなし、千葉地方法務局東金出張所の供託官吏がこれを受理し、原告からこれに対し異議申立がなされ、被告がこれを棄却する決定をしたこと、本件供託書乃至供託通知書には原告主張どおりの記載がされていることは当事者間に争いがない。

ところで原告が本件供託受理乃至異議棄却決定が違法であると主張する理由は、当事者の住所の誤記及び供託原因事実の存否に関するものであるところ、そもそも供託とは債権者が弁済の受領を拒み又はこれを受領することが

できないとき等に弁済者を保護するため債権者に代って供託所がその寄託を受け、それが実体上有効な場合にそれにより弁済者にその債務を免れさせるという効果を生ずるだけのものであって、供託の原因たる契約乃至それを変更する契約が実体上存在しないか或いは無効のときにまで弁済者に弁済の効果を与えるものでないことについては詳言を要しない。これを他の面からみれば、供託官吏としては供託をしようとする者がある場合には例えば供託書に供託法第2条第2項の定める事項がもれなくかつ明白に記載されてあるかどうか等のいわゆる形式的供託要件について審査をすれば足り、それ以上に供託の原因たる契約の存否、効力の有無等について審査することは、必要でないというよりかこれをなす権限を有していないものであって、その審査は挙げて裁判所の判断にまかされているのである（もちろん裁判所の判断とは、供託の原因たる契約の当事者間等における実体関係についての民事訴訟においてのものであって、供託官吏の処分を不当とする行政訴訟においてのものでないことはもちろんである。）。

更に又、当事者の住所の誤記等については後日その訂正をすることを禁じた法令も存在しないから、供託官吏においてその訂正をなすことは妨げず、したがって本件供託書等におけるその表示に誤記があったとしてもそれは供託受理行為の無効又は取消原因となるものではない。

以上のとおり、原告の主張する違法原因なるものは全て本件供託受理行為の取消又は無効原因となるものではなく、したがってこれに対する異議申立を棄却した被告の決定も相当であるから、本訴請求を棄却し、訴訟費用につき民事訴訟法第89条を適用して主文のとおり判決する。

《供託申請における供託官の審査権限の範囲》
最二判昭 59.11.26（集民 143-205、判時 1149-87）

事案の概要

　上告代理人辻誠、同河合怜、同福家辰夫、同富永越夫、同関智文、同竹之内明の上告理由第一点について

　供託申請についての供託官の審査権限は、供託書及び添付書類のみに基づいてするいわゆる形式的審査の範囲にとどまるものであるが（最高裁昭和36年（オ）第299号同年10月12日第一小法廷判決・裁判集民事55号125頁参照）、その審査の対象は、供託書の適式性、添付書類の存否等の手続的要件に限られるものではなく、提出された供託書及び添付書類に基づいて判断しうる限りにおいて、供託原因の存否等当該供託が実体法上有効なものであるか否かという実体的要件にも及ぶと解するのが相当であり、これと同旨の原審の判断は正当として是認することができ、原判決に所論の違法はない。論旨は、採用することができない。

　同第二点について

　供託申請却下処分の取消訴訟においては、裁判所は、供託官の権限に属する前記形式的審査の範囲内において当該却下処分が適法であるか否かを審理判断すれば足りると解するのが相当であり、原審の適法に確定した事実関係のもとにおいて、本件供託申請却下処分に違法はないとした原審の判断は、正当として是認することができる。原判決に所論の違法はなく、論旨は採用することができない。

　よって、行政事件訴訟法7条、民訴法401条、95条、89条に従い、裁判

官全員一致の意見で、主文のとおり判決する。

《供託官は供託書に基づき供託の有効性につき実体的要件の審査権限を有する》
東京高判昭56.1.29（行集32‐1‐134）（最二判昭59.11.26の原審）

一　当裁判所も原審と同様、控訴人の本訴請求は理由がないと判断するものであり、その理由は、左のとおり附加するほか、原判決の理由中の説示と同じであるから、これを引用する。

1　控訴人は、弁済供託制度の趣旨、供託の法律的性質並びに供託取扱の機構及び手続等に鑑みれば、本件のように債権者の受領拒絶を原因とする弁済供託が申請された場合、供託官において、当該供託の前提として実体法上有効な弁済提供がなされたか否かを審査する権限があると解するのは正当でない旨主張する。

　弁済供託は、弁済者が供託の根拠法令に基づき国家機関である供託所に弁済の目的物を寄託して債務を免れる制度であって、国民の法律生活の安定に奉仕するために設けられたものであること、供託行為は民法上の寄託契約の性質を有すること、供託法上、供託事務は供託官が単独で取扱うものとされ（1条の2）、又同法及び供託規則が供託事務について詳細な手続方式を定め、大量の供託事務を簡易、迅速かつ能率的、画一的に処理し得るように定めていることは、いずれも控訴人の指摘するとおりである。

　しかしながら、以上の事実から直ちに弁済供託の場合、供託官においてその前提となる弁済提供が実体法上有効であるか否かを審査する権限がないとの結論を導き出すことはできない。即ち、弁済供託制度の趣旨、供託の法律的性質並びに供託取扱の機構及び手続が前記のとおりであるとはいえ、実体法上無効な供託が行われ無用な混乱を生ずることを可及的に防止すべき必要のあること、並びに供託法及び供託規則は、供託官に供託を受理すべきか否かを審査決定する権限を付与しているが、その審査の対象となるべき事項について特に制限する規定を設けていないこと原判決の説示するとおりである。そのうえ、同法及び同規則は、供託をしようとする者に対して一定の供託書及び添付書類の提出のみを義務づけている（法2条、規則13条ないし

17条）反面、供託書には、供託金額等のほか、供託の原因たる事実、供託を義務付け又は許容した法令の条項をも記載すべきことを要求している（規則13条2項）のであり、以上の諸点に鑑みれば、<u>供託官は、供託のいわゆる手続的要件のみならず、当該供託が実体法上有効か否かという実体的要件についても、それが供託書及びその添付書類のみに基づいてなし得る限り、その審査をなし得る（もっとも、供託官は、供託申請者の提出書類を離れてそれとは別個の方法で当該供託の原因たる契約の存否や効力の有無等について実質的に審査する権限を有するものではなく、あくまでも供託申請者の提出にかかる書類の記載から供託を実体法上無効ならしめる事由が存するか否かも審査し得るにすぎない。）</u>ものと解するのが相当である。供託官において供託の実体的要件について審査し得ると解しても、その審査の範囲及び方法が右のような程度にとどまる限り、審査のためしたる時間や労力を要するものではないから、これによって大量の供託事務を簡易、迅速かつ能率的、画一的に処理しようとする法令の趣旨に反するとはいい難い。

2　次に、控訴人は、提供金額に僅かの不足があっても信義則上なお有効な弁済提供とされる場合が多いのであるから、弁済提供の効力の有無が不明のままでも供託を認めるべきであるとし、これを否定する見解は、本来有効とされる筈の弁済提供につき供託の道をとざし、供託申請者に不利益を与えるものであって誤りである旨主張する。

　成程提供金額に僅少の不足があっても信義則上有効な弁済提供と認められる場合のあることは、控訴人の主張するとおりである。しかし、債務の本旨に従った弁済の提供といえるためには、債務の全額の提供を必要とするのが原則であり、提供金額の不足が僅少にとどまる場合には、権利義務関係を支配する信義則によりなお有効な提供とされることがあるにすぎないのであって、その不足額がどの程度であればなお有効な提供といえるのか否かの判断は、具体的個別的事情に即して行われなければならない関係上、極めて微妙かつ困難なものがあるといわなければならない。従って、弁済提供の金額が債務額に不足する場合、直ちに右提供を無効とすることなく、供託官において、更に進んで当該提供が信義則上有効とされるか否かまでを、審査、決定

すべしとすることは、前示審査の方法からみて、実際上大きな困難が伴うであろう。

　控訴人は、右のような場合には弁済提供の効力の有無が不明のままでも供託を認めるべきであると主張するが、弁済供託が一旦なされると弁済がなされた場合と同様、債務消滅の効果を生ずるのであるから、供託官において弁済供託の受理に際し、可及的にその要件を審査して無効な供託即ち債務消滅の効果の生じない供託のなされることを防止すべきことがその制度上要請されていると解されるのであって、いかに弁済者の利益を保護するためとはいえ、弁済提供の効力の有無が不明のまま供託を受理するが如きは供託制度の趣旨に反するものであって許されないといわなければならない。控訴人の前記主張は採用することができない。

3　更に、控訴人は、原判決のように履行期を経過した金銭債務については提供金額に遅延損害金を付さなければ供託上は債務の本旨に従った提供にならないと厳格に解するならば、その前提として遅延損害金の算出については商事法定利率を適用するのか民事法定利率を適用するのか決定しなければならないが、この点を供託書及びその添付書類のみから正確に判断することは不可能であるから、法定遅延損害金の問題についてまで供託官に審査権限があるとした原判決の見解はこのような点から破綻を生じている旨主張する。

　しかしながら、履行期を徒過した金銭債務については、特別の約定がない限り、当然遅延損害金債務が発生するのであり、又特段の事情のない限り、遅延損害金を付さずに元本債務についてのみ弁済の提供をしても債務の本旨に従った提供にならないことはいうまでもない。そして、本件のように履行期を徒過した金銭債務について弁済供託の申請があった場合、供託官においては、当該の場合の判断に従い、供託申請者の提出にかかる供託書及び添付書類から当該供託にかかる債務が「商行為二因リテ生シタル債務」（商法514条）に該当すると認められるならば、商事法定利率を適用して算出した遅延損害金を付して弁済供託の申請がなされたか否かを、しからざる限り、民事法定利率を適用して算出した遅延損害金を付して右申請がなされたか否かを、それぞれ審査して、供託申請の可否を決定することになるのであっ

て、この点の調査のために供託申請者に法令で定められている前記書類以外の判断資料を提出させるべきではなく、又その必要もないと解されるのである。従って、控訴人の前記主張は当を得ないものといわなければならない。
二　よって、原判決は相当で本件控訴は理由がないから、これを棄却し、控訴費用の負担につき民事訴訟法95条、89条を適用して、主文のとおり判決する。

《供託官は供託書に基づき供託の有効性につき実体的要件の審査権限を有する》
東京地判昭55.6.12（行集31-6-1314））（最二判昭59.11.26の第一審）
一　請求原因1及び2の事実は当事者間に争いがない。
二　そこで、債権者の受領拒絶を原因とする弁済供託が申請された場合に、受領拒絶の前提として有効な弁済の提供がなされたか否かを供託官において審査する権限の有無について検討する。
1　供託法（以下「法」という。）及び供託規則（以下「規則」という。）によれば、供託所に供託をしようとする者は、法務大臣が定めた書式による供託書を提出して申請するものとし（法2条）、供託書には、供託者及び被供託者の氏名及び住所（被供託者については特定できるとき）、供託金額などのほか、供託の原因たる事実、供託を義務付け又は許容した法令の条項をも記載しなければならず（規則13条1項）、また、所定の書面を添付することが必要である（現則14条ないし17条）。そして、供託官は、供託を受理すべきものと認めるときはこれを受理し（規則18条1項）、受理すべきでないと認めるときは却下しなければならない（規則38条）。このように、法及び規則は、供託官に対し供託を受理すべきか否かを審査、決定する権限を付与しているが、この審査の対象となるべき事項については特に制限する規定が設けられていないうえ、実体上無効な供託が行われ無用な混乱を生ずることは可及的に防止すべきものであるから、供託官は、供託書の適式性及び所定の添付書類の存否等のいわゆる手続的要件のみにとどまらず、前記のとおり供託書に記載されるべき供託の原因たる事実や供託を義務付け又は許容した法令の条項などからみて、当該供託が実体法上有効なものであるか否かとい

う実体的要件についても審査する権限を有するものというべきである。

　ただ、その審査の方法については、法及び規則が一定の供託書及び添付書類の提出についてのみ規定していることにかんがみ、また、供託事務の簡易、迅速かつ画一的処理を図ろうとする供託制度の趣旨に照らし、供託官に供託書及び添付書類のみに基づいていわゆる形式的審査をなし得るにとどまるものと解される。

2　ところで、債務者の受領拒絶を原因とする弁済供託が有効であるためには、債務者が債務の本旨に従った弁済の提供をしたにもかかわらずその受領を拒絶されたことが必要である。そして、金銭債務の弁済の提供は、特別の事情のないかぎり、履行期の到来した債務の全額及び履行期を徒過した場合においては提供日までの遅延損害金をも含めて提供するのでなければ債務の本旨に従ったものといえないことはいうまでもない。したがって、受領拒絶を原因とする弁済供託の申請がなされた場合に、供託官が前記の書面審査方式によるいわゆる形式的審査によって有効な弁済の提供がなされていないと認めたときは、供託の実体的要件の一つを欠くものとして、当該供託申請を却下することができるものというべきである。原告は、供託官は債権者の受領拒絶の事実の存否についてのみ審査できるのであり、その前提たる弁済の提供に僅少な不足があって、それが有効な弁済の提供といえるか否かといった問題については、供託官の審査権限は及ばない旨主張する。たしかに、弁済の提供に関しては、特にいわゆる一部提供の場合にその効力の判断が極めて微妙かつ困難なことがあり得るが、このような判断の難しさは他の供託原因、例えば弁済者の過失なくして債権者を確知することができない場合（民法494条後段）に当たるか否かの認定などについても考えられるのであるし、また、供託官が弁済提供の効力を判断するとしても、前記のとおり専ら提出書類のみによってこれをなすべく、当該提供の効力の最終的確定は債権者、債務者間の民事訴訟においてなされるものであることを考慮すると、弁済提供の効力について判断の困難な場合があるからといって、供託受理の関係においておよそ弁済の提供に関する供託官の審査権限を一切否定し、その効力の有無不明のまま弁済供託を受理すべきできるとする合理的根拠は、供

託制度の信用保持のうえからも、ないといわなければならない。供託官は大量の事務を簡易、迅速かつ画一的に処理すべきことが要請され、その審査も前記の形式的審査にとどめられていること、更に、いわゆる一部提供は原則として無効とされていることからすると、一部提供の受領拒絶を原因とする弁済供託が申請された場合、供託官としては、当該一部提供の効力につき権利義務の最終的確定機関たる裁判所と同程度の高度の法的判断を必要とされるわけではなく、その提供に債権者の承諾がある等一部のみの提供を例外的に有効とすべきことが提出書類上明白であるような場合を除き、原則として、有効な弁済の提供を欠くものとして当該供託を受理しないことができるものと解するのが相当である。もっとも、このように考えると、債権者、債務者間の民事訴訟において最終的には有効とされる可能性のある供託を供託受理の段階で封じてしまうことが起こり得ることは免れない。しかし、供託が却下されたために債務消滅の効果は発生しないとしても、債権者、債務者間の訴訟において当該一部提供が債務の本旨に従ったものであったと認められる以上は、債務者は、その提供の時から不履行によって生ずべき一切の責任を免れることができるのである（民法492条）から、本来全部提供をすべきであった債務者としては、右供託の却下により実質的に格別の重大な不利益を受けることになるものではなく、前記の結果は供託制度上のやむを得ない制約というべきである。

　原告の前記主張は採用することができない。

三　本件をみると、当事者間に争いのない供託書の記載によれば、本件申請は、賃貸人（被供託者）訴外Ａ酒造株式会社から建物の一部を月額賃料51万5,000円及び右賃料とは別に賃貸人が定める1か月ごとの付加使用料を毎月末日までに支払うとの約定で賃借していた原告が、昭和53年9月9日右賃貸人に対して同年4月分から同年9月分までの6か月分の賃料と同年2月分から同年8月分までの付加使用料190万6,450円との合計額499万6,450円を提供したところ、受領を拒絶されたので、民法494条の規定に基づき右499万6,450円を供託するというのである。そうすると、原告は、右の同年4月分から同年8月分までの5か月分の賃料及び同年3月分から同年8月分

までの6か月分の付加使用料の支払債務につき履行遅滞に陥っていたことが明らかであり、右賃料及び付加使用料の各元本だけではなく、これに対する提供日の同年9月9日までの遅延損害金をも含めて提供するのでなければ、特別の事情のないかぎり、債務の本旨に従った提供をしたことにはならないものである。しかるに、原告が提供した前記499万6,450円のなかに右に述べた遅延損害金が含まれていないことは、計算上明白であり、また、〈証拠〉及び弁論の全趣旨によれば、原告が供託所に提出した供託書及び添付書類には、法定の遅延損害金を含まない賃料及び付加使用料のみの提供が例外的に有効であると認め得るような事情が全く記載されていないことは明らかである。

そうすると、被告供託官が、供託書等所定の書面から、原告の遅延損害金を含まない提供を無効なものと判断し、本件弁済供託は有効な弁済の提供に対する受領拒絶という供託原因を欠くとしてこれを却下した本件処分には、原告主張の違法はないものというほかなく、その取消しを求める原告の請求は理由がない。

四 よって、原告の本訴請求を棄却することとし、訴訟費用の負担につき行政事件訴訟法7条、民事訴訟法89条を適用して、主文のとおり判決する。

10 供託官の処分に対する不服申立制度

滞納処分の観点からは、関係の薄い事項であるとしても、供託制度の基本的事項として不服申立制度の解説をしておく。

供託官は、供託の申請があったときは、これを受理し、また、これを受理すべきでないと認めるときは、却下しなければならない。そして、供託官の処分を不服とするときは、監督法務局又は地方法務局の長に対して審査請求をすることができ（供託法第1条ノ4）、法務局又は地方法務局の長が審査請求を棄却した場合には、供託官の処分の違法を理由として、次のとおり処分取消しの訴えを提起することができる（実務供託入門-469）。

「弁済供託は、弁済者の申請により供託官が債権者のために供託物を受け入れ管理するもので、民法上の寄託契約の性質を有するものであるが、供託

により弁済者は債務を免れることとなるばかりでなく、金銭債務の弁済供託事務が大量で、しかも、確実かつ迅速な処理を要する関係上、法律秩序の維持、安定を期するという公益上の目的から、法は、国家の後見的役割を果たすため、国家機関である供託官に供託事務を取り扱わせることとしたうえ、供託官が弁済者から供託物取戻の請求を受けたときには、単に、民法上の寄託契約の当事者的地位にとどまらず、行政機関としての立場から右請求につき理由があるかどうかを判断する権限を供託官に与えたものと解するのが相当である。したがって、右のような実定法が存するかぎりにおいては、供託官が供託物取戻請求を理由がないと認めて却下した行為は行政処分であり、弁済者は右却下行為が権限のある機関によって取り消されるまでは供託物を取り戻すことができないものといわなければならず、供託関係が民法上の寄託関係であるからといって、供託官の右却下行為が民法上の履行拒絶にすぎないものということは到底できない」(後掲最大判昭45.7.15(民集24-7-771)(注6)とした。供託物取戻の請求を却下したことは行政処分であるから、行政事件訴訟法に基づく抗告訴訟の提起をすることができるというわけである。

続いて、「供託官の供託金払戻請求却下処分は行政処分ではなく、抗告訴訟を提起することなく、直接国に対し払戻請求訴訟を提起しても、不適法とはいえない」(後掲大阪地判昭44.2.15判タ233-179)としたのに対して、「供託官が供託物取戻請求を理由がないと認めて却下した行為は行政処分であり、弁済者は、右却下処分が権限のある機関によって取り消されるまでは供託物を取戻すことができない」とし、「供託官の却下処分に対し、審査請求も抗告訴訟もせずに控訴人に対し直接本訴を提起したのであるから、本訴は不適法」(大阪高判昭45.9.30判時619-43)としており、民事訴訟法による訴えを不適法とした。

これからすれば、供託物払渡請求が却下されたときは、国を被告として抗告訴訟を提起すべきことになる。そして、処分取消しの訴えは、原則とし

(注6) 第4章第2節5を参照。

て、その処分を知った日から6か月以内に提起することを要し、処分又は裁決の日から1年を経過したときは、提起することができなくなる（行政事件訴訟法第14条第1項・第3項）。

《供託官の行う供託物取戻請求の却下は行政処分にあたる》
大阪高判昭45.9.30（判時619-43）
事案の概要

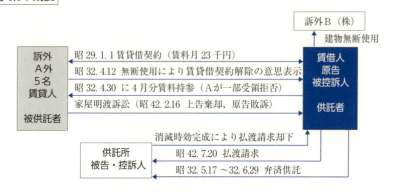

まず、被控訴人の本訴が適法であるかどうかを判断する。

債権者が金銭債務の弁済の受領を拒むときは、弁済者は、債権者のために弁済の目的物を供託して、その債務を免れることができ、債権者が供託を受諾せずまたは供託を有効と宣告した判決が確定しない間は、弁済者は供託物を取戻すことができることは、民法494条および496条の定めるところである。

そうして、右供託事務を取り扱うのは国家機関である供託官であり（供託法1条、同条の2）、供託官が弁済者から供託物取戻の請求を受けた場合においてその請求を理由がないと認めるときは、これを却下しなければならず（供託規則38条）、右却下処分を不当とする者は監督法務局または地方法務局の長に審査請求をすることができ、右の長は、審査請求を理由ありとするときは供託官に相当の処分を命ずることを要する（供託法1条の3ないし6）と定められており、実定法は、供託官の右行為につき、とくに、「却下」および「処分」という字句を用い、さらに供託官の却下処分に対しては特別の

不服審査手続をもうけている。

　以上のことから考えると、弁済供託は、弁済者の申請により供託官が債権者のために供託物を受け入れ管理するもので、民法上の寄託契約の性質を有するものであるが、供託により弁済者は債務を免れることとなるばかりでなく、金銭債務の弁済供託事務が大量で、しかも確実かつ迅速な処理を要する関係上、法律秩序の維持安定を期するという公益上の目的から、法は、国家の後見的役割を果たすため、国家機関である供託官に供託事務を取扱わせることとしたうえ、供託官が弁済者から供託物取戻の請求を受けたときには、単に民法上の寄託契約の当事者的地位にとどまらず、行政機関としての立場から右請求につき理由があるかどうかを判断する権限を供託官に与えたものと解するのが相当である。

　したがって、右のような実定法が存するかぎりにおいては、供託官が供託物取戻請求を理由がないと認めて却下した行為は行政処分であり、弁済者は、右却下処分が権限のある機関によって取り消されるまでは供託物を取戻すことができないものといわなければならず、供託関係が民法上の寄託関係であるからといって供託官の右却下行為が民法上の履行拒絶にすぎないものということはできない。

　なお供託官の処分を不当とする者の監督法務局または地方法務局の長に対してする前示不服審査請求については期間の制限がないのであるが、これは供託官の処分が供託上の権利関係の有無を判断する確認行為であり、これに対する不服につきその利益のあるかぎりは不服を許すことが相当であるから、とくに期間の制限をもうけなかったものであり、このことから供託官の処分を行政処分でないということはできない（最高裁判所昭和40年（行ツ）第100号同45年7月15日大法廷判決参照）。

　本件においては、被控訴人は、その主張によると、供託官の却下処分に対し、審査請求も抗告訴訟もせずに控訴人に対し直接本訴を提起したのであるから、本訴は不適法であって却下すべきである。

　よって、これと異なる原判決は不当であるから、民事訴訟法386条、96条、89条に従い、主文のとおり判決する。

《供託官の供託金払戻請求却下処分は行政処分ではない》
大阪地判昭 44.2.15（判タ 233‒179）（前掲大阪高判昭 45.9.30 の原審）

　被告は、供託官の供託金取戻請求却下処分は行政処分であるから、原告がこれに対する抗告訴訟を提起しないで本訴において直接給付請求の訴を提起するのは不適法であると主張する。

　然しながら、弁済供託は債務者が弁済の目的物を債権者のために供託所に寄託して債務を免れる制度であるから、供託者供託所との間の法律関係は対等の当事者間のもの（それが公法関係であるか否かをここに断定判示する必要はない。）であり、供託官の供託金取戻請求却下処分（拒否処分）は、当該取戻請求権の存否に影響を及ぼすものではなく、単に形式的な審査権しか有しない供託官のした支払拒絶の意思表示にすぎず、その支払拒絶を供託法（第1条の3以下参照）が特に行政処分の形式によるべきものとしたからといって、取戻請求権の不存在が公定されるものと解する必要はない。又、本件訴訟が私法上の給付訴訟であるか、あるいは公法上のそれ（当事者訴訟）であるかをここに断定判示する必要もない。被告の右主張は採用できない。

第二　本案について、

　一、原告が別紙目録（一）乃至（三）のとおり弁済供託をなし、昭和42年7月20日大阪法務局供託官に供託金並に法定利息の払渡請求をしたこと、その請求は別紙目録（一）の供託金については同年5月18日、同目録（二）の供託金について同月6月1日、同目録（三）の供託金について同月30日、いずれも消滅時効が完成していることを理由に却下されたことは、いずれも当事者間に争いがない。

　右争いのない事実と＜証拠＞によればつぎの事実が認められる。

　原告は訴外Aほか5名から昭和29年1月1日以降大阪市東区今橋（地番等略）の丙地上木造瓦葺2階建店舗1棟を賃料1カ月金23,000円取立払の約で借受けていたが、昭和32年4月12日右A等は原告が右建物を訴外B株式会社に無断使用させて賃貸借当事者間の信頼関係を破壊したとして右賃貸借契約解除の意思表示をした。

　右解除の効力をめぐって原告とA等との間に紛争が生ずるに至り、原告は

昭和32年4月30日同月分の賃料として金23,000円をAに持参して提供したが同人はそのうち同月10日までの日割計算による賃料金7,660円を受領しただけで残余の受領を拒絶した。そこで原告は同年5月17日別紙（一）のとおり、同月31日別紙目録（二）のとおり、同年6月29日別紙目録（三）のとおりそれぞれ弁済供託した。他方、A等は原告及び前記B株式会社を相手方として大阪地方裁判所に家屋明渡請求訴訟（同裁判所昭和32年（ワ）第1,899号）を提起し、昭和38年4月26日前記契約解除を有効とした原告等敗訴の判決言渡があった。この判決を不服として原告等は大阪高等裁判所に控訴（同裁判所昭和38年（ネ）第723号）したが昭和41年2月18日控訴棄却の判決言渡があった。この判決を不服として原告等は最高裁判所に上告したが昭和42年2月16日上告棄却の判決言渡があって、前記賃貸借契約の解除は有効とされ、従って原告がなした別紙目録（一）乃至（三）の賃料債務の弁済供託はいずれも無効とされるに至った。

　二、そこで本件弁済供託の供託金取戻請求権の消滅時効の起算点について検討する。

　さきに述べたとおり、弁済供託は債務者が弁済の目的物を供託所に寄託して債務を免れる制度である。供託の原因となった債務の存否についての紛争、即ち訴訟の存する場合その解決によって債務の不存在が確定し供託者が免責の効果をうける必要がなくなるまでは供託者が取戻を拒否する旨の意思表示を被供託者に対してしているのであって、供託所は供託物（金銭の場合はその価額）を保管する義務を供託者に対して負担する。従って、紛争の存在する場合の金銭の弁済供託は供託者において供託を維持することの必要が消滅するまで（つまり取戻拒否の撤回をするまで）を不確定期限とする特殊の寄託契約と解するのが相当である。

　このように不確定期限つき寄託契約が成立し、供託者は供託所に対し不確定期限付供託物保管請求権を有するのであるから、その期限が到来するまでは保管請求権は法的に保護されるべきものであり、不確定期限が未到来のままに**供託物取戻請求権**につき供託の時から消滅時効が進行すると解することは、供託物保管請求権につき一方で期限の利益を与えられながら他方で**供託**

物取戻請求権の時効消滅と共に保管請求権の消滅を予定することになり不当である。

　従って、**供託物取戻請求権**も不確定期限付であって、その消滅時効については、不確定期限が到来したときに始めてこれを行使しうるのであって、それまでは権利行使に法律上の障害が存すると言うべきである。

　被告は、弁済供託にあっては供託者は原則として何時でも供託物を取戻すことができることを強調するが、民法第496条による取戻請求権が供託者に与えられているとしても、弁済供託が不確定期限つきの寄託契約であることにかわりはないのであって、その期限が到来するまでは供託者は取戻請求権を行使し得ないのである。

　また、被告は、供託者にとって供託を維持する必要がなくなった時というような供託官にとって不明確な時から消滅時効が進行すると解するならば、供託事務の処理上きわめて不都合な事態を生ずることになると主張するが弁済供託の制度は供託の原因となった債務についての紛争が解決するまで供託所が供託物を保管することを当然予定しているのであって、紛争、とくに訴訟の存否を明らかにする方法がないわけではなく。事務処理上の不都合はやむを得ないところである。

　三、以上のとおり、弁済供託における**供託物取戻請求権**の消滅時効は、供託者において供託を維持する必要がなくなった時から進行を開始するものと解せられるところ、前示のように、原告と訴外A等との間の訴訟は昭和42年2月16日最高裁判所の上告棄却の判決言渡によって原告敗訴に確定し、ここに、前示不確定期限が到来し、原告が本件供託を維持する必要はなくなったのであるから、この時から本件供託金取戻請求権の消滅時効の進行が開始したものというべきである。

　そして、原告が昭和42年7月20日大阪法務局供託官に供託金並に法定利息の払渡請求をしたことは当事者間に争いがなく、本訴の提起が同年11月27日であることは記録上明らかであるから、本件供託金取戻請求権の消滅時効が未だ完成していないことは明白であり、被告の消滅時効の抗弁は理由がない。

第 2 節　供託物と供託物払渡請求権

1　供託の目的物

　供託することができる供託物としては、金銭、有価証券若しくはその他の物（動産、不動産）又は振替国債（注7）がある。

　供託することができる金銭とは、わが国の通貨に限られ、外国通貨は含まれない（吉岡供託実務-3）。

　有価証券によってすることが認められる供託は、弁済供託において当事者間が定めた弁済すべき有価証券による場合、営業保証供託における宅地建物取引業法、旅行業法において有価証券による供託が認められており、通則法における担保供託においても「社債その他の有価証券で税務署長等が確実と認めるもの（通則法第50条第1号、第2号）として認められている。

　振替国債は、法令の規定により担保若しくは保証として、又は公職選挙法の規定により供託しようとする場合（注8）に限り、認められている。

　ところで、供託には各種の形態があり、根拠法令も多数あるところ、ほとんどの規定が金銭、有価証券、振替国債を供託物としており、これら以外の物を供託物とすることができるのは、弁済供託の場合と土地収用法及び道路法において、土地等を供託することができる旨規定している場合があるにすぎない。弁済供託では、金銭及び有価証券は当然、その他の物についても動産たると不動産たるとを問わず供託可能となっている。

　そして、供託物が金銭又は有価証券以外の物品である場合には、法務局若しくは地方法務局若しくはこれらの支局又は法務大臣の指定するこれらの出張所を供託所として供託申請することは許されず（供託法第1条）、法務大

（注7）　従前、国債は紙媒体によって発行されていたところ、社債、株式等の振替に関する法律により、財務大臣が指定した国債で振替機関が取り扱うもの（振替国債）についての権利の帰属が振替口座簿の記載又は記録により定まるものである。平成15年1月以降に発行される国債は、すべて振替国債となっている。

（注8）　立候補の濫用防止のため、立候補をするには一定の金額の供託が義務付けられ、得票数が一定数に満たなかったときは、その供託金は没収される。これを選挙供託とよぶ。

臣の指定する倉庫業者又は銀行が供託所となって、供託事務を取り扱い、物品の保管をしなければならない（同法第5条）。同法第5条第1項の規定に基づき指定を受けている倉庫業者は、全国に18社となっている（実務供託入門-8）。

　もっとも、弁済供託においては、弁済の目的物が供託に適しないとき、その物が滅失若しくは損傷の恐れがあるとき又はその物の保存につき過分な費用を要するときは、弁済者は、裁判所の許可を得て競売し（自助売却）、その代価を供託することができるものとされていることから、物品という場合には、この代価弁済をすることになることが多いであろう。

2　供託物払渡請求権

　「**供託物払渡請求権**」には、「**供託物取戻請求権**」と「**供託物還付請求権**」とがあり、供託者が供託物を取戻すことができる権利が前者であり、被供託者が供託物を受け取る権利が後者である。筆者が供託制度に関わり始めた頃には、前記のことが正確に理解できなかった記憶がある。

　保険料徴収・租税徴収実務では、保険料・租税を還付する事態は日常茶飯事であり、還付とは、納付者自らが受けるものという構図からして、被供託者の**供託物還付請求権**の「還付」という字句に非常に違和感を覚えたし、ストンと頭に入らなかった。

　還付の漢字に固執することなく、供託者＝**供託物取戻請求権**、被供託者＝**供託物還付請求権**と考えるとよいのである。図4は、賃貸借契約において、賃借人の弁済の提供を賃貸人が拒否したことから賃借人が弁済供託したという場合である。初学者では、図4及び図5をしっかり頭に入れて読み進めていただきたい。

　解説書や判例では、「**供託物払渡請求権**」、「**供託物取戻請求権**」、「**供託物還付請求権**」の単語が再三登場し、前後はまったく同じ漢字であるから、「払渡」、「取戻」、「還付」を読み分けなくてはいけない。総称が一つ、その内訳が二つあり、そのどれかとの意識をもって読むとよい。

　本書は、滞納処分実務が中心であるから、物ではなく供託「金」払渡請求

権、供託「金」取戻請求権、供託「金」還付請求権と表記している箇所がある。

【図4】供託物払渡請求権の構造

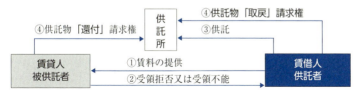

【図5】

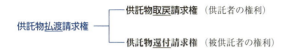

徴収職員体験記 2

正確性が要求される

　徴収処分・滞納処分の遂行には、研修（自己研鑽を含む）と実務経験の両方が不可欠である。

　筆者は、前職場（社会保険庁・日本年金機構）で管理職となった以降は、指導する立場である。滞納処分の研修となれば、どうしても差押え、捜索、滞納処分と強制執行等との競合関係、債権譲渡、相殺など、財産の差押えとその周辺に関する題材に多く対応することになりがちで、これら過程の中で供託を取り上げていた。いわば、供託は付録としての研修項目であったということが正直なところである。

　本来、供託に絞って、一コマ集中的に研修項目を設定すべきであったと反省をしている。ある滞納処分の関連として供託を取り上げるようでは、中途半端な講義とならざるを得ない。

　前職場の退職直前は、研修センター教授を担当していた。集合研修は、職場から隔離されて、学ぶことに集中できることが大きな効果である一方、欠点は、受講者の知識水準が同一でないことである。勿論、初級・中級・上級

と経験に応じた区分により研修を設定しているものの、同水準と判定している中でも大きな差がある。そうすると、「**供託物還付請求権**だから、云々」と説明したときに、研修生がえーと、**供託物還付請求権**とは何だっけと考えているうちに次の説明に移るから、そこでつまずいて後はさっぱり、ということになってしまう。言葉を覚えることが仕事ではないが、結局、基本の言葉を知らないとまったくわからないということになるし、現場で説明するときにも説明の引き出しがないことになる。

供託では、**供託物払渡請求権**、**供託物取戻請求権**、**供託物還付請求権**、供託所、供託官、供託者、供託金、執行供託、弁済供託との単語が頻繁に登場することは避けられない。口頭によるときは、払渡し、取戻し、還付と略することになり、紛らわしい単語が飛び交い、実にややこしい。

しかも、これを一つ言い間違えると意味が異なるため、注意が必要である。「**供託物取戻請求権**を債権譲渡したときは」「**供託物還付請求権**を債権譲渡したときは」と発言したときに、どちらも有り得る。取り違えていたときは、その後の説明と比べて誤った発言が後でわかることになるが、初心者ではそこがわからず、混乱してしまう。

本書の原稿作成では、作業効率からＰＣ上に単語登録をしている。「き」で変換すると、前記の単語が複数登場するから、便利ではあっても選択を誤ってしまう危険がある。

この危険は、裁判官でも同様で、かつ、深刻なのではなかろうか。「原告が**供託物還付請求権**を有することを確認する」とすべきところを、「原告が**供託物取戻請求権**を有することを確認する」と判決文に表記されたときは、取戻→還付の誤りであることは明白なことが多いとしても、供託物の還付を受けることの権利を有することの書面として取り扱ってはくれないだろう。

供託では、他の分野とは異なり、言い間違いや表記誤りについて、一段上の注意力が必要なのである。

第3章 供託の構造

1 供託手続きの流れ

供託所の現金取扱庁と非現金取扱庁とに区分してそれぞれの流れ図を示すと次のとおりである（ジュリ158百選-206を参考とし、供託所の内部管理事務は基本的に除いている）。

【図6】現金取扱庁である場合

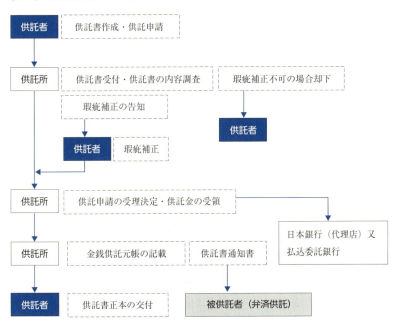

【図7】非現金取扱庁である場合

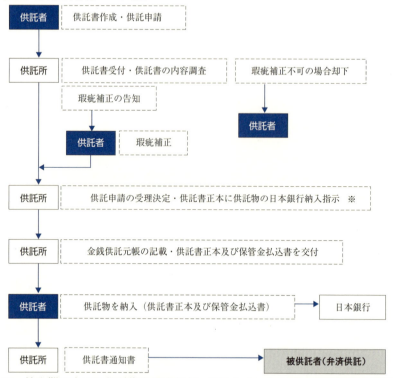

※ 納入期日までに供託物を日本銀行へ納入しないときは、供託申請の受理決定は効力を失う。

2 供託物払渡請求権の差押え又は譲渡

　供託物払渡請求権には、供託者の有する「**供託物取戻請求権**」と被供託者が有する「**供託物還付請求権**」とがあり、両者はそれぞれ独立性を有し、一方の請求権の処分は他方の請求権の行使には影響を及ぼさないと解されている。したがって、被供託者の債権者は**供託物還付請求権**を、供託者の債権者は**供託物取戻請求権**を、それぞれ差押えし又は仮差押えの執行等をすることができる（執行供託実務-332）。

　供託金の取戻とは、供託が錯誤の供託であって無効である場合、供託後に供託原因が消滅したような場合、あるいは、弁済供託における民法第496条

第1項に規定する場合(弁済供託者は、供託によって質権又は抵当権が消滅したという事情のないときは、被供託者が供託を受諾せず若しくは供託を有効と宣告した判決が確定しない間は供託物を取り戻すことができる場合)等には、供託者が供託物を払渡請求することができ、これらによって払渡請求をするものをいう(吉岡供託実務-207)。

供託金の還付請求とは、被供託者からの供託物払渡請求に基づき、被供託者に供託物の払渡しがされることによって、その目的を達成して終了するものである。

したがって、供託者が滞納者であるときは、**供託物取戻請求権**を差し押さえすることができ、被供託者が滞納者であるときは、**供託物還付請求権**を差し押さえすることができる(図8)。

また、供託者は**供託物取戻請求権**を譲渡でき、被供託者は**供託物還付請求権**を譲渡できることにもなる(図9)。

供託物取戻請求権の譲渡及び**供託物還付請求権**の譲渡では、債権譲渡通知書が供託官へ送達されることになる。供託実務では、債権譲渡通知書に、受付の旨及びその年月日時分を記載し、受付の順序に従って整理し、債権譲渡通知書等のつづり込み帳に編てつする(供託規則第5条第1項)ほか、払渡しの際の過誤を防止する措置として、副本ファイルにも受理した月日及び書面の種類を記録することとされている。具体的には、「年月日譲渡通知書(譲受人供託者・譲受人何某)受理」と記録するとされている(吉岡供託実務-228)。

債権譲渡通知書は内容証明郵便で送達されることが多いところ、上記からすると、普通郵便で送達されたとしても確定日付ある証書となり、第三者対抗要件を具備すると解される。詳細は、第5章第6節5を参照されたい。

【図8】供託物払渡請求権の差押え

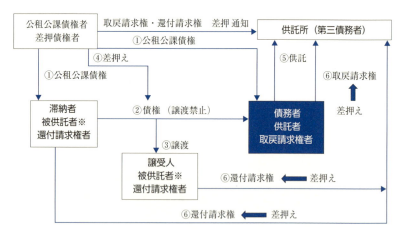

※ 厳密にいうと、債権譲渡が有効であれば譲受人が被供託者になり、そうでないときは、滞納者が被供託者となり、将来、確定することになる。

【図9】供託物払渡請求権の譲渡

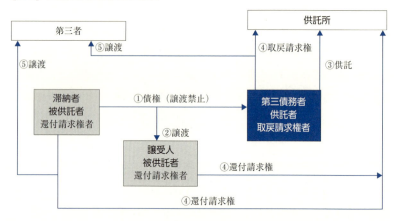

3 供託物取戻請求権と供託物還付請求権の関係

　繰り返し記述すると、供託金還付請求権と供託金取戻請求権とは独立性を有するとされており、一方の請求権の処分はもう一方の請求権の行使に影響を与えないと解されている。

図9を例にして解説すると、第三債務者がその有する**供託物取戻請求権**を譲渡したとしても、滞納者の有する**供託物還付請求権**には何ら影響を与えないため、滞納者は、供託金の還付請求をすることができる。

　次に、滞納者が**供託物還付請求権**を譲渡した後の供託実務の取扱いは、「被供託者からの譲渡通知書に供託受諾の効力を認めているので、滞納者から供託所に対して債権譲渡通知書が送付された後は、供託者又はその譲受人からの取戻しはできないことになる（民法第496条第1項）（昭33.5.1民事甲917号民事局長回答、先例集877、昭36.10.20民事甲2611号民事局長回答、先例集(3)54、法務省民事局第4課監修「実務供託法入門」株式会社きんざい-292）。

　供託受諾の効力は、供託受諾書（債権譲渡通知書）が供託所に提出されたときに生ずるとされるので、その時に**供託物取戻請求権**が消滅することになる。なお先例は、取戻、還付の手続きが競合した場合の優劣については、いずれかの適法な払渡請求書の提出があったときを基準としており、適法な供託物還付請求書と供託物取戻請求書とが同時に提出された場合には、供託物還付請求書を認可し、供託物取戻請求書を却下するとされている。供託の目的は、被供託者の実体上の請求権の満足を図ることにあるため、被供託者の**供託物還付請求権**は、**供託物取戻請求権**に対して供託手続きの上では優越的な地位が認められると解されているからである」（以上吉岡供託実務-229）。

　民法は、債権者が供託を受諾し又は供託を有効と宣告した判決が確定した場合には、以後供託者が供託を取り消すことは認めないこととした（民法第496条第1項前段）。したがって、債権者にとって、供託の受諾には供託者による供託の取消し及びそれに伴う**供託物取戻請求権**の発生を封ずるという意味があるとの解説もある（五郎丸豪紀：ジュリ158百選-174）。

民法

> （供託物の取戻し）
> 第496条　債権者が供託を受諾せず、又は供託を有効と宣告した判決が確定しない間は、弁済者は、供託物を取り戻すことができる。この場合においては、供託をしなかったものとみなす。
> 2　前項の規定は、供託によって質権又は抵当権が消滅した場合には、適用しない。

〈供託受諾の意思表示と供託物取戻請求権〉
昭33.5.1 民事甲917 民事局長心得回答（先例集1-873）ジュリ158 百選-174
　供託物還付請求権の譲渡通知書が供託所に送達された場合に、その記載内容により供託を受諾する旨の意思表示があったものと解することができるときは、その後の供託物取戻請求に応じられない。

4　供託物取戻請求権の処分と還付請求権の行使

　前項に続いて、**供託物取戻請求権**と**供託物還付請求権**の関係についてより理解を深めることとする。一つの解説だけでは理解できなくとも、別の解説ぶりや異なる事案の判例をみることによって（比較することによって）ストンと落ちることがある。その観点から、前項の解説と重複する部分があるとしても、この項において次の先例又は判例を取り上げておく。
　ここでの先例集（明45.5.23民事582号民事局長回答）の事案は、債務者（甲）が所有する財産に債権者（乙）から強制執行を受けたことにより、その執行停止のため、担保金を供託所へ供託したときのことである。甲（供託者）は、**供託物取戻請求権**を有するところ、それを丙（譲受人）に譲渡したときには、被供託者の**供託物還付請求権**が供託者の**供託物取戻請求権**に対して、供託手続きのうえでは優越的な地位が認められるから、丙は、供託原因が消滅した後でなければ供託物の払戻しを請求することはできないことになる。つまり、**供託物取戻請求権**が甲から丙に譲渡されたとしても、乙の**供託物還付請求権**が優越する形のままで丙に移転しているからである（林屋礼

二：ジュリ 158 百選―126 参照)。

　次に、丙は、供託原因が消滅した後でなければ供託物の払戻しを請求することはできないところ、これを譲渡した甲には**供託物取戻請求権**はもはや帰属しておらず、仮に甲の債権者丁が**供託物取戻請求権**を差し押さえようとしてもその差押えは空振りに終わってしまうことになる。債権譲渡とは、債権の同一性を変えることなく契約によって債権が移転することであるから、甲が譲渡した**供託物取戻請求権**は「**供託物還付請求権優越性**」が付着したものとなっているとの理解である。難解といわざるを得ない。

　これに関連して、後掲宇都宮地判昭 49.1.31 (訟務 20-6-106) は、**供託物取戻請求権**の譲渡の事案であり、**供託物取戻請求権**は裁判所により命じられた強制執行停止の保証供託金であっても、それ自体が財産的価値をもつ民法上の債権の性質を有しているから、通常の債権と同様に供託者は譲渡などの処分をすることができるが、還付請求権には対抗できず、その行使は担保取消決定が確定し、供託原因が消滅した後でなければならないとの制限を受けると判示している。

　また、後掲最二判昭 37.7.13 (民集 16-8-1556) は、弁済供託された場合の**供託物取戻請求権**につき差押え・転付命令がされた事案であり、**供託物取戻請求権**が差押えされ、転付されたとしても**供託物還付請求権**にはなんら消長を来たさず、したがって供託の効力が失われるものではないとした。この判例の意義は、**供託物取戻請求権**に対する差押え・転付命令を許す判断が前提にあり、それが民集搭載の理由であるし、**供託物取戻請求権**の差押えと被転付適格実務を再確認した意義を有するとの解説がされている(上原敏夫：ジュリ 158 百選-134)。

　滞納処分実務は、最高裁判例があれば、それに基づけばよく、**供託物取戻請求権**を供託者の財産として差し押さえすることは取立権を行使することができるかはともかくとして、適法な差押えとなる。しかし、古くから学説には、従来の判例実務を批判するものが多く、**供託物取戻請求権**は供託の構造上認められた特殊の権利であって供託者の責任財産には属さないとの見解もあるとされているし、前記判例の原審(後掲仙台高判昭 35.12.5 下民集 11-

12-2621）では、供託が有効であっても転付の結果右供託はこれをしなかったものとみなされ弁済の効力を失ったと、最高裁とは真逆の判断をしている。

供託物取戻請求権と**供託物還付請求権**をめぐって紛争の種（法律論争）は常にあると徴収職員は頭の隅に入れておくべきであろう。

〈供託物取戻請求権の処分と還付請求権の行使〉
明 45.5.23 民事 582 民事局長回答（先例集 1-17）の先例要旨

【先例集の事案】

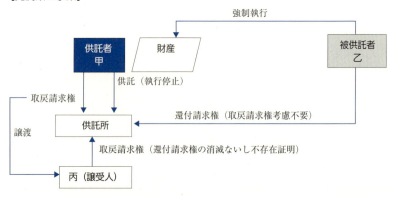

　強制執行の停止のための保証金を供託した者が、その**供託物取戻請求権**を譲渡した場合には、譲受人は、供託原因が消滅した後でなければ供託所に対して払戻しを請求することはできず、被供託者が強制執行の停止によって生じた損害の賠償を求めるために供託金に対して強制執行をするときには、譲受人は、これに対抗することができない。
　右のようにして供託者が**供託物取戻請求権**を譲渡した後には、被供託者は、右の損害賠償の債務名義以外の債務名義によって供託金に対し強制執行をすることはできない。

《供託物取戻請求権は被供託者の還付請求権には対抗できない》
宇都宮地判昭49.1.31（訟務20-6-106）

事案の概要

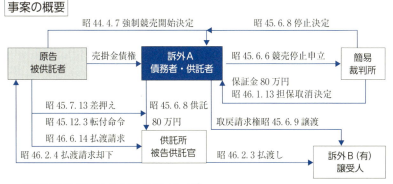

（被告供託官に対する請求について）

一　原告主張の請求原因事実中、原告が昭和44年3月7日に訴外Aを債務者とし、同人に対する売掛代金債権を執行債権として同人所有の不動産の強制競売を宇都宮地方裁判所栃木支部に申立て、同裁判所は、同年4月7日、強制競売開始決定をしたところ、訴外Aは、昭和45年6月6日、右執行債権につき弁済の見込ありとして、栃木簡易裁判所に民事調停の申立をするとともに、民事調停規則第6条に基づく強制競売手続停止の申立をし、同裁判所は、同月8日、保証金を金80万円と定めて停止決定をしたこと、訴外Aは、右同日、右保証金80万円を宇都宮地方法務局栃木支局に同支局昭和45年度金第161号をもって供託したこと、原告は、同年7月6日、訴外Aに対する前記債権に基づき、本件供託金について右訴外人が有する取戻請求権に対する債権差押命令を、宇都宮地方裁判所栃木支部に申請し、同命令は、同月21日に債務者Aに送達され、また第三債務者国にも送達されたこと（送達期日は、〈証拠省略〉より、同月13日と認められる。）次いで原告は、同年11月12日に前記債権に基づく右供託金取戻請求権に対する転付命令を、同裁判所に申請し、右転付命令は、同年12月3日、債務者Aに、同年11月26日、第三債務者国に、それぞれ送達されたことは当事者間に争いがない。

そして、〈証拠省略〉によれば、右差押・転付命令送達に先立つ昭和45年

6月9日訴外Aは本件供託金取戻請求権を訴外B不動産有限会社に譲渡して同日その旨の被告供託官に対する債権譲渡通知を了したことが認められ、原告が、同月14日、右転付命令に基づいて被告供託官に対して、本件供託金の払渡請求をしたところ、同被告は、同年2月4日付けで右払渡請求を却下したことは、当事者間に争いがなく、同被告が昭和46年2月3日訴外B不動産有限会社からなされた本件供託金の払渡請求に対し同日右訴外会社にこれを払渡したことは〈証拠省略〉により認められる。

二1　原告は、まず手続的瑕疵として、被告供託官は却下処分の際に原告に却下理由を明示しなかったから違法であると主張する。

供託規則38条（昭和47年改正前）は、「供託官は22条1項の請求が理由なしと認めるときは、請求書にこれを却下する旨を記載して記名押印し、その書面を請求者に交付しなければならない」と規定するにとどめ、請求書に却下理由を告知することまでは要求していないから、供託官が却下にあたり、却下理由を明示しなくても原則としては違法とはならないと解するのが相当であるが、却下の処分が行政処分であって請求者にとって不利益なものであることからいうと、請求者からあらかじめ却下理由を明示することを要求されたときは、場合により却下理由を口頭または書面で告知すべきであり、そのような場合に却下理由の告知を欠くときは却下処分が、違法となることもあると解すべきである。

しかし、本件においては、被告供託官が、却下処分の際に原告に対し「本件供託金の取戻請求権は、供託者訴外Aから訴外会社に譲渡された旨の債権譲渡通知が昭和45年6月9日に被告供託官に送付されている」旨、口頭で告知したことは弁論の全趣旨により認められるから、右事実よりすれば仮に本件却下処分が理由の告知を要する場合であるとしても右の告知は本件却下処分の理由の告知として欠けるところはない、というべきである。よって却下理由の明示がないから、本件却下処分は違法であるとする原告の主張は、理由がない。

2　次に、原告は、本件供託金還付請求権に対し原告が被供託者として有する法定質権の実行として前記差押・転付命令を得たものであるから、訴外

B不動産有限会社は原告に対し本件供託金取戻請求権の譲受けをもって対抗できない、と主張する。

　民事調停手続における強制執行停止のための保証供託金について、被供託者は質権者と同一の権利を有することは民事調停規則6条4項、民事訴訟法113条により認められるところであるが、右保証金は、強制執行停止によって生ずる被供託者の損害を担保するためのものであるから、その被担保債権は被供託者が当該強制執行の停止によって受ける損害金に限られる。

　そして〈証拠省略〉によれば、本件においては前記強制競売の基本たる執行債権は原告の訴外Aに対する石油製品販売代金債権および昭和43年10月14日から昭和44年2月20日までの日歩5銭の割合によるその遅延損害金債権であり、一方〈証拠省略〉によれば、前記差押・転付命令の基本たる債権も右と同一の売掛代金債権および昭和43年10月14日から昭和45年6月30日までの日歩5銭の割合によるその遅延損害金債権であることが認められる。このような金銭債権を執行債権とする強制執行にあっては、執行停止による損害の内容は通常右債権について生じる遅延損害金にほかならないから、右差押・転付命令の基本たる前記売掛代金債権および遅延損害金債権中、売掛代金債権、およびその遅延損害金債権のうちの前記強制競売の執行停止決定がなされた昭和45年6月8日の前日に生じた部分は執行停止による損害ではなく、したがって以上の債権は本件供託金に対する法定質権により担保されるものといえないことは明らかであるが、その余の、執行停止決定がなされた右8日以降同月30日までの遅延損害金については、これを強制執行停止による損害であって、その賠償請求権に基づく法定質権の実行として前記差押・転付命令の申立がなされたものと解する余地がないではない。しかし、〈証拠省略〉によれば、原告は、本件供託金についての担保取消に同意したものとみなされ、昭和46年1月13日付で本件供託金に対する担保取消決定がなされていることが認められる以上、原告が前記供託金の払渡請求した時点では法定質権はすでに消滅してしまっているのであるから、法定質権の存在を前提とする原告の主張は失当である。

　3　そこで原告の得た本件**供託金取戻請求権**に対する差押・転付命令を、

単に前記売掛代金債権およびその遅延損害金債権を執行債権とする強制手続であると解してその効力を考察するに、この点については右転付命令に基づく原告の本件供託金取戻請求権と競合する訴外B不動産有限会社の取戻請求権との間の優劣関係が問題となる。

　ところで、供託者の有する**供託物取戻請求権**はたとえそれが裁判所により命じられた強制執行停止の保証供託金であっても、それ自体が財産的価値をもつ民法上の債権の性質を有しているから、通常の債権と同様に供託者は右請求権につき譲渡、差押などの処分をすることができるが、ただ右処分は法定質権により担保される被供託者の執行停止による損害賠償請求権（還付請求権）には対抗できず、その行使は担保取消決定が確定し、供託原因が消滅した後でなければならないとの制限を受けるにすぎない。また、同一取戻請求権につき二以上の任意処分ないし強制執行がなされた場合、その優劣関係は専ら供託所での通知・送達の受理の先後により決されると解するのが相当である。

　そうすると、本件供託金取戻請求権に対する原告申請の差押・転付命令が被告供託官に送達されたのは、訴外Aがこれを訴外B不動産有限会社に譲渡した旨の通知が被告供託官に到達した後であることは前段認定事実により明白であるから、前示のとおり本件供託金に対する担保取消決定がなされて本件供託金に対する原告の法定質権が消滅した以上、前記本件供託金取戻請求権の譲渡は、たとえ右担保取消決定以前のものであっても、前記差押に優先し右訴外会社は正当な本件供託金取戻請求権の譲受人として適法にその払渡を受けうるものというべきである。

　ゆえに、被告供託官のなした訴外会社への本件供託金の払渡および原告の払渡請求に対する却下処分は、いずれも適法であると解すべきである。

　なお、原告は、債権譲渡の通知がなされなかったから、右譲渡は対抗力がないと主張するが、債権譲渡の第三者対抗要件は、確定日付ある証書により債務者（本件においては国＝供託官）への通知があれば足るから、右主張はそれ自体失当である。

　また、原告は強制執行停止の濫用および法定質権を認めた民事訴訟法113

条の立法趣旨を云云するが、〈証拠省略〉によれば原告が本件供託金の払渡を受けられなかったのは少なくともその一部については原告が訴外B不動産の担保取消の申立に同意したものとみなされたため本件供託金に対する法定質権を失ったことに基因するのであるから右非難はあたらない。

以上のとおりであるから、原告の被告供託官に対する、払渡請求却下処分を違法として、その取消を求める本訴請求は理由がないから失当として棄却すべきである。

（被告国に対する訴えについて）

まず、被告国に対して、供託金の支払を求める原告の本訴請求が適法であるかどうかを検討する。

被告国は、原告の国に対する本件請求は行政庁の一定の行政処分があったのと同一の効果をもたらす行為を国に命ずることに帰する旨主張するが、保証供託も民法上の弁済供託と供託原因を異にするだけで、その本質は国との間になされる民法上の第三者のためにする寄託契約にすぎないから国が、担保取消決定がなされ供託原因が消滅した後に供託者、または供託者から供託金取戻請求権を譲受けた者の払渡請求に応じてこれを払渡す行為も、担保取消決定以前に被供託者が担保権の実行としてなす払渡請求に応じてこれを払渡す行為も、ひとしく国が寄託契約上の債務者の地位においてその債務の履行として単に金銭を払渡す行為にすぎず、これを拒否する却下処分が供託規則38条により行政処分と解すべきであるとしても、そのゆえに右払渡をも行政処分またはこれと同一の効果をもたらす行為と解さなければならないなんらの根拠もない。

しかし、原告の被告国に対する本訴請求は、以下のとおり、権利保護の利益がない点において不適法である。

すなわち、本件却下処分は、前認定のとおり、原告は本件供託金の払渡請求権がないとする実体上の理由に基づくものであり、原告はこれを争い本件供託金の払渡請求権を有するとして右処分の違法性を主張するものであるから、本件の実体上の争点は、原告の右処分時における本件供託金の払渡請求権の存否である。そうだとすれば、原告が右処分時において本件供託金の払

渡請求権を有していたとの理由で右処分を取消す旨の判決が確定すれば行政事件訴訟法33条により、被告供託官は再び原告が右請求権を有しないとの認定のもとに原告の払渡請求を却下できず、これに応じて払渡さなければならない拘束を受けるから、原告が国から本件供託金の払渡を受けるためには、本件却下処分の取消訴訟を提起するのみで足り、そのほかに国に対して本件供託金の支払を請求する法律上の利益はないといわねばならない。

したがって、原告の被告国に対する本訴請求は、権利保護の利益を欠くから、不適法であって却下を免れない。

（結論）

よって、原告の被告国に対する請求は、不適法であるから、これを却下し、被告供託官に対する請求は、理由がないから、これを棄却することとし、訴訟費用の負担につき、民事訴訟法89条を適用のうえ、主文のとおり判決する。

《供託金取戻請求権転付により供託金還付請求権は消長を来たさない》
最二判昭37.7.13（民集16-8-1556）

事案の概要

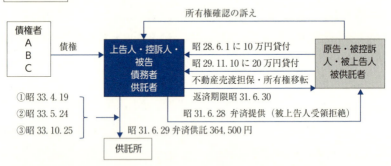

①～③は債権者ＡＢＣから表記の日に差押え・転付命令がされた

上告代理人服部喜一郎の上告理由について。

按ずるに、原判決は、上告人が本件債務の弁済期限前の昭和31年6月29日元利金364,500円を供託したことならびに上告人の右供託金取戻請求権が

昭和33年10月25日頃までに転付命令により上告人の他の債権者に全部転付されたことの当事者間に争いのない事実から、前記供託がかりに弁済の効力を生じうる有効なものであったとしても、右転付の結果供託はこれをしなかったものとみなされ弁済の効力を失ったものといわなければならず、したがって前記供託は本件不動産に対する被上告人の所有権自体には特別影響を及ぼすものではないと判断している。しかし、<u>供託金取戻請求権が供託者の他の債権者に転付されたとしても、そのことだけでは被供託者の供託金還付請求権にはなんら消長を来すものでなく、したがってまた供託の効力が失われるものではない。</u>されば、原判決が前記のように本件弁済供託金の取戻請求権が他の債権者に転付された事実のみを確定し、そのことから直ちに弁済の効力がなくなったものと判断したことは、法令の解釈適用を誤ったものであり、その結果審理不尽ないし理由不備の違法があるというべきで、この点に関する上告人の上告はその理由あり、従って他の上告理由についての判断をまつまでもなく原判決は破棄を免れない。そして、本件は、前記の点につきなお審理判断の要があるから、原裁判所に差し戻すことを相当とする。

　よって、民訴407条に従い、裁判官全員の一致で、主文のとおり判決する。

《供託物取戻請求権が転付された場合には供託の効力は失われる》
仙台高判昭35.12. 5（下民集11-12-2621）（最二判昭37. 7.13の原審）
　そこで本案につき判断するに、被控訴人は、昭和29年11月20日本件不動産を控訴人から単純に買受けた旨主張するところ、これを認むべき証拠はなく、〈証拠〉を総合すると、控訴人は昭和28年6月1日当時、被控訴人から金100,000円を利息年1割と定めて借受けた債務を負担していたが、昭和29年11月10日さらに被控訴人から金200,000円を利息年1割と定めて借受け、その際被控訴人との間に、本件不動産の所有権を右両債務の売渡担保として控訴人から被控訴人に移転し、昭和31年6月30日までに右両債務を弁済したときは右不動産所有権の返還を受くべき旨約したものであることが推認できる。したがってこれにより本件不動産所有権は被控訴人に帰したもの

であるといわなければならない。

　次に控訴人が右債務の弁済として弁済期限前の昭和31年6月29日元利金として金364,500円を供託したことならびに控訴人の右**供託物取戻請求権**は被控訴人主張のとおり昭和33年10月25日ごろまでに全部他の控訴人債権者に転付されたことは当事者間に争がない。これによると前記の供託が仮りに弁済の効力を生じ得る有効なものであったとしても、右転付の結果右供託はこれをしなかったものとみなされ弁済の効力を失ったものといわなければならない。控訴人は、売渡担保は債務の弁済を担保するものである点においては質権、抵当権と性質が全く同一であるから民法第496条第2項にはこれと同様売渡担保の場合も包含される旨主張するところ、売渡担保は債権の担保的作用の面において質権、抵当権と類似するところがあるとしても、これを質権、抵当権と同様右条項に包含させることについては、未だこれを首肯するに足る十分な根拠を見出し難いから、売渡担保の場合に右条項の適用があるものと解し難い。したがって控訴人の右主張は採用し難く、控訴人主張の別訴（福島地方裁判所郡山支部昭和30年（ワ）第100号）事件の確定判決〈証拠〉は右の結論を左右するものでない。したがって前記の供託は、本件不動産に対する被控訴人の所有権自体には特別影響を及ぼすものでないといわなければならない。しかして被控訴人が控訴人に対し、本件不動産所有権の確認を求めるにつき法律上の利益を有することは本訴自体によって明らかであるから、他の点の判断をなすまでもなく被控訴人の本訴請求は正当として認容すべきものである。

　結局内容において一部相違するところがあっても、本件不動産につき被控訴人の所有権を認めた原判決は、結論において右と趣旨を同じくするから相当であって、本件控訴はその理由なきに帰する。

　よって民事訴訟法第384条第95条第89条を適用して主文のとおり判決する。

5　供託の受諾

　供託制度の理解を深めるために、弁済供託における供託の受諾について触れておくことにする。

　「債権者が供託を受諾せず、又は供託を有効と宣告した判決が確定しない間は、弁済者は、供託物を取り戻すことができる。この場合においては、供託をしなかったものとみなす」（民法第496条、前記3参照）と規定されているとおり、供託者は、弁済供託をしたものの事情の変化によって**供託物取戻請求権**を行使することができる。

　弁済供託がされている場合、供託者と被供託者間に争いがあって、訴訟となっていることもあり、また、債務の弁済（供託物の供託物還付請求）と反対給付が同時履行になっているなどの理由から、債権者（被供託者）が**供託物還付請求権**を行使して債権の満足を得ようとしても直ちにその行使ができないことがある。そこで、債権者が供託受諾の意思表示をすることにより、供託者からの**供託物取戻請求権**の行使を防ぐことができるというわけである。

　そこで、「弁済供託の債権者は、供託所に対し供託を受諾する旨を記載した書面又は供託を有効と宣告した確定判決の謄本を提出することができる」（供託規則第47条）と規定されており、供託所に対して供託受諾の意思表示をすると**供託物取戻請求権**を消滅させることができることになる。したがって、仮に、公租公課債権者が**供託物取戻請求権**の差押えをしていたときには、その差押えの効力が失われる効果があることになる。

　「供託受諾の意思表示をすることができる者は、被供託者、**供託物還付請求権**の譲受人、取立権を有する差押債権者、転付債権者及び債権者代位権を行使する一般債権者となる」（実務供託入門-333）。

6 供託金払渡手続き

　供託が成立すると、供託所が保管する状態となり、被供託者からの供託物還付請求によって被供託者へ供託物が払渡しされることによって、供託は目的を達して終了する。

　また、供託が錯誤の供託であって無効である場合、供託後に供託原因が消滅したような場合、供託者が供託物取戻請求をすることによって供託関係は終了する（ただし、被供託者の供託金還付請求権は、供託金取戻請求権に対して供託手続きの上では優越的な地位が認められることに注意を要する）。

　再度、**供託物取戻請求権**と**供託物還付請求権**の意義を記述したうえで、払渡し手続きを解説する。

(1) **供託物還付請求権**

　　供託物還付請求とは、弁済供託又は裁判上の保証供託の場合には被供託者又はその承継人、営業上の保証供託の場合には供託者と営業上の取引をした債権者等に対して供託物を払い渡すことをいう。

　　例えば、滞納処分による換価代金等を配当したところ、残余金が生じたものの、滞納者（被供託者）の住所・居所が不明であるため供託したという事例を考えると、当該金銭を還付することによって供託関係は本来の目的を達成したから終了したことになる。

　　供託物還付請求が認められるためには、次の要件を充たし、その権利を証明する書面を添付して還付請求をすることが必要とされている（供託法第8条第1項、供託規則第24条第1項）（実務供託入門-353）。

① 被供託者が確定していること。
② 被供託者の供託物に対する実体上の請求権が確定していること。
③ 被供託者の供託物に対する実体上の請求権を行使するについて、条件が成就していること（例えば、反対給付の条件が付されている場合にはその履行がされたこと、選挙供託の場合には法定得票数に達してないこと等）。

(2) 供託物取戻請求権

供託物取戻請求とは、供託の目的が錯誤その他の理由によって初めから存在しなかったり、供託後において供託原因が消滅したこと等により、供託関係がその目的を達成せずに、供託物が供託者に払い渡されることをいう。供託物取戻請求がされたときも、供託物還付請求と同じく供託関係は終了する。

供託物取戻請求が認められるのは、次のいずれかの要件を充たすときである。

① 供託が錯誤によって無効であること（供託法第8条第2項）。
　ア　被供託者を甲とすべきところを乙としたもの。
　イ　供託原因を誤まり又は供託原因が不存在であるとき。
② 供託後に供託原因が消滅したこと。
　ア　停止条件付債務弁済のための供託における条件不成就（債権が発生しない）のとき。
　イ　担保供託の場合における担保の目的たる債権の不発生ないし消滅のとき。
　ウ　法令により供託原因が消滅したとき。
　エ　差替えをしたときの従前の供託物の取戻し。
③ 供託を有効と宣告した判決が確定していないこと（民法第496条第1項）。
④ 弁済供託の場合において、被供託者が供託を受諾していないこと（不受諾）（民法第496条第1項）。

徴収職員体験記 3

暗躍する地面師

　住宅地として販売すればたちまち売れると見込まれる土地（空地）があり、その所有者Aの住居は遠隔地にあった。久しぶりに当該土地を見にきたところ、多くの住宅が建設され、しかも住居人がおり、腰を抜かしたという話を聞いたことがある。

　このように、土地所有者が気づかないよう、所有者（A）になりすまして、印鑑証明書、委任状等を偽造し、AからBが購入したよう見せかけ、Bがその土地の売却を行うような詐欺集団を地面師という。一人ではなく、書類を偽造する役、土地を探す役、持ち主になりすます役等のように役割分担をしているようだ。

　ところが、前記の場合、住宅建設者である土地購入者は、土地所有権を取得することができない。その理由は、そもそもBには所有権がないからであり、登記を信用して売買契約を行ったとしても、その登記が無効なときは、所有権を取得することはできない。このことを「登記に公信力がない」という。公信力がないことを表記した条文があるのではなく、そう解されている。

　何故、その解釈が導かれるかの一つとして、登記官吏は実質的な審査権限を有さず、形式的要件の審査しか行わない。形式さえ整っていれば登記申請は受理され、登記されるから、登記に公信力を認めることはできないのである。登記をうかつに信用して不動産取引をすると大損失を被ることになるから、法律を知らなければならない。仮に、地面師が摘発されたとしても、払ったお金は戻ってこない。

　供託官の審査権限と登記官吏の審査権限は類似している。法律を学ぶ際には、あの話（供託官の審査権限）とこの話（登記官吏の審査権限）と対比して、それぞれの知識が繋がると理解が深まる。

　筆者は、平成8年に小さいながら土地を購入し、住宅を建設した。その際には、登記を確認することは当然、登記簿上の所有者として矛盾がないか実

地に確認したもので、最終的に土地の売買契約を所有者の事務所で行った。

　民法（広義では供託法をも含む）の知識を有することは、自己の生活防衛となるし、徴収においても「その話はおかしい、裏をとってみよう」との発想が生まれる。

　法律を知っている徴収職員ならば、地面師をしても「おぬし、できるな」と思わせるであろう。

第4章 供託制度の概要

第1節 供託の種類

　供託原因によって供託を分類すると、弁済供託、税法上の担保供託、裁判上の保証供託、営業保証供託、執行供託、混合供託、選挙供託、没収供託、保管供託がある。

　供託の種類ごとに内容を解説すると次のとおりである。これら供託において供託者が滞納者であるときは、**供託物還付請求権**を差し押さえすることができる。そういう意味ではすべての供託について知っておくべきであるが、滞納処分実務においてよく問題となるのは、弁済供託、税法上の担保供託、執行供託、混合供託であるから、これについては特に理解しておく必要がある。

　したがって、本書においては、前記4つの供託については、他の供託よりも記述度が増している。

1　弁済供託

　弁済は、その相手方である債権者（賃貸不動産の所有者ではなく管理人が受け取るというように、債権者から受領の権限を与えられた代理人等も相手方に含まれる）に対して、債務の本旨に従った弁済をしたときに債務が消滅する。ところが、相手方である債権者ではない者に弁済し、弁済と同じく債務が消滅する制度があり、それが弁済供託である。

　債権者が弁済の受領を拒み、又はこれを受領することができないときに、弁済者は、債権者のために弁済の目的物を供託してその債務を免れることができ、弁済者が過失なく債権者を確知することができないときも（債権者不確知と呼ばれる）同様である（民法第494条）。供託は、債務の履行地の供

託所にしなければならない（民法第495条）。

　民法の教科書において多く解説されている事例は、不動産の賃貸借契約において、契約関係をめぐるトラブルから賃借人が賃料を提供しても賃貸人が受け取らないという場面であり、放置しておくと、賃料不払いとなって賃貸借契約が解除される恐れがあるため、弁済供託をするというものである。

　滞納処分で多い事例は、滞納処分庁において財産を換価・配当したところ、残余金が生じ、滞納者へ交付しようとしても当該滞納者が行方不明であるという場合である。この債務の履行ができないとすれば、滞納処分庁は、常に履行の準備をしておく必要があることになり、また、その債務に対する利息の支払義務も生じるなど、管理上の不利益が予想される。

　弁済供託することによって債務が消滅することになり、債務者の不利益を解消する制度といえる。滞納処分ではなく、年金事務所を当事者（弁済者）として、年金給付関係において弁済供託をした事例もある(注1)。

民法

> （供託）
> 第494条　債権者が弁済の受領を拒み、又はこれを受領することができないときは、弁済をすることができる者（以下この目において「弁済者」という。）は、債権者のために弁済の目的物を供託してその債務を免れることができる。弁済者が過失なく債権者を確知することができないときも、同様とする。
>
> （供託の方法）
> 第495条　前条の規定による供託は、債務の履行地の供託所にしなければならない。
> 2　供託所について法令に特別の定めがない場合には、裁判所は、弁済者の請求により、供託所の指定及び供託物の保管者の選任をしなければならない。

(注1)　第1章徴収職員体験記1を参照。

> 3　前条の規定により供託をした者は、遅滞なく、債権者に供託の通知をしなければならない。

2　徴収法上の担保供託

　これには、三つの類型がある。

　一つ目は、通則法の規定による納付の猶予、徴収法の規定による職権による換価の猶予及び申請による換価の猶予は、各猶予の要件に当たる場合において、公租公課の納付を一時猶予し、自主的な納付を期待するものであり、原則として担保を提供することとなっている（通則法第46条第5項、徴収法第152条第3項、第4項）。

　二つ目は、国税に関する法律に基づく処分に対する不服申立ては、その目的となった処分の効力、処分の執行又は手続の続行を妨げないことが原則であるところ、納付者がその処分に不服申立てをした場合には、担保を提供して、不服申立ての目的となった処分に係る国税につき、滞納処分による差押えをしないこと又は既にされている滞納処分による差押えを解除することができる（通則法第105条第3項、第5項）。

　三つ目は、酒税及び印紙税の徴収が困難になると認められる場合並びに消費税が滞納され、その後の徴収の確保ができないと認められる場合には、税務署長は、その徴収を確保するために納付者に担保を命じることができ、これは、国税固有の規定である。

　担保の種類は、通則法第50条に規定されており、国債、地方債、社債その他の有価証券で滞納処分庁の長が確実と認めるものなどである。振替国債及び金銭（注2）であるときは、供託しその供託書正本を公租公課債権者へ提供しなければならない（通則法施行令第16条第1項）。

（注2）　担保にすべき金銭があるときは、それにより納付を求めることになり、実務上は金銭が担保となることはないといってよい。

通則法

(納税の猶予の要件等)

第46条

5 税務署長等は、第2項又は第3項の規定による納税の猶予をする場合には、その猶予に係る金額に相当する担保を徴さなければならない。ただし、その猶予に係る税額が100万円以下である場合、その猶予の期間が3月以内である場合又は担保を徴することができない特別の事情がある場合は、この限りでない。

(担保の種類)

第50条 国税に関する法律の規定により提供される担保の種類は、次に掲げるものとする。

　一　国債及び地方債
　二　社債(特別の法律により設立された法人が発行する債券を含む。)その他の有価証券で税務署長等(国税に関する法律の規定により国税庁長官又は国税局長が担保を徴するものとされている場合には、国税庁長官又は国税局長。以下この条及び次条において同じ。)が確実と認めるもの
　三　土地
　四　建物、立木及び登記される船舶並びに登録を受けた飛行機、回転翼航空機及び自動車並びに登記を受けた建設機械で、保険に附したもの
　五　鉄道財団、工場財団、鉱業財団、軌道財団、運河財団、漁業財団、港湾運送事業財団、道路交通事業財団及び観光施設財団
　六　税務署長等が確実と認める保証人の保証
　七　金銭

(不服申立てと国税の徴収との関係)

第105条

3 再調査審理庁又は国税庁長官は、再調査の請求人等が、担保を提供

して、不服申立ての目的となった処分に係る国税につき、滞納処分による差押えをしないこと又は既にされている滞納処分による差押えを解除することを求めた場合において、相当と認めるときは、その差押えをせず、若しくはその差押えを解除し、又はこれらを命ずることができる。

5 　国税不服審判所長は、審査請求人が、徴収の所轄庁に担保を提供して、審査請求の目的となった処分に係る国税につき、滞納処分による差押えをしないこと又は既にされている滞納処分による差押えを解除することを求めた場合において、相当と認めるときは、徴収の所轄庁に対し、その差押えをしないこと又はその差押えを解除することを求めることができる。

徴収法

(換価の猶予に係る分割納付、通知等)

第152条　(1～2省略)

3 　国税通則法第46条第5項から第7項まで及び第9項、第47条第1項（納税の猶予の通知等）、第48条第3項及び第4項（果実等による徴収）並びに第49条第1項（第5号に係る部分を除く。）及び第3項（納税の猶予の取消し）の規定は、第151条第1項の規定による換価の猶予について準用する。この場合において、同法第46条第7項中「納税者の申請に基づき、その期間」とあるのは「その期間」と、同条第9項中「第4項（前項において準用する場合を含む。)」とあるのは「国税徴収法第152条第1項（換価の猶予に係る分割納付、通知等)」と、それぞれ読み替えるものとする。

4 　国税通則法第46条第5項から第7項まで及び第9項、第46条の2第4項及び第6項から第10項まで（納税の猶予の申請手続等）、第47条、第48条第3項及び第4項並びに第49条第1項及び第3項の規定は、前条第1項の規定による換価の猶予について準用する。この場合

において、同法第46条第9項中「第4項(前項において準用する場合を含む。)」とあるのは「国税徴収法第152条第1項(換価の猶予に係る分割納付、通知等)」と、同法第46条の2第4項中「分割納付の方法により納付を行うかどうか(分割納付の方法により納付を行う場合にあっては、分割納付の各納付期限及び各納付期限ごとの納付金額を含む。)」とあるのは「その猶予に係る金額を分割して納付する場合の各納付期限及び各納付期限ごとの納付金額」と、同条第6項中「第1項から第4項まで」とあるのは「国税徴収法第151条の2第3項(換価の猶予の要件等)又は同法第152条第4項(換価の猶予に係る分割納付、通知等)において読み替えて準用する第4項」と、同条第7項中「第1項から第4項まで」とあるのは「国税徴収法第151条の2第3項又は同法第152条第4項において読み替えて準用する第四項」と、同条第10項中「第1項から第4項まで」とあるのは「国税徴収法第151条の2第3項又は同法第152条第4項において読み替えて準用する第4項」と、「前条第1項から第3項まで又は第7項」とあるのは「同法第151条の2第1項又は同法第152条第4項において準用する前条第7項」と、同項第2号中「次項」とあるのは「国税徴収法第141条(質問及び検査)」と、「同項」とあるのは「同条」と、同法第47条第2項中「前条第1項から第4項まで」とあるのは「国税徴収法第151条の2第3項(換価の猶予の要件等)又は同法第152条第4項(換価の猶予に係る分割納付、通知等)において読み替えて準用する前条第4項」と、それぞれ読み替えるものとする。

通則法施行令

(担保の提供手続)
第16条 法第50条第1号、第2号又は第7号(国債、地方債等)に掲げる担保のうち振替株式等(社債、株式等の振替に関する法律(平成13年法律第75号)第2条第1項第12号から第21号まで(定義)に

掲げる社債等で同条第2項に規定する振替機関が取り扱うものをいう。次項及び次条第3項において同じ。）以外のもの（社債、株式等の振替に関する法律第278条第1項（振替債の供託）に規定する振替債にあっては、財務省令で定めるもの）を提供しようとする者は、これを供託してその供託書の正本をその提供先の国税庁長官、国税局長、税務署長又は税関長（以下この条及び次条において「国税庁長官等」という。）に提出しなければならない。ただし、登録国債については、その登録を受け、登録済通知書を国税庁長官等に提出しなければならない。

2 法第50条第2号に掲げる担保のうち振替株式等を提供しようとする者は、振替株式等の種類に応じ、当該振替株式等に係る振替口座簿の国税庁長官等の口座の質権欄に増加又は増額の記載又は記録をするために振替の申請をしなければならない。

3 法第50条第3号から第5号まで（土地、建物等）に掲げる担保を提供しようとする者は、抵当権を設定するために必要な書類を国税庁長官等に提出しなければならない。この場合において、その提出を受けた国税庁長官等は、抵当権の設定の登記又は登録を関係機関に嘱託しなければならない。

4 法第50条第6号（保証人の保証）に掲げる担保を提供しようとする者は、保証人の保証を証する書面を国税庁長官等に提出しなければならない。

3　裁判上の担保供託

　訴えの提起、強制執行の停止若しくは続行、仮差押え、仮処分の執行又は取消し等、当事者の訴訟行為又は裁判上の処分に関して、当事者は、自己の負担とされる訴訟費用の支払を担保し、又は自己の訴訟行為により相手方に生ずる損害等を担保するため、担保の提供を求められることがある。このように、訴訟行為又は裁判上の処分をするに当たって担保を供託する方法により提供することになる（吉岡供託実務-73）。

仮差押命令を例として解説をする。「保全命令（注3）は、担保を立てさせて、若しくは相当と認める一定の期間内に担保を立てることを保全執行の実施の条件として、又は担保を立てさせないで発することができる」（保全法第14条第1項）と規定されている（注4）。担保を立てるには、金銭又は担保を立てるべきことを命じた裁判所が相当と認める有価証券を供託所に供託させることになる。この目的は、違法な保全命令又は保全執行によって債務者に損害が生じた場合に、債務者の損害賠償請求権を担保することにある。被保全権利の存在について、本案訴訟においてその存在が否定されることがあり得るから、そうなれば結果的には、保全命令又は保全執行に根拠がなく違法であったことになり、債務者に損害が生じていればその損害賠償請求権を担保する必要があるわけである。

また、担保を立てさせる目的として、債権者による保全処分の濫用的な申立てを防止する目的もある（小田執行保全法-273）。

仮差押えは、滞納処分においても重要度高の事項であり、後記11において滞納処分における仮差押えの意義と機能につき解説をしているので参照されたい。

4 営業保証供託

「特定の相手方が被る損害を担保するためにされる担保（保証）供託の一種であり、宅地建物取引業、割賦販売業、旅行業等の営業者がその営業活動により生じた債務又は損害を担保するためにする供託である。これらの営業は取引の相手方が不特定多数であり、また、取引活動も広範かつ頻繁であって、取引の相手方に対し損害を与えることもあり得るため、その営業活動に伴って債権を取得する債権者や損害を被る被害者を保護するために設けられた制度」とされる。

(注3) 民事保全の命令であり、仮差押え及び仮処分の総称である。
(注4) 損害賠償請求権を確実に行使できるようにするため、債権者に担保を立てさせるよう命じることが通常となっている。ただし、交通事故被害者の損害賠償金や労働者の賃金の仮払の仮処分では無担保での発令が通例となっている（平野執行保全法-329）。

「営業保証供託を義務付けている主な法令としては、宅地建物取引業法（第 25 条・第 26 条・第 28 条・第 29 条・第 64 条の 7・第 64 条の 8・第 64 条の 15・第 64 条の 23）、旅行業法（第 7 条〜第 9 条・第 18 条・第 18 条の 2・第 22 条の 8・第 22 条の 9・第 22 条の 15・第 22 条の 22）、家畜商法（第 10 条の 2・第 10 条の 5・第 10 条の 6）、割賦販売法（第 16 条・第 18 条・第 18 条の 3・第 20 条の 3・第 22 条・第 22 条の 2）、資金の決済に関する法律（第 14 条・第 17 条・第 43 条・第 46 条）、信託業法（第 11 条・第 43 条）等があり、これら法令では、供託が営業開始の要件とされていることが多い」（実務供託入門-155）。

5 執行供託

執行供託とは、法律に規定があるのではない。「いわゆる」執行供託とは、「執行手続きにおいて、供託所をして執行の目的物の管理と執行当事者への交付を行わせるため、執行機関又は執行当事者が執行の目的物を供託所に供託すること」であると定義づけがされる（実務供託入門-167）。この定義によれば、執行法によるものは当然、後記のとおり滞調法におけるところの権利供託及び義務供託となるものについても執行供託ということになる。

供託することができる供託物としては、金銭、有価証券若しくはその他の物（動産、不動産）又は振替国債があるとされているところ、多数は金銭であるし本書の目的は滞納処分との関係を主要な目的としていることから、供託物は金銭である場合に限定した解説とする。

「第三債務者は、差押えに係る金銭債権の全額に相当する金銭を債務の履行地の供託所に供託することができる」（執行法第 156 条第 1 項）、「第三債務者は、次条第 1 項に規定する訴えの訴状の送達を受ける時までに、差押えに係る金銭債権のうち差し押さえられていない部分を超えて発せられた差押命令、差押処分又は仮差押命令の送達を受けたときはその債権の全額に相当する金銭を、配当要求があった旨を記載した文書の送達を受けたときは差し押さえられた部分に相当する金銭を債務の履行地の供託所に供託しなければならない」（同条第 2 項）と規定されている。

このように、第三債務者は、裁判所から債権差押命令が送達されたときは、債務履行地の供託所に供託することができ（権利供託）、また、差押えが競合したときは、債務履行地の供託所に供託しなければならない（義務供託）。

　執行法第156条第1項の「差押えに係る金銭債権の全額に相当する金銭」とは、例えば、100万円の債権額に対して、60万円が差し押さえられたという場合、100万円を供託できる権利があるわけである（図10）。仮に60万円のみ供託できるとするならば、40万円を別途弁済しなければならなくなることから全額の供託を認めている。あえて60万円のみ供託することはできるが、20万円というように債権の一部を供託することはできない。したがって、第三債務者は、100万円供託すること、60万円を供託し40万円弁済することのどちらかとなる（図11）。もっとも、図10では、差押えの効力が及んでいない40万円部分は、弁済供託であると解されていることから、差押債務者（第三債務者の債権者）の還付請求を可能とするため、供託書には、同人を被供託者として記載することになる。金銭債権の一部が差し押さえされたときに前記のとおり取扱う理由は、後掲昭55.9.6先例集6-319の渋佐解説を参照。

　前記により供託がされた場合は、執行裁判所は配当等を実施することになり（執行法第166条第1項第1号）、これによって、裁判所から供託所に対しては支払委託がされ、各債権者は、裁判所からの配当額の支払証明書の交付を受け、これを供託物払渡請求書に添付して供託物の還付を受けることになる。

　なお、徴収法における債権差押えでは、徴収法において、執行法にある権利供託の規定がないため供託することはできない。換言すると、徴収職員には取立権があるため、第三債務者は供託することはできず差押債権者（滞納処分庁）に弁済するしかない。

　ところが、滞納処分による差押えがされている債権に対して、強制執行による差押命令が発せられたときには、第三債務者は債務の履行地の供託所に供託することができ（権利供託・滞調法第20条の6第1項）、その逆に強制

執行による差押命令がされている債権に対して滞納処分による差押えがされたときは、第三債務者は供託すべきことになり（義務供託・滞調法第36条の6第1項）、これらのいずれも執行供託である。

滞調法上の執行供託及び執行法上の執行供託については、滞納処分実務に関わる密度が高いことから、別途、解説を行う。

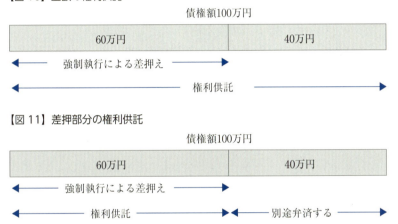

【図10】全額の権利供託

【図11】差押部分の権利供託

〈金銭債権の一部のみが差し押さえられた場合における供託〉
昭 55.9.6 民事 4・5333 民事局長通達・第 2、4 の 1（一）（先例集 6-319）（ジュリ 158 百選-100）要旨

　金銭債権の一部が差し押さえられた場合においては、第三債務者は、執行法第 156 条第 1 項により差押えに係る金銭債権の全額に相当する金銭を債務の履行地の供託所に供託することができるが、差押金額に相当する金銭のみを供託することもできる。

　上記先例の解説（渋佐愼吾：ジュリ 158 百選-100）

> 　執行法 146 条は、執行債権の金額いかんにかかわらず、差し押さえるべき債権の全部について差押命令を発することができる旨規定しているが、他方、執行債権の金額を限度として債権の一部を差し押さえること

も当然にできるものと解される（執行法第149条参照）。

　金銭債権の一部のみが差し押さえられた場合において、当該差押金額に相当する金銭のみを供託ことができるかどうかについても、本通達は積極に解している。

　債権の差押えが行われた場合の第三債務者の不安定な立場を救済しようという権利供託の趣旨に照らす限り、一部差押えの場合においては、差押えの効力が及ぶ範囲内で供託が認められれば十分であり、残余の部分について併せて供託を認める必要は、必ずしも必要ない。

　供託後の手続きの面から見ても、差押金額に相当する金銭について供託がされている方がかえって簡明であるということができる。

　このように考えてくると、法が一部差押えの場合において、差押えにかかる債権全額の供託を認めたのは、差押金額に相当する金銭についてのみ執行供託を認め、その残余の部分については別途弁済の方途を講じなければならないとした場合の第三債務者の不利益を救済しようとする趣旨によるものであると考えられる。

　そうであるとすれば、第三債務者が何らかの事由によって差押金額に相当する金銭のみの供託を望むときにこれを拒む理由はないはずであり、本通達も、そのような考慮から差押金額に相当する金銭のみの供託を認めたものと思われるのである。

執行法

（第三債務者の供託）
第156条　第三債務者は、差押えに係る金銭債権（差押命令により差し押さえられた金銭債権に限る。次項において同じ。）の全額に相当する金銭を債務の履行地の供託所に供託することができる。
2　第三債務者は、次条第1項に規定する訴えの訴状の送達を受ける時までに、差押えに係る金銭債権のうち差し押さえられていない部分を超えて発せられた差押命令、差押処分又は仮差押命令の送達を受けた

> ときはその債権の全額に相当する金銭を、配当要求があつた旨を記載した文書の送達を受けたときは差し押さえられた部分に相当する金銭を債務の履行地の供託所に供託しなければならない。
> 3　第三債務者は、前2項の規定による供託をしたときは、その事情を執行裁判所に届け出なければならない。

6　混合供託

(1)　混合供託の定義

　　混合供託も執行供託と同じく法律に規定があるのではない。「いわゆる」混合供託とは、「民法第494条と執行法第156条の双方を根拠とする供託」（実務供託入門-178及び吉岡供託実務-191、加島康宏：ジュリ158百選-162も同旨）という解釈と、「民法第494条と執行法第156条（滞調法第20条の6及び同第36条の6を含む）の双方を根拠とする供託」（執行供託実務-297）という解釈がある。

　　両者の相違点は、滞調法に係る供託を含むか含まないかということあり、前者の定義づけが多いように考察できるところながら、後記「いわゆる混合供託がされている供託金について滞納処分に基づく取立てによる還付請求があった場合の払渡認可の可否」における解説（加島康宏：ジュリ158百選—162）によると、後者の執行供託実務の解釈がより正確と考えられる。

　　いずれにしても、弁済供託と差押えとが組み合わさった供託であり、『複合供託』と表現した方がわかりやすい。

(2) 混合供託の存在意義

　譲渡禁止特約（注5）のある債権に係る債権譲渡通知がされ、その後、強制執行による差押えがあったとした設例で考察すると、第三債務者の利益保護のために混合供託を認めると解されている。即ち、第三債務者が譲受人へ弁済したところ、債権譲渡が無効であるときは差押債権者に対して弁済の効果を主張することができず、他方、差押債権者へ弁済したところ、債権譲渡が有効であるときは譲受人へ弁済の効果を主張できず、二重弁済の危険が伴い、弁済供託と執行供託を一つの供託とするものである。
　次の先例集や具体例によって理解を深めることにしよう。

〈いわゆる混合供託がされている供託金について滞納処分に基づく取立てによる還付請求があった場合の払渡認可の可否〉
昭61.12.16民事4・8986民事局第四課長回答（先例集7-162）（ジュリ158百選-162）

　第三債務者甲が、滞納者乙に対して有する金銭債務につき、①確定日付ある債権譲渡通知（譲渡人乙、譲受人丙）、②滞納処分による債権差押通知（滞納処分庁A年金事務所）、③債権仮差押命令（仮差押債権者B）の順に送達を受け、乙丙間の債権譲渡の効力に疑義があるとして、民法494条及び滞納処分と強制執行等との手続の調整に関する法律20条の9第1項・20条の6第1項の規定による混合供託をなした場合において、Aから供託金還付請求書に「原告国（日本年金機構）と被告丙との間で供託金還付請求権は乙に帰属することを確認する」旨の判決正本及びその確定証明書を添付して払渡請求があったときは、これに応じて差し支えない。

（注5）　債権は譲渡できることが原則であり、当事者が反対の意思を表示（譲渡禁止特約）した場合には、譲渡できない。ただし、その意思表示は、善意の第三者に対抗することができない（民法第466条）。そして、譲渡禁止特約について、重大な過失は悪意と同様に取り扱うべきものであるから、譲渡禁止の特約の存在を知らずに債権を譲り受けた場合であっても、譲受人に重大な過失があるときは、その債権を取得しえないものと解されている（最一判昭48.7.19民集27-7-823）。なお、改正民法第466条第2項は、譲渡制限特約がされたとしても、これによって債権譲渡の効力は妨げられないとの規定が創設されるなど、大幅に改正がされていることを指摘しておく。

【先例要旨の事案】数字順に推移

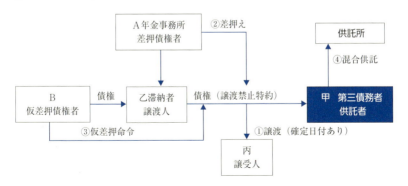

　上記先例要旨の事案では、執行供託のみでは、債権譲渡の効力いかんで差押え自体が無効となりかねず、第三債務者は債権の実質的権利者に対して免責を主張できないのに対し、逆に弁済供託のみでは、差押えが有効となった場合に第三債務者は差押債権者に対して免責を主張することができないから、第三債務者に対して二重払いの危険を負担させることなく1回の供託によって免責の効果を受けられるように、実務上混合供託が認められている。債権者不確知を原因とする弁済供託と、債権譲渡の有効又は無効を停止条件とする執行供託を一つの供託行為として行ったものである。

　滞納処分としての差押えの場合には、権利供託の規定が存しないことから執行供託は許されていないが、本件においては滞納処分と仮差押えが競合していることから、滞調法第20条の9により準用される同法第20条の6により、第三債務者は供託できることとなり、これと弁済供託が一体となって混合供託と見ることとなる（加島康宏：ジュリ158百選-162）。

　滞調法

（第三債務者の供託）
第20条の6　第三債務者は、滞納処分による差押えがされている金銭の支払を目的とする債権（以下「金銭債権」という。）について強制執行による差押命令又は差押処分の送達を受けたときは、その債権の全額に相当する金銭を債務の履行地の供託所に供託することができ

る。
2 第三債務者は、前項の規定による供託をしたときは、その事情を徴収職員等に届け出なければならない。
3 徴収職員等は、前項の規定による事情の届出を受けたときは、その旨を執行裁判所（差押処分がされている場合にあっては、当該差押処分をした裁判所書記官）に通知しなければならない。

（仮差押えの執行）

第20条の9 第15条、第18条第2項、第20条の3、第20条の4及び第20条の6の規定は、滞納処分による差押えがされている債権に対する仮差押えの執行について準用する。この場合において、第15条中「強制競売の申立てが」とあるのは「第20条の9第1項において準用する第20条の3第2項本文又は第20条の6第3項の規定による通知があつた場合において、仮差押えの執行の申立てが」と、「強制競売の手続」とあるのは「仮差押えの執行」と、第18条第2項中「売却代金」とあるのは「第三債務者からの取立金若しくは第20条の9第1項において準用する第20条の6第1項の規定により供託された金銭の払渡金又は売却代金」と読み替えるものとする。

2 第20条の7第3項の規定は、前項において準用する第18条第2項の規定により取立金若しくは払渡金又は売却代金の残余が交付された場合について準用する。

（第三債務者の供託義務）

第36条の6 第三債務者は、強制執行による差押えをした債権者が提起した次条に規定する訴えの訴状の送達を受ける時までに、その差押えがされている金銭債権について滞納処分による差押えがされたときは、その債権の全額（強制執行による差押えの前に他の滞納処分による差押えがされているときは、その滞納処分による差押えがされた部分を差し引いた残額）に相当する金銭を債務の履行地の供託所に供託しなければならない。

2 第三債務者は、前項の規定による供託をしたときは、その事情を執

行裁判所（差押処分がされている場合にあっては、当該差押処分をした裁判所書記官）に届け出なければならない。
3 前項の規定による事情の届出があったときは、執行裁判所の裁判所書記官又は差押処分をした裁判所書記官は、その旨を徴収職員等に通知しなければならない。
4 第1項の規定により供託された金銭については、徴収職員等は、強制執行による差押命令若しくは差押処分の申立てが取り下げられた後又は差押命令若しくは差押処分を取り消す決定若しくは差押処分を取り消す旨の裁判所書記官の処分が効力を生じた後でなければ、払渡しを受けることができない。

(3) 混合供託の事例1

以下、混合供託の具体例として挙げられているものとそうでないものとを図示する（吉岡供託実務-191）。

【図12】 根拠条文：民法第494条、執行法第156条第2項

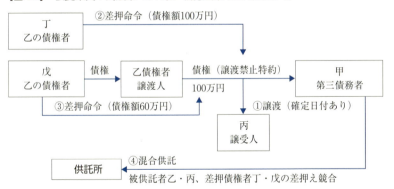

(4) 混合供託の事例 2

【図 13】　根拠条文：民法第 494 条、滞調法第 36 条の 6 第 1 項

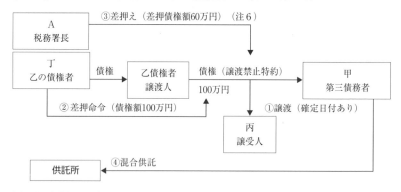

(5) 混合供託の事例 3

【図 14】　根拠条文：民法第 494 条、滞調法第 20 条の 6 第 1 項

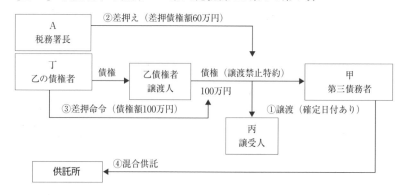

(注 6)　徴収法では、滞納金額にかかわらず債権の全額を差し押さえることが原則であり（徴収法第 63 条）、先例のような事態では 100 万円の全額を差押えすることが原則である。全額差押えした場合でも混合供託ができることに変わりはない。

(6) 混合供託ではない事例

【図15】 根拠条文：民法第494条

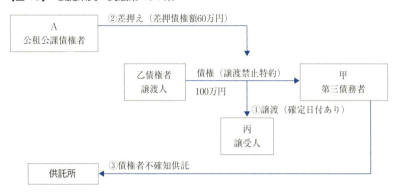

　図15は、滞納処分による差押えと譲渡禁止特約付債権の債権譲渡が競合しているのみである。執行法では、単発の差押命令だけで権利供託できるのに対して、滞納処分による差押えでは、供託することができず、差押えを理由とする供託はできないことになり、第三債務者は、譲受人が譲渡禁止特約につき善意・悪意が不明（債権者不確知）であることによる弁済供託とすること、譲受人へ弁済すること、滞納処分庁へ弁済するかのいずれかとなる。

　供託書の供託の原因たる事実欄には、「譲渡禁止特約が付されており、譲受人の善意・悪意が不明であるため真の債権者を確知できず、また、債権譲渡が無効であるならば、債権が差押えされていることになる」、などのように記載される。したがって、譲受人に対して弁済した場合、最終的に債権譲渡が無効となったときは、差押債権者に弁済すべきことになるし、また、差押債権者へ弁済した場合、債権譲渡有効となったときは、譲受人へ弁済すべきことになり、どちらも二重弁済の危険が伴い、これを考慮すれば債権者不確知として弁済供託することが最良の選択となる（ただし、その場合差押債権者へ弁済すべきことになる可能性がある。具体的には第5章第6節参照）。

7　選挙供託

(1) 立候補届出の供託

　選挙供託とは、立候補の濫用防止のため、立候補をするには一定の金額

の供託を義務付け、一定の得票数に満たなかった等の場合に、その供託金が没取(注7)されることとなる供託である(実務供託入門-272)。

公職の候補者となろうとする者(一定の要件を満たす政党その他の政治団体に所属する者は除く)は、当該選挙の期日の公示又は告示があった日に、郵便等によることなく、文書(届出書)でその旨を当該選挙長に届け出る必要があり(公職選挙法第86条第2項、第86条の4第1項)、この届出をするには、立候補しようとする公職の区分に応じ、法定の金額又はそれに相当する額面の国債証書(振替国債を含む)を供託しなければならない(公職選挙法第92条第1項)。

手続きとして、立候補の届出書に上記の供託をしたことを証する書面(供託書正本)を添付する必要がある。公職の候補者は、この届出をした後でなければ、選挙運動をすることができないこととされている(実務供託入門-272)。

(2) **供託所の管轄**

選挙供託では、供託所の土地管轄がなく、選挙の区別及び選挙住民の地域いかん等にかかわりなく、全国どこの供託所にしてもよい。

供託金について債権差押えをする場合には、第三債務者を国とし、その代表者を供託官とし、供託官あてに債権差押通知書を送達することになる(徴収法基本通達62-18)。このため、選挙供託における**供託物取戻請求権**の差押えをするには、該当する供託所の供託官宛に債権差押通知書を送達することになる。

(3) **供託の性質**

選挙の効力が確定するとともに候補者又は推薦届出者に返還するのが原則である(公職選挙法施行令第93条)。しかしながら、一定数以上の得票がない場合及び候補者が立候補の届出を取り下げ、又は立候補の辞退をし

(注7) 没取とは、特に、行政処分や裁判所の処分によって個人の所有権を取り上げることである。世間一般的には没収と呼ばれることが多い。供託の解説書では没収と記述(実務供託入門-272、吉岡供託実務-20)されているが、公職選挙法第93条の見出しは「没取」となっており、没収に統一すべきではなかろうか。8の没取供託を参照。

た場合には、没取され、国庫、都道府県又は市町村に帰属する（実務供託入門-274）。

公職選挙法（昭和25年4月15日法律第100号）

（供託）

第92条　町村の議会の議員の選挙の場合を除くほか、第86条第1項から第3項まで若しくは第8項又は第86条の4第1項、第2項、第5項、第6項若しくは第8項の規定により公職の候補者の届出をしようとするものは、公職の候補者一人につき、次の各号の区分による金額又はこれに相当する額面の国債証書その権利の帰属が社債、株式等の振替に関する法律（平成13年法律第75号）の規定による振替口座簿の記載又は記録により定まるものとされるものを含む。以下この条において同じ。）を供託しなければならない。

一	衆議院（小選挙区選出）議員の選挙	300万円
二	参議院（選挙区選出）議員の選挙	300万円
三	都道府県の議会の議員の選挙	60万円
四	都道府県知事の選挙	300万円
五	指定都市の議会の議員の選挙	50万円
六	指定都市の長の選挙	240万円
七	指定都市以外の市の議会の議員の選挙	30万円
八	指定都市以外の市の長の選挙	100万円
九	町村長の選挙	50万円

2　第86条の2第1項の規定により届出をしようとする政党その他の政治団体は、選挙区ごとに、当該衆議院名簿の衆議院名簿登載者一人につき、600万円（当該衆議院名簿登載者が当該衆議院比例代表選出議員の選挙と同時に行われる衆議院小選挙区選出議員の選挙における候補者（候補者となるべき者を含む。）である場合にあっては、300万円）又はこれに相当する額面の国債証書を供託しなければならない。

3　第86条の3第1項の規定により届出をしようとする政党その他の政

治団体は、当該参議院名簿の参議院名簿登載者一人につき、600万円又はこれに相当する額面の国債証書を供託しなければならない。

(公職の候補者に係る供託物の没収)

第93条　第86条第1項から第3項まで若しくは第8項又は第86条の4第1項、第2項、第5項、第6項若しくは第8項の規定により届出のあった公職の候補者の得票数が、その選挙において、次の各号の区分による数に達しないときは、前条第1項の供託物は、衆議院（小選挙区選出）議員又は参議院（選挙区選出）議員の選挙にあっては国庫に、都道府県の議会の議員又は長の選挙にあっては当該都道府県に、市の議会の議員又は長の選挙にあっては当該市に、町村長の選挙にあっては当該町村に、帰属する。

　一　衆議院（小選挙区選出）議員の選挙
　　　有効投票の総数の10分の1
　二　参議院（選挙区選出）議員の選挙
　　　通常選挙における当該選挙区内の議員の定数をもって有効投票の総数を除して得た数の8分の1。ただし、選挙すべき議員の数が通常選挙における当該選挙区内の議員の定数を超える場合においては、その選挙すべき議員の数をもつて有効投票の総数を除して得た数の8分の1
　三　都道府県又は市の議会の議員の選挙
　　　当該選挙区内の議員の定数（選挙区がないときは、議員の定数）をもって有効投票の総数を除して得た数の10分の1
　四　地方公共団体の長の選挙
　　　有効投票の総数の10分の1

2　前項の規定は、同項に規定する公職の候補者の届出が取り下げられ、又は公職の候補者が当該候補者たることを辞した場合（第91条第1項又は第2項の規定に該当するに至った場合を含む。）及び前項に規定する公職の候補者の届出が第86条第9項又は第86条の4第9項の規定により却下された場合に、準用する。

公職選挙法施行令（昭和 25 年 4 月 20 日政令第 89 号）

> （公職の候補者に係る供託物の返還）
> 第 93 条　法第 92 条第 1 項の規定により供託をしたものは、公職の候補者が選挙の期日における各投票所を開くべき時刻のうち最も早い時刻までに死亡した場合若しくは法第 103 条第 4 項の規定により公職の候補者に係る候補者の届出が取り下げられ若しくは公職の候補者たることを辞したものとみなされた場合又は選挙の全部が無効となった場合には、直ちに法第 92 条第 1 項に規定する供託物の返還を請求することができる。
> 2　前項に規定する供託をしたものは、公職の候補者の得票数が法第 93 条第 1 項各号に規定する数に達する場合又は法第 100 条第 1 項若しくは第 4 項若しくは第 127 条の規定により投票が行われなかった場合には、その選挙及び当選の効力が確定した後、直ちに法第 92 条第 1 項に規定する供託物の返還を請求することができる。

8　没取供託

　一般に没取とは、一定の物の所有権を剥奪してこれを国家に帰属させる行政処分であるとされており、没取供託とは、これを目的とする供託制度である。

　最も典型的なものとして、7 のとおり選挙供託がある。

　同様の例として、行為者の誠実性を担保するためにする独占禁止法上の裁判所の緊急停止命令の執行を免れるための供託（独占禁止法第 70 条の 5）がある。この供託金については、裁判所の緊急停止命令が確定したときにおいて、供託金を没取(注8)することができるとされている。

　なお、刑事事件における保釈取消しの場合における保釈保証金の没取（刑

(注8)　7 の選挙供託、8 の没取供託を見ると、行政的なものは没収で、刑罰的なものが没取なのではないかと考えられる。

事訴訟法第96条第2項）は、前記の没取に当たるものの、供託制度を利用しないため没取供託ではない（実務供託入門-286）。

9 保管供託

目的物の散逸を防止するため、供託物そのものの保全を目的とする。銀行や保険会社等の業績が悪化して、資産状態が不良となった場合において、その財産の散逸を防止するため、監督官庁が当該銀行等に財産の供託を命ずる場合がある（銀行法第26条、保険業法第132条、第179条等）（実務供託入門-286）。

10 強制執行の権利供託と義務供託

(1) 権利供託

第三債務者は、強制執行による差押えがあったときは、差押えに係る金銭債権の全額を債務履行地の供託所に供託することができ（執行法第156条第1項）、仮差押えがあったときも同様である（保全法第50条第5項）。これを権利供託と称する。

債務の全額について差押えがあったときは、第三債務者は、その全額を債務履行地の供託所に供託でき（執行法第156条第1項）、供託する以上は、全額を供託する必要がある（図16）。仮差押えの執行についても執行法第156条が準用されているため同様となる（保全法第50条第5項）。

図17では、執行法による金銭債権の差押えに係る第三債務者は、その全額を供託することができ、供託されると執行裁判所の配当により債権者が決まるため、被供託者は確定していない。もっとも、この場合の供託書の被供託者欄には、第三債務者の債権者である差押債務者の氏名を記載することになる。

このように第三債務者が債権の一部につき差押えがあったのに全額を供託した場合には、その差押えの及んでいない部分の供託は、弁済供託としての性質を有する。第三債務者はこの供託をするに当たり、供託書の供託金額については全額とし、執行裁判所に事情届を提出しなければならず、

また、供託通知（民法第495条第3項）をする必要が生じる。そして、供託金のうち、差押金額に相当する部分は、執行裁判所における配当等の実施（執行法第166条第1項第1号）として支払委託に基づいて払渡しを行い、差押えの効力が及んでいない部分は、被供託者（差押債務者）が供託を受諾して**供託物還付請求権**を行使でき、また、供託者（第三債務者）が不受諾を原因として**供託物取戻請求権**を行使することもできる（実務供託入門-175）。

権利供託を認める趣旨は、自己の意思と無関係に債権者と債務者間の紛争に巻き込まれた第三債務者を供託によって紛争から解放するための保護規定であって、差押債権者が取立権を取得したのになかなか取立てをしないような場合に、遅延損害金などの債務不履行責任の発生を防止する自衛手段である（平野執行保全法-264）。

【図16】全額差押え・全額供託

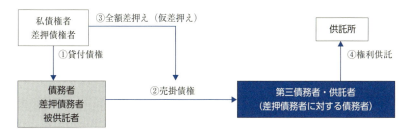

【図17】一部差押え・全額供託

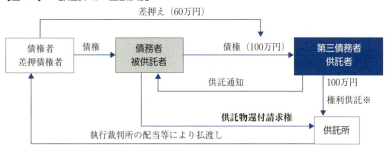

※　第三債務者が供託する以上紛争からの解放を目指し全額を供託することが多数と予想される。

(2) 義務供託

　第三債務者は、強制執行による差押えがあったときで、差押債権者が提起した取立訴訟の訴状が第三債務者へ送達される時までに、さらに他から強制執行による差押え又は仮差押えの執行があったことにより競合状態になったときは、その全額を、配当要求(注9)があった旨を記載した文書の送達を受けたときは差し押えられた部分に相当する金銭を履行地の供託所に供託しなければならない（執行法第156条第2項）。これを義務供託と称する。第三債務者が供託したときに配当加入を遮断する効果が生じ（執行法第165条第1号）、第三債務者は執行裁判所へ事情届を提出しなければならない（執行法第156条第3項）。これによって執行裁判所は、配当等を実施することになる（図18）。

　第三債務者は、債権の一部に差押えと配当要求が競合した場合には、競合した部分につき供託義務を負うが、残余の部分を義務供託と一括して供託する場合には、執行法第156条第1項の適用もあるから、同法第156条第1項及び第2項双方の規定を根拠に債権全額を供託することもできる。この場合、競合していない部分的については弁済供託となるため、被供託者の表示を差押債務者とし、供託通知する必要がある（図17）。

　義務供託とする趣旨は、債権者が競合するときに、第三債務者に自主的に弁済させることにすると、重複差押えの有無や各債権者の優劣などの判断を第三債務者がしなければならないことになり、それを誤ると第三債務者は二重弁済の危険を負うことになる。また、第三債務者が誤って弁済してしまうと、債権者間の平等も害されるため、供託を義務としたのである（平野執行保全法-265）。

(注9) 執行力のある債務名義の正本を有する債権者及び文書により先取特権を有することを証明した債権者は、配当要求をすることができるとされている（執行法第154条第1項）。このように、債務名義を有していると、他の債権者が先行して差押えした手続きに参加できる。配当要求は徴収法の交付要求に相当する。

【図18】差押え等が競合する全額供託

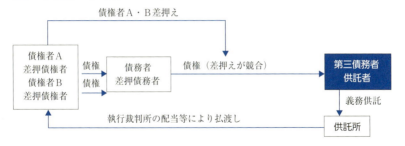

11　仮差押えの権利供託

　最初に仮差押えの意義と機能について解説をする。たとえば、滞納処分庁において滞納者の債権を差し押さえたところ、第三債務者が任意に履行しないときは、第三債務者を被告として取立訴訟を提起して債権の実現を図ることになる。

　取立訴訟において勝訴判決を得て、強制執行手続に進めるところ、判決を得るためには、両当事者が裁判所へ出頭して、当事者双方から主張や証拠を提出したうえで慎重に審理をすることになり、更には、敗訴当事者（第三債務者）は上訴により再審理を受ける機会が保障されているため、中には時間の引き延ばしのために上訴することもある。このように裁判は、一般に時間を要することから、訴訟審理が続くうちに被告（第三債務者）が資力を失ったり、財産を処分してしまったりすることが起きて、勝訴判決を得たものの、強制執行する財産がなく、判決文は紙屑にすぎないということがあり得る。

　そこで、この金銭債権の強制執行を保全するために、あらかじめ第三債務者の特定の財産について、処分禁止の措置を講ずる必要があり、この暫定的な措置を仮差押えと呼ぶ。処分禁止の効力は、差押えと同様であるところ、暫定的な措置であることから、換価や配当の段階には進むことができない。滞納処分として債権の差押えをしたところ、第三債務者が任意に履行しないのであれば、滞納処分庁は第三債務者の財産に対して、仮差押えを執行するとともに取立訴訟を提起（本案訴訟の提起）し、勝訴判決（債務名義）を取

得して本執行を行うことができる。この場合、仮差押えの効力は本執行に承継されることになる。

仮差押えを執行したときに、保全法第50条第5項は、執行法第156条を準用しているため、その債務者（第三債務者の債務者）は、仮差押額に相当する金銭を供託することができる（図19）。強制執行による差押えがあった場合と同様、債務者は、本来の債権者に対して弁済することができず、仮差押債権者に対しても弁済できず、債務の免責がされないという不利益を解消することができるようにするため認められている。

なお、滞納処分実務において対応すべき仮差押えの場面は、図19の事例があり、また、滞納者が第三債務者に対する債権を実現するために、自ら第三債務者の財産を仮差押えし本案訴訟で争っているときに、公租公課債権者がこの滞納者債権を差し押さえることも想定される。

図20は、仮差押えと滞納処分による差押えとが競合しており、こうなると滞調法の適用となり、供託することができる（滞調法第36条の12第1項、第20条の6第1項）。徴収職員に弁済すれば債務が消滅するが、供託することも認められている。法律に詳しくない第三債務者としては、どちらの差押債権者に弁済すれば免責されるのか不安が拭えないこと、又は紛争に巻き込まれたくない、詰まるところ供託することが最も安全策との考えから供託されることが多くなる実態にある。滞調法において、権利供託を認めた趣旨は、前記のようなことにあると解される。

【図19】単発の仮差押え

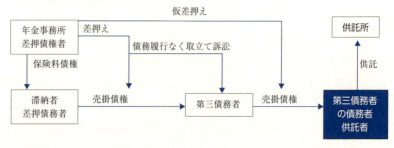

【図20】仮差押えと滞納処分による差押えとの競合

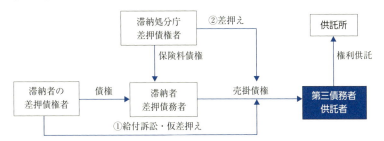

保全法

> （債権及びその他の財産権に対する仮差押えの執行）
> 第50条　民事執行法第143条に規定する債権に対する仮差押えの執行は、保全執行裁判所が第三債務者に対し債務者への弁済を禁止する命令を発する方法により行う。
> 2　前項の仮差押えの執行については、仮差押命令を発した裁判所が、保全執行裁判所として管轄する。
> 3　第三債務者が仮差押えの執行がされた金銭の支払を目的とする債権の額に相当する金銭を供託した場合には、債務者が第22条第1項の規定により定められた金銭の額に相当する金銭を供託したものとみなす。ただし、その金銭の額を超える部分については、この限りでない。
> 4　第1項及び第2項の規定は、その他の財産権に対する仮差押えの執行について準用する。
> 5　民事執行法第145条第2項から第5項まで、第146条から第153条まで、第156条、第164条第5項及び第6項並びに第167条の規定は、第1項の債権及びその他の財産権に対する仮差押えの執行について準用する。

12　執行供託と転付命令

　転付命令とは、被差押債権が金銭債権である場合、執行裁判所は、差押債権者の申立てにより、執行債権・執行費用の支払に代えて被差押債権を券面額で差押債権者に移付する旨の命令である（執行法第159条）。機能的に考察すると執行命令による債権譲渡ということができる。転付命令によった場合、差押債権者は、執行債権・執行費用について、被差押債権によって代物弁済がされたと同様の効果が発生することになる（執行法第160条）。

　このため、転付命令がされて確定すると第三債務者は転付債権者に弁済すべきことになることから、原則として供託はできないことになる。

　転付命令が効力を生じているため法律上差押えの競合があるとはいえない場合であっても、第三債務者に転付命令の効力の有無についての的確な判断を期待しえない事情があるときは、執行法156条2項の類推適用により供託を有効としており、紹介しておく（最二判昭60.7.19民集39-5-1326）。

《一般債権者の差押えと物上代位権の行使の差押えでは物上代位が優先する》
最二判昭60.7.19（民集39-5-1326）

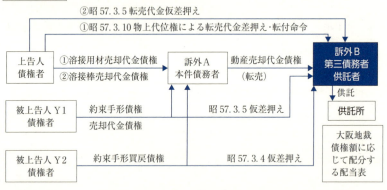

上告代理人宇佐美明夫、同今泉純一、同宇佐美貴史の上告理由について

一　原審の確定した事実関係は、次のとおりである。

1　上告人は、日新商会こと A（以下「本件債務者」という。）に対し溶接用材等を売り渡して 213 万 8310 円の売掛代金債権を有していたところ、本件債務者が右動産を株式会社 B 造船工業（以下「本件第三債務者」という。）に対し代金 263 万 4030 円で転売したため（以下右転売代金を「本件転売代金」という。）、本件転売代金債権に対し民法 304 条 1 項本文により動産の先取特権を行うことができる権利（以下「本件物上代位権」という。）を取得し、その行使として、昭和 57 年 3 月 10 日、本件転売代金債権のうち 213 万 8310 円について、差押（大阪地方裁判所同年（ナ）第 447 号）及び転付命令（同年（ヲ）第 711 号）（以下「本件転付命令」という。）を取得し、同命令は同月 11 日本件第三債務者に送達された。

2　上告人は、昭和 57 年 3 月 5 日、本件債務者に対する溶接棒の売掛代金債権 50 万 2000 円を被保全債権として、本件転売代金債権のうち右同額について、仮差押命令（同庁同年（ヨ）第 815 号）を取得し、同命令は、同日本件第三債務者に送達された。

3　被上告人 Y1 産業株式会社は、昭和 57 年 3 月 4 日、本件債務者に対する約束手形金債権 445 万 5550 円及び売掛代金債権 161 万 3340 円の合計 606 万 8890 円を被保全債権とし、本件転売代金債権額を 321 万 4910 円として、右同額について、仮差押命令（同庁同年（ヨ）第 803 号）を取得し、同命令は同月 5 日本件第三債務者に送達された。

4　被上告人 Y2 信用金庫は、昭和 57 年 3 月 4 日、本件債務者に対する約束手形買戻債権 229 万 3300 円を被保全債権として、本件転売代金債権のうち右同額について、仮差押命令（和歌山地方裁判所同年（ヨ）第 48 号）を取得し、同命令は同日本件第三債務者に送達された。

5　そこで、その後、本件第三債務者は本件転売代金債務全額を供託した（以下「本件供託」という。）。

6　大阪地方裁判所は、本件供託金の配当を実施するため（同庁昭和 57 年（リ）第 551 号）、昭和 57 年 12 月 3 日の配当期日に、別紙一のとおり、手続

費用を除いた金額について上告人及び被上告人らの各債権額に応じて配分する配当表（以下「本件配当表」という。）を作成した。

　二　本訴において、上告人は、本件物上代位権を行使して本件転付命令を取得したから、本件転付命令に係る債権につき優先配当を受けるべき権利を有する旨主張して、本件配当表を別紙二のとおり変更する旨の判決を求めた。

　三　原審は、前記の事実を確定したうえ、民法304条1項但書にいう差押は、先取特権に基づく物上代位権についての優先権保全のための対抗要件と解すべきであり、また、同項但書にいう払渡又は引渡には、物上代位の目的となる債権に対する一般債権者による差押、仮差押の執行も含まれると解すべきところ、本件においては、被上告人らによる本件転売代金債権に対する仮差押の執行が上告人による本件転売代金債権に対する差押に先行してされているから、上告人は被上告人らに対し、物上代位権を行使した動産の先取特権者として優先権を主張することができないものというべきであり、したがつて、本件供託金につき手続費用を除いた金額について上告人及び被上告人らに対し、その各債権額に応じて配分した本件配当表に瑕疵はない旨判断して、上告人の本訴請求を全部棄却すべきものとし、これと同旨の第一審判決を正当として控訴棄却の判決をした。

　四　しかしながら、原審の右判断は是認することができない。その理由は、次のとおりである。

　民法304条1項但書において、先取特権者が物上代位権を行使するためには物上代位の対象となる金銭その他の物の払渡又は引渡前に差押をしなければならないものと規定されている趣旨は、先取特権者のする右差押によって、第三債務者が金銭その他の物を債務者に払い渡し又は引き渡すことを禁止され、他方、債務者が第三債務者から債権を取り立て又はこれを第三者に譲渡することを禁止される結果、物上代位の目的となる債権（以下「目的債権」という。）の特定性が保持され、これにより、物上代位権の効力を保全せしめるとともに、他面目的債権の弁済をした第三債務者又は目的債権を譲り受け若しくは目的債権につき転付命令を得た第三者等が不測の損害を被る

ことを防止しようとすることにあるから、目的債権について一般債権者が差押又は仮差押の執行をしたにすぎないときは、その後に先取特権者が目的債権に対し物上代位権を行使することを妨げられるものではないと解すべきである（最高裁昭和56年（オ）第927号同59年2月2日第一小法廷判決・民集38巻3号431頁参照）。

　これを本件についてみると、前記事実関係によれば、一般債権者たる被上告人らは、本件転売代金債権について仮差押の執行をしたにすぎないから、その後に上告人が本件物上代位権を行使することは妨げられないものというべきである。これと異なる原審の判断には民法304条1項の解釈適用を誤った違法があるといわざるをえない。

　五　次に、本件配当異議の訴えの適否について判断する。

　1　民事執行法159条3項は、「転付命令が第三債務者に送達される時までに、転付命令に係る金銭債権について、他の債権者が差押え、仮差押えの執行又は配当要求をしたときは、転付命令は、その効力を生じない。」と規定するが、転付命令が第三債務者に送達される時までに、転付命令に係る金銭債権について、他の債権者が差押、仮差押の執行又は配当要求をした場合でも、転付命令を得た者が物上代位権を行使した先取特権者であるなど優先権を有する債権者であるときは、右転付命令は、その効力を生ずるものと解すべきところ、本件の前記事実関係によれば、上告人が本件物上代位権の行使として得た本件転付命令は、被上告人らの仮差押が執行されたのちに本件第三債務者に送達されたものではあるが、その効力を生じたものというべきである。

　2　ところで、当該債権に対し差押命令の送達と転付命令の送達とを競合して受けた第三債務者が民事執行法156条2項に基づいてした供託は、転付命令が効力を生じているため法律上差押の競合があるとはいえない場合であっても、第三債務者に転付命令の効力の有無についての的確な判断を期待しえない事情があるときは、同項の類推適用により有効であると解するのが相当である。そして、右供託金について、転付命令が効力を生じないとの解釈のもとに、これを得た債権者を含む全差押債権者に対し、その各債権額に

応じて配分する配当表が作成されたときは、転付命令を得た債権者は、配当期日における配当異議の申出、さらには配当異議の訴えにより、転付命令に係る債権につき優先配当を主張して配当表の変更を求めることができるものと解するのが相当である。

これを本件についてみると、前記事実関係のもとにおいて、本件供託は、民事執行法178条5項において準用する同法156条2項に基づいてされたものと解せられるところ、本件転付命令は本件供託前に確定してその効力が生じたことが記録上明らかであるから、本件転売代金債権に対する差押の競合があるとはいえない。しかし、本件転付命令は被上告人らの仮差押が執行されたのちに本件第三債務者に送達されたものではあるが、その効力の有無について本件第三債務者に的確な判断を期待することは困難であるから、本件供託は、民事執行法178条5項において準用する同法156条2項の類推適用により有効なものというべきである。そして、本件転付命令が効力を生じないとの解釈のもとに作成された本件配当表について、上告人が本件転付命令に係る債権につき優先配当を主張した配当異議の申出及び本件配当異議の訴えは、適法なものというべきである。

六 以上によれば、本件の事実関係のもとにおいては、前記説示に徴し、上告人の本訴請求は全部理由があるものというべきである。したがって、原審の前記法令の解釈適用の誤りは判決に影響を及ぼすことが明らかであって、論旨は理由があるから、原判決を破棄し、第一審判決を取消し、本訴請求を全部認容することとする。

よって、民訴法408条1号、396条、386条、96条、89条、93条に従い、裁判官全員一致の意見で、主文のとおり判決する。

13 滞調法の権利供託・義務供託

滞調法とは、滞納処分と強制執行等との手続きの調整規定である。滞調法では、①滞納処分が先行して強制執行による差押えがされて差押競合債権となった場合（滞調法第20条の6第1項）、②強制執行による差押えが先行して滞納処分による差押えがされて差押競合債権となった場合（同法第36条の6第1項）、③滞納処分による差押えがされて仮差押えがされて仮差押競

第4章 供託制度の概要

合債権となった場合（同法第20条の9）、④仮差押えがされて滞納処分による差押えがされて仮差押競合債権となった場合（同法第36条の12）に分かれて規定がされている。

(1) **滞納処分による差押え、強制執行による差押えの順（権利供託）**

　滞納処分による差押えがされている金銭の支払を目的とする債権について強制執行による差押命令又は差押処分の送達を受けたときは、第三債務者は、徴収職員の取立てに応じることができる一方、その債権の全額に相当する額を供託することもできる（滞調法第20条の6）。滞納処分による差押えと強制執行による差押えとが競合（差押競合債権）した場合である。差押競合債権の具体例は図21以下のとおりである。

　なお、例えば、100万円の債権に対して、滞納処分による差押えが30万円、強制執行による差押えが50万円という場合は、差押競合債権ではなく、第三債務者は、滞納処分庁へ30万円弁済し、70万円を供託する又は50万円を供託し、20万円を差押債務者へ弁済することのいずれかとなる。

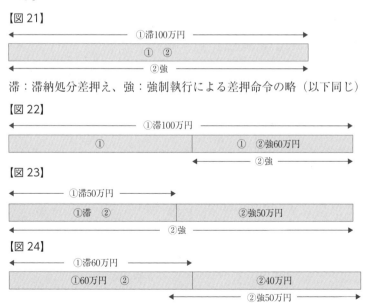

滞：滞納処分差押え、強：強制執行による差押命令の略（以下同じ）

93

【図25】

(2) 強制執行による差押え、滞納処分による差押えの順（義務供託）

(1)とは執行の順番が逆で、強制執行、滞納処分の順番で差押競合債権となったときは、滞調法第36条の6第1項により、第三債務者は供託することが義務となる（義務供託）。差押競合債権の具体例は図26以下のとおりである。

滞納処分では、滞納処分庁は執行機関（徴収法第2条第13号）として、自己の公租公課債権に配当・充当する外、執行裁判所へ残余金を配当するなどの役目を果たす。対して、強制執行による差押命令が先行する場合は、徴収職員に取立権がなく、強制執行による差押債権者は、執行機関ではないため、義務供託とすることによって、執行裁判所において配当を実施することにし、差押債権者及び差押債務者の権利保護を図ろうとするものである。

滞調法第36条の6第2項は、第三債務者が前記義務供託をしたときは、その事情を執行裁判所（差押処分がされている場合にあっては、当該差押処分をした裁判所書記官）に届け出すること、同第3項では、同第2項の事情届があったときは、執行裁判所の裁判所書記官又は差押処分をした裁判所書記官は、その旨を徴収職員等に通知すること、同第4項は、同第1項の規定により供託された金銭は、徴収職員等は、強制執行による差押命令若しくは差押処分の申立てが取り下げられた後又は差押命令若しくは差押処分を取り消す決定若しくは差押処分を取り消す旨の裁判所書記官の処分が効力を生じた後でなければ、直接、払渡しを受けることができないことを規定している。

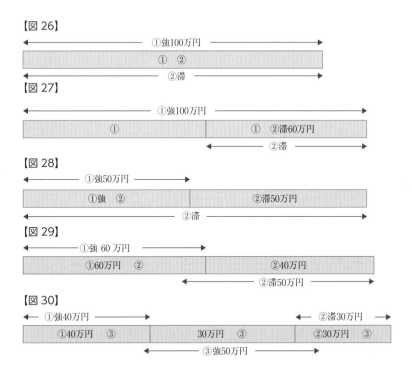

(3) 滞納処分による差押え、仮差押え又はこの逆（権利供託）

　仮差押えは、滞納処分の執行を妨げないことから、仮差押え（注10）が滞納処分による差押えの前であろうと、後であろうと徴収職員は取立権を有するところ、第三債務者は、仮差押競合債権に該当するときは、供託を

（注10）　仮差押えは、本案訴訟提起時、将来勝訴したときに差押えによって回収を図るために予め保全するためのものである。訴訟が不当であったことなどにより仮差押債務者が損害を被ったことによる賠償に充てるため担保が必要となることが通常である（裁判上の担保供託）。担保の金額は、仮差押えする財産の20〜30%が相場のようだ。何を仮差押えするかについて、興味深い記述があるので紹介しておく。「東京地裁─東京地裁ではということは、やがて同じ取り扱いが全国各県にも浸透することになるということなのだが─、銀行預金に対する仮差押えに対して実にうるさい。不動産に対する仮差押えは、わりに容易に認めるのだが、預金に対する仮差押えは債務者に対する影響が大きいという理由で、「ほかに財産のないことの証明」をもって来い、そうしたら許可してやろうというのである。そんなことをどうやって証明できるというのか」（山口宏・副島隆彦：裁判の秘密-63）。これは、平成9年に刊行された図書である。東京地裁ではということは、やがて同じ取り扱いが全国各県にも浸透するとは、そのとおりと仄聞する。

することができる（権利供託）。仮差押競合債権とは、図31以下のものをいう。

保全法においては、仮差押えの単発でも第三債務者はその仮差押えに相当する金銭を供託することができる。第三債務者において、早期に自己の債務を消滅させることができないという不利益を回避するため権利供託を認めており、滞調法においてもこの趣旨をふまえて権利供託を認めたものと解される。

徴収職員の取立てに応じることもでき、徴収職員において取立てに応じれば債務が消滅することを力説したとしても、徴収法と保全法の相違点などの理解は一般的には困難で、取立てに応じることは不安も拭えないことが通常であろう。面倒なことに巻き込まれたくないとの考えから供託となることが多い。

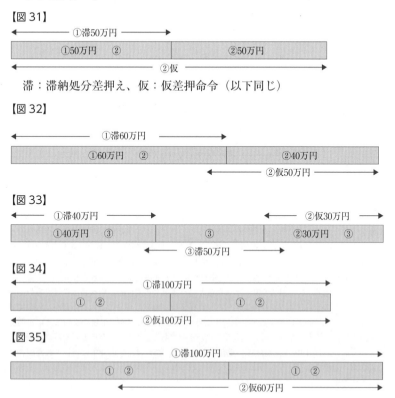

滞：滞納処分差押え、仮：仮差押命令（以下同じ）

第 4 章 供託制度の概要

第 2 節 供託金の変動

1 供託金の利息

「供託金ニハ法務省令ノ定ムル所ニ依リ利息ヲ付スルコトヲ要ス」（供託法第 3 条）と規定されており、供託金には利息（注 11）が付されることが原則である。

その利率は、年 0.024％ とされており、供託金受入れの月及び払渡しの月については付されず、供託金額が 1 万円未満であるとき、又は供託金に 1 万円未満の端数があるときは、その金額又はその端数金額については付されない（供託規則第 33 条）。少額の範囲では利息付与が免除されているわけである（注 12）。

供託金受入れの月とは、現金取扱庁においては、供託受理の決定と同時に供託物の受入れがなされたときに供託が成立するとされているから、受け入れた日の属する月となる。非現金取扱庁においては、供託官は、供託を受理した日から 1 週間以後（供託事務取扱手続準則第 37 条）の一定期日までに日本銀行に供託物を納入すべき旨、及びその期日までに納入しないときは供託受理の決定が効力を失う旨などを記載した供託書正本を交付し、日本銀行又は代理店に供託物が納入されたときに供託が成立するとされているから（供託の成立時期として昭 36.5.10 民事甲 1,092 号民事局長認可（先例集 3-28）ジュリ 158 選-20）、供託金を納入した日の属する月となる。

払渡しの月とは、供託官が払渡しを認可した日の属する月とされている（吉岡供託実務-252）。

（注 11） 利息・利子とは、元本である貸し付けた金銭に対し、その金額と貸付期間とに比例して支払われるべき金銭をいい、利率とは、利息の元本に対する比率である。利息・利子は金額であり、利率は割合である。利率には、約定利率と法定利率があり、供託金の利息は法定利率による。現行民法では、5％（民法第 404 条）とされており、改正民法では、3％ とされ、かつ、固定利率から変動利率へと改正がされた（改正民法第 404 条）。

（注 12） 同様の計算は厚生年金保険料・健康保険料の延滞金計算にも類似の規定がある。延滞金を計算するにあたり、保険料額に 1,000 円未満の端数があるときは、その端数は、切り捨て、所定の方式によって計算した延滞金額が 100 円未満であるときは、その延滞金は徴収しないとされている（厚年法第 87 条第 3 項、第 4 項、健保法第 181 条第 3 項、第 4 項）。

2 供託金利息の利率経過

供託金利息の利率経過を一覧表としておく（実務供託入門-433）。昭和57年4月1日以降、主に国の財政状況の悪化から供託金への付利停止措置がとられ、更にこれが延長されたこともあり、長期間にわたって利息がつかない状態が続き、供託金には利息がつかないものと認識した者もおり、無理からぬことである。

【表2】供託金利息の利率経過

根拠法令等	適用期間	利率
明23.7.26 勅令第145号「供託規則」第2条	明26.11.30まで	1,000円以上年3分 1,000円未満年4分2厘
明26.7.24 勅令第75号	明26.12.1～明32.3.31まで	無利息
明32.2.8 法律第15号供託法第3条 明32.3.17 大蔵省告示第9号	明32.4.1～昭7.9.30まで	年3分6厘
昭7.9.29 司法省令第41号 昭34.1.17 法務省令第2号	昭7.10.1～昭53.2.28まで	年2分4厘
昭53.3.1 法務省令第4号「供託規則の一部を改正する省令」	昭53.3.1～昭57.3.31まで	年1.2%
昭56年法律第94号 昭60年法律第5号	昭57.4.1～昭60.3.31まで 昭66（平3）3.31まで延長	無利息
	平3.4.1～平6.3.31まで	年1.2%
平6.3.1 法務省令第8号	平6.4.1～平8.3.31まで	年0.6%
平8.3.1 法務省令第9号	平8.4.1～平10.3.31まで	年0.24%
平10.2.27 法務省令第8号	平10.4.1～平14.3.31まで	年0.12%
平14.2.28 法務省令第12号	平14.4.1～	年0.024%

3 供託金利息の払渡請求権者

供託金利息を請求することができる者は、**供託物払渡請求権**者であるから、供託物の取戻しでは供託者であり、供託物の還付では被供託者ということになる。

ただし、**供託物還付請求権**又は**供託物取戻請求権**に対する差押えがあったときは、差押債権者において取立てすることになる。そこは、4のとおり単純ではない。

4　供託物払渡請求権の差押えとその利息への効力

差押えの効力は、差し押さえた財産から生ずる天然果実に及び、法定果実に及ばないことを原則とし、債権を差し押さえた場合における差押後の利息には及ぶこととされている。債権の差押通知を受ける第三債務者が同時に利息（法定果実）の支払債務を負っているのであるから差押えの効力を及ばさせてもよいと考えられており、債権（元金）を差し押さえた以上、当然に利息に差押えの効力が及ぶ。しかし、差押えの前に発生した利息には差押えの効力が及ばないことから、別途、その利息支払請求権を差押えする必要があることになる（徴収法第52条、徴収法基本通達52-17）。

換言すると、既に発生していた利息支払請求権（差押え前のもの）は、**供託物払渡請求権**とは別個独立した債権であり、元本債権の一部を構成していないという判例理論に基づき（大判大5.3.8民録22-537）、徴収法第52条が規定されている。

差し押さえする場合の差押調書における債権の特定（記載）を誤ると、図36及び図37のように違いが生ずる。図37では、既に発生していた利息債権は、**供託物払渡請求権**とは別個独立した支分権たる利息支払請求権に差押えの効力が及ばないことから（吉岡供託実務-254参照）、このような差押えとならないように注意する必要がある。この理屈は、**供託物払渡請求権**に限らない。

【図36】全期間の利息に差押えの効力が及ぶ

差押えの表記(弁済供託を例とする)

> 周南市銀座 1-1 株式会社○○が真の債権者を確知できないとして滞納者を被供託者として供託した次の供託金 2,160,000 円の還付請求権及び債権差押通知書到達日までの確定利息の支払請求権。
> 供託年月日　平成 29 年 8 月 1 日
> 供託番号　　平成 29 年度第 555 号

【図37】差押え後の利息にしか差押えの効力が及ばない

差押えの表記(弁済供託を例とする)

> 周南市銀座 1-1 株式会社○○が真の債権者を確知できないとして滞納者を被供託者として供託した次の供託金 2,160,000 円の還付請求権。
> 供託年月日　平成 29 年 8 月 1 日
> 供託番号　　平成 29 年度第 555 号

《元本債権の差押えとその利息債権に及ぼす効力》
大判大 5.3.8（民録 22-537）

事案の概要

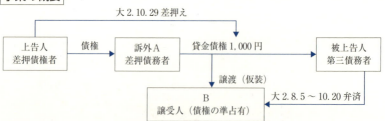

上告論旨第一点ハ原判決ニ於テ AB 間ノ A カ控訴人ニ対スル貸金 1,000 円ノ債権ノ譲渡ハ仮装ナルモ控訴人カ債権ノ準占有者タル右 B ニ対シ善意ニテ

大正2年8月15日以降同年10月20日ノ間前後4回ニ1,000円ヲ支払全部ノ弁済ヲ了シタルヲ以テ本訴係争債権ハ既ニ消滅セル旨判示セリ然レトモ右債権ハ年1割ノ利息付ナルコトハ本訴当事者間争ヒナキ事実ナリ而シテ被上告人（控訴人）ハ第一審以来嘗テ右利息ノ支払ヲ了シタル事実ヲ主張シタルコトナキヲ以テ元本ノ債権ハ仮ニ消滅セリトスルモ利息債務ハ未タ残存スルモノト認ムルヲ至当トス或ハ曰ハン元本ノ弁済セラレタルコト明ナル以上ハ利息金ノ既ニ支払済ナルコトハ当然推知シ得ヘキ事項ナリト然レトモ利息ハ必スシモ元本ニ先立チテ支払ハレサルヘカラサルモノニ非ス先ツ元本ヲ弁済シ利息債務ノミノ残存スルコトハ世間往往存在スル事実ニシテ一一当事者ノ定ムル所ニ依ルモノナルコト言ヲ俟タサルヲ以テ原判決ノ認定スル如ク本訴係争債権ノ譲渡カ仮装ナル以上ハ上告人ハ A ノ債権者トシテ同人カ被上告人ニ対シテ有スル利息ノ債権ヲ差押ヘ得ヘキニヨリ原判決ニ於テ被上告人ノ主張ヲ是認セムトスルニハ独リ元本ノ消滅事実ヲ認定スルヲ以テ足レリトセス進ンテ利息債務ノ消滅ヲモ審究セサルヘカラサル筋合ナリ然ルニ事茲ニ出テサルハ事実理由不備ノ失当アル裁判ナリト言ハサルヘカラスト云ヒ」同第五点ハ原判決ニ於テ本訴係争債権ノ全部ハ被上告人ヨリ4回ニ B ニ支払ハレタリト認定セルモ毎月28日払年1割ノ利息金カ何人ニ支払ハレタルヤヲ判示セス而シテ利息金ノ受領者カ何人ナルヤハ本件係争債権ノ譲渡カ仮装ナルヤ否ヤノ岐ルル所ナルヲ以テ裁判所ハ宜シク釈明権ヲ以テ之ヲ明瞭ニセサル可ラサルニ拘ハラス事茲ニ出テサル原判決ハ争点ヲ決セスシテ漫リニ本訴係争債権ノ消滅ヲ断セル違法ノ裁判ナリト云フニ在リ

然レトモ原判決及ヒ之ニ引用シタル第一審判決事実摘示ニ依レハ訴外 A ノ被上告人ニ対シ有スル年利率1割毎月28日払ノ約款アル金1,000円ノ債権ニ付キ上告人ハ被上告人ヲ第三債務者トシテ其元本債権ヲ差押ヘ該差押命令及ヒ転付命令ハ孰レモ大正2年10月29日被上告人ニ送達セラレタルモノニシテ原審ハ証拠ニ依リ右債権ハ大正2年10月20日迄ニ被上告人ノ弁済ニ依リ全部消滅シタル事実ヲ認定シタルモノナリ仍テ按スルニ<u>利息付債権ノ差押ノ効力ハ独リ元本債権ノミナラス其後ニ生スヘキ利息ニ及フヘキコトハ勿論ナリト雖モ差押ノ効力発生以前ニ既ニ生シタル利息債権ハ元本債権ノ一部ヲ</u>

構成スルモノニアラサルヲ以テ元本債権ノ差押ハ既ニ生シタル利息債権ニ対シ当然其効力ヲ及ホスヘキモノニアラス而シテ本件ニ於テ既ニ発生シタル利息債権ヲモ差押ヘタルコトハ上告人ノ第一審以来主張セル所ナレハ原審カ係争元本債権ニ対スル差押ノ効力発生ノ日以前ニ於テ右債権カ被上告人ノ弁済ニ依リ全部消滅シタル事実ヲ認定シタル以上利息ノ支払事実ニ論及セサリシハ元ヨリ当然ニシテ又之カ釈明ヲ求ムヘキ事項ニアラサレハ原判決ニハ所論ノ如キ理由不備若クハ不法アルコトナシ

上告論旨第二点ハ原判決ハ〈証拠〉ヲ採用シ本訴係争債権ノ消滅シタル事実ヲ認定セルモ同号証ノ成立ハ上告人ノ否認スル所ナルヲ以テ之ヲ採用センニハ被上告人ノ立証アルヲ要ス然ルニ何等被上告人ノ立証ナキニ係ハラス輒スク之ヲ採用セル原判決ハ理由不備ノ裁判タルヲ免カレスト云フニ在リ

然レトモ〈証拠〉ハ第三者ノ作成ニ係ル書面ナリ而シテ第三者ノ作成ニ係ル書証ハ当事者ノ否認ニ依リ直チニ証拠力ヲ喪失スルモノニアラス之カ採否ハ一ニ事実裁判所ノ判断ニ属スルヲ以テ本論旨ハ理由ナシ

上告論旨第三点ハ原判決ハ「控訴人（被上告人）カ債権譲受人トシテ弁済ヲ請求シタルＢニ対シ大正２年８月15日以降同年10月20日迄ノ間前後４回ニ1,000円ヲ支払ヒ全部ノ弁済ヲ為シタルコトハ〈証拠〉〈証言〉ニヨリ之ヲ認ムルニ充分ナリ」ト判示セリ然レトモ右第一審ニ於ケル〈証言〉ヲ援用セルモノハ被上告人ニアラスシテ上告人ナリ而シテ上告人カ同証人ノ証言ヲ援用セルハＡト証人トノ間ニ為サレタル本訴係争債権譲渡ノ時日及其代金授受ノ点ニ付当事者ノ供述ニ相違アルヲ以テ上告人ハ右債権譲渡ヲ仮装ナリト主張シ之ヲ証明センカ為メナルヲ以テ同証人ノ証言全部ヲ援用セルニアラスシテ債権譲渡ニ関スル証言ノ部分ノミヲ援用セルモノナルコトハ明カナリ然ラハ原審口頭弁論ニ提出セラレタル右Ｂノ証言ハ其一部ノミニシテ該証言中ノ４回ニ全部ノ弁済ヲ受ケタリトノ供述部分ハ原審ニ現出セサリシモノナリサレハ原判決ハ叙上ノ如ク当事者ノ提出セサル証拠ヲ採用シテ本件債権ハ弁済ニヨリテ消滅セリト断セルハ違法ノ裁判ナリト云フニ在リ

然レトモ原審口頭弁論調書ノ記載ニ依レハ原審ニ於テ上告人ノ援用シタル第一審ノ証人Ｂノ証言ハ所論ノ一部ニ制限セラレタル事跡ヲ認ムルニ足ラサ

ルヲ以テ同証人ノ証言ノ全部カ原審ニ顕ハレタルモノト謂ハサルヘカラス而シテ証拠ハ当事者双方ニ共通ノモノナレハ裁判所ハ之ヲ以テ援用者ニ不利益ナル事実認定ノ資料ト為スヲ妨ケサレハ本論旨ハ理由ナシ

上告論旨第四点ハ原判決ハ「〈証拠〉ニヨレハＡカ本件債権ヲＢニ譲渡シタル旨ノ通知ヲ控訴人ニ対シ大正2年8月8日為シタル事実明ナルヲ以テ特別ノ事情ナキ限リ控訴人ニ於テ本件債権カ真実Ｂニ譲渡セラレタルモノト信スヘキハ当然ナリト言ハサルヘカラス而シテ被控訴人ノ提出援用セル証拠方法ニヨリテハ控訴人カ右通知ヲ受ケタル当時ハ勿論其後Ｂニ対シ弁済ヲ為セル際ニ於テモ本件債権譲渡ノ仮装ナルコトヲ知リタリト認ムヘキ何等特別ノ事情ヲ認ムルニ由ナシ」ト判示セリ然レトモ各〈証拠〉ニヨレハＡハ債権譲渡当時商業不振借財堆積等ノ事情ヨリ或ハ其所有ノ不動産ヲ手放シ或ハ合資会社ヲ組織シテ債権者ノ追求ヲ免ルル等アラユル手段ヲ講シ居リシ事実被上告人カＡト嘗テ同一ノ主人ニ雇ハレ爾来懇意ノ間柄ナリシ事実〈証拠〉カＡノ作成スル所ニシテ「一金150円Ｂヘ御返金分追テ受取証ハ改メテＢヨリ差出可申候也Ｂ代Ａ」ト記載アル事実等ヨリシテ被上告人ノ悪意ヲ推知スルニ足ルニ係ハラス仮装ヲ知リタリト認ムヘキ何等特別ノ事情ナシト断セルハ〈証拠〉ノ全部ハ勿論〈証拠〉ヲ考覈（編注：考え調べること）セサル違法ノ裁判ナリト信スト云フニ在リ

然レトモ原判決ニ依レハ上告人ノ提出及ヒ援用セル証拠方法ニ依リテハ債権譲渡ノ仮装ナルコトヲ被上告人ニ於テ知了シタリト認ムルニ由ナキ旨判示セルヲ以テ所論乙号証ハ勿論〈証拠〉ヲ事実認定ノ資料ニ供セルコト明ナルノミナラス事実ノ認定ハ原審ノ専権事項ナルヲ以テ之カ論難ヲ為スニ過キサル本論旨ハ理由ナシ

以上説明スル如ク本件上告ハ適法ノ理由ナキヲ以テ民事訴訟法第439条第1項ヲ適用シ主文ノ如ク判決ス

5　供託金払渡請求権の消滅時効

(1)　供託金払渡請求権の消滅時効の起算の先例要旨

次の先例は、後掲最大判昭45.7.15（民集24-7-771）が出されたこと

を受けて、それまでの先例を改めたものである。

なお、後掲最大判昭45.7.15（民集24-7-771）の判示事項は、供託金払渡請求権の消滅時効の起算点と時効期間を明らかにしたものである。

弁済供託における払渡請求権の消滅時効は、供託の基礎となった事実関係をめぐる紛争が解決する等により、供託当事者において払渡請求権の行使を現実に期待することができることとなった時点から進行するものと解されている。

供託官は、供託後10年以上経過している弁済供託金について払渡請求があった場合には、供託書、供託金払渡請求書及びその添付書類等の供託法令所定の書類により前項の時効の起算点を知りうる場合で消滅時効が完成していると認められるものを除き、これを認可してさしつかえないとされている（以下略）（昭45.9.25民事甲4112号民事局長通達（先例集5-182）（ジュリ158百選-136）。

(2) **供託金払渡請求権の消滅時効の起算点**

消滅時効の起算点として、「消滅時効は、権利を行使することができる時から進行する」（民法第166条第1項）をどのように解釈するのかという問題である。

この点の解釈として、権利を行使することに法的な障害がなくなった以上、消滅時効期間が進行を開始すべきとする立場、単に権利の行使について法律上の障害がないというだけでは足りず、問題の権利の性質並びに権利者の置かれた状況に照らし、権利者にとって権利の行使が現実に期待できるものであることが必要とする立場がある（潮見佳男：民法総則講義-303）。両者の立場を供託金払渡請求権に関して考察すると、前者の立場では、供託者はいつでも供託物の取戻しを請求することができる（民法第496条）と定めており、消滅時効は、権利を行使することができる時から進行するのだから、供託した時から進行するという理屈になる。

後者の立場から、例えば、賃借権の有無をめぐって争いとなり、賃料として供託されているときに、その賃貸人が供託金の払渡しを受けることになれば、賃借権の存在を認めたことになり得る。実際にはそういう態度に

出ることはないから、供託された時から供託金払渡請求権の行使を期待することは事実上不可能といえ、供託の時から供託金払渡請求権の消滅時効が進行すると解することは、法が当事者の利益保護のために認めた弁済供託の制度を没却することになる。

供託では、後掲最大判昭 45.7.15（民集 24-7-771）において後者の立場であることを判示している。

更には、生命保険契約の被保険者が平成 4 年に行方不明となり、平成 8 年に運転していた自動車と共に白骨化した遺体となって発見され、死亡保険金の時効消滅につき争われた事案がある。後掲最一判昭 15.12.11（民集 57-11-2196）において、「最大判昭 45.7.15（民集 24-7-771）にかんがみると」、消滅時効の起算点は、権利行使が現実に期待できないような特段の事情の存する場合についてまでも、支払事由（被保険者の死亡）発生の時をもって消滅時効の起算点とする趣旨ではなく、特段の事情の存する場合には、その権利行使が現実に期待することができるようになった時以降において消滅時効が進行する趣旨と解すべきであるとしているから、結局、後掲最大判昭 45.7.15（民集 24-7-771）は、民法一般にあてはまるということになるであろう。

(3) **供託金払渡請求権の消滅時効期間**

後掲最大判昭 45.7.15（民集 24-7-771）の原審である東京高判昭 40.9.15 は、要旨「供託は、国が設けた金員保持制度であり、供託の原因も法定されており、供託官は供託が適法であればこれを受理しなければならず、契約自由の原則は適用されないということから、供託上の法律関係は公法関係であり、供託金の渡請求権は会計法 30 条の規定により 5 年の消滅時効にかかる」としていた。

最高裁は、弁済供託が民法上の寄託契約の性質を有するものであるから、供託金の払渡請求権の消滅時効は民法の規定により、10 年をもって完成すると判示した。

民法

> （消滅時効の進行等）
> 第166条　消滅時効は、権利を行使することができる時から進行する。
> 2　前項の規定は、始期付権利又は停止条件付権利の目的物を占有する第三者のために、その占有の開始の時から取得時効が進行することを妨げない。ただし、権利者は、その時効を中断するため、いつでも占有者の承認を求めることができる。
>
> （供託物の取戻し）
> 第496条　債権者が供託を受諾せず、又は供託を有効と宣告した判決が確定しない間は、弁済者は、供託物を取り戻すことができる。この場合においては、供託をしなかったものとみなす。
> 2　前項の規定は、供託によって質権又は抵当権が消滅した場合には、適用しない。

《弁済供託における供託金取戻請求権の消滅時効の起算点とその期間》
最大判昭45.7.15（民集24-7-771）

事案の概要

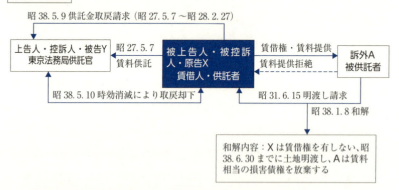

上告指定代理人岩佐善已、同柿原増夫の上告理由について。

原審判決が確定した事実は、次のとおりである。

被上告人は訴外A所有の宅地22坪につき賃借権を有するとして同訴外人

に対し賃料を提供したが、受領を拒絶されたため、昭和27年5月7日から同訴外人を被供託者として東京法務局に対し賃料を1か月2,000円の割合で弁済のため供託してきた。その後、同訴外人は被上告人を被告として建物収去土地明渡の訴を提起したが、昭和38年1月18日上告審たる最高裁判所で和解が成立し、被上告人は右土地に賃借権を有しないことを認め、同年6月30日までに建物を収去して右土地を同訴外人に明け渡し、同訴外人は右土地に対する昭和27年3月14日から右土地明渡に至るまでの賃料相当の損害金債権を放棄することとなった。そこで、被上告人は民法496条1項に基づき昭和38年5月9日上告人に対して昭和27年5月7日から昭和28年2月27日までに供託した合計24,000円の供託金の取戻を請求したところ、上告人は時効により消滅したことを理由に右請求を却下した。

　以上の事実に基づいて、被上告人は上告人を被告として行政事件訴訟法3条2項により右却下処分の取消を求める訴を提起し、第一審判決はこれを認容し、該判決に対し上告人は控訴したが、原審判決はこれを棄却したことは、記録上明らかである。

　よって、まず、上告人のした本件却下処分の取消を求める被上告人の本訴が適法であるかどうかを検討する。

　元来、債権者が金銭債務の弁済の受領を拒むときは、弁済者は債権者のために弁済の目的物を供託してその債務を免れることができ、債権者が供託を受諾せずまたは供託を有効と宣告した判決が確定しない間は、弁済者は供託物を取り戻すことができることは、民法494条および496条の定めるところである。そうして、右供託事務を取り扱うのは国家機関である供託官であり（供託法1条、同条ノ2）、供託官が弁済者から供託物取戻の請求を受けた場合において、その請求を理由がないと認めるときは、これを却下しなければならず（供託規則38条）、右却下処分を不当とする者は監督法務局または地方法務局の長に審査請求をすることができ、右の長は、審査請求を理由ありとするときは供託官に相当の処分を命ずることを要する（供託法1条ノ3ないし6）と定められており、実定法は、供託官の右行為につき、とくに、「却下」および「処分」という字句を用い、さらに、供託官の却下処分に対

しては特別の不服審査手続をもうけているのである。

　以上のことから考えると、もともと、弁済供託は、弁済者の申請により供託官が債権者のために供託物を受け入れ管理するもので、民法上の寄託契約の性質を有するものであるが、供託により弁済者は債務を免れることとなるばかりでなく、金銭債務の弁済供託事務が大量で、しかも、確実かつ迅速な処理を要する関係上、法律秩序の維持、安定を期するという公益上の目的から、法は、国家の後見的役割を果たすため、国家機関である供託官に供託事務を取り扱わせることとしたうえ、供託官が弁済者から供託物取戻の請求を受けたときには、単に、民法上の寄託契約の当事者的地位にとどまらず、行政機関としての立場から右請求につき理由があるかどうかを判断する権限を供託官に与えたものと解するのが相当である。

　したがって、右のような実定法が存するかぎりにおいては、供託官が供託物取戻請求を理由がないと認めて却下した行為は行政処分であり、弁済者は右却下行為が権限のある機関によって取り消されるまでは供託物を取り戻すことができないものといわなければならず、供託関係が民法上の寄託関係であるからといって、供託官の右却下行為が民法上の履行拒絶にすぎないものということは到底できないのである。

　なお、供託官の処分を不当とする者の監督法務局または地方法務局の長に対してする前示不服審査請求については、期間の制限がないのである（供託法１条ノ７、行政不服審査法14条参照）が、これは、供託官の処分が供託上の権利関係の有無を判断する確認行為であり、これに対する不服につきその利益のあるかぎりは不服を許すことが相当であるから、とくに期間の制限をもうけなかったものであり、このことから、供託官の処分を行政処分として取り扱うべきでないとするのは、理由がない（不動産登記法157条ノ２参照）。

　これを要するに、上告人が本件供託物取戻の請求を却下した処分に対し、被上告人が行政事件訴訟法３条２項に基づき上告人を被告として提起した本訴は適法というべきである。

　つぎに、上告人は、本件供託金については民法496条１項に基づき被上告

人において供託の時から取戻の請求をすることができたのであるから、本件供託金取戻請求権の消滅時効は供託の時から進行すると主張する。

　もとより、債権の消滅時効が債権者において債権を「行使スルコトヲ得ル時ヨリ進行ス」るものであることは、民法166条1項に規定するところである。しかし、<u>弁済供託における供託物の払渡請求、すなわち供託物の還付または取戻の請求について「権利ヲ行使スルコトヲ得ル」とは、単にその権利の行使につき法律上の障害がないというだけではなく、さらに権利の性質上、その権利行使が現実に期待のできるものであることをも必要と解するのが相当である。</u>けだし、本来、弁済供託においては供託の基礎となった事実をめぐって供託者と被供託者との間に争いがあることが多く、このような場合、その争いの続いている間に右当事者のいずれかが供託物の払渡を受けるのは、相手方の主張を認めて自己の主張を撤回したものと解せられるおそれがあるので、争いの解決をみるまでは、供託物払渡請求権の行使を当事者に期待することは事実上不可能にちかく、右請求権の消滅時効が供託の時から進行すると解することは、法が当事者の利益保護のために認めた弁済供託の制度の趣旨に反する結果となるからである。したがって、<u>弁済供託における供託物の取戻請求権の消滅時効の起算点は、供託の基礎となった債務について紛争の解決などによってその不存在が確定するなど、供託者が免責の効果を受ける必要が消滅した時と解するのが相当である。</u>

　上告人は、右のような見解をとると、供託者と被供託者との間の争いの有無など供託官の知ることのできない事柄で時効の起算点が決定されることとなり、客観的な時効制度の本質に反する旨主張する。

　しかし、弁済供託は、もともと、供託者と被供託者との間の実体上の法律関係に基づいているものであるから、供託物の払渡請求権の時効の起算点を供託官と供託者との関係だけで画一的、客観的に決定されるものとすることはできないし、また、供託官において右の請求権の行使が期待できる時期を知ることができない場合のあることは、実定法上やむをえない結果というべきである。

　上告人は、また、供託者は供託証明書の交付を受けることによって、時効

の中断をすることができる旨主張するが、供託物の払渡請求権の行使が期待できない場合において、当事者にこのような時効中断のための措置をとることを期待することは、通常人としての当事者に難きを強いる結果となるものというべく、右中断の方法があることは、供託物払渡請求権の時効の起算点を前示のように解することの妨げとなるものではない。

以上の次第で、本件供託金取戻請求権の消滅時効の起算点に関する前記所論はいずれも理由がなく、その余の所論もまた前記判示するところに照らし採用することはできない。

なお、弁済供託における**供託物払渡請求権**の消滅時効の期間に関し、原審判決は、供託は国が設けた金品保管の制度で、供託の原因も法定されており、供託官は供託が適法であればこれを受理しなければならず、契約自由の原則は適用されないというだけの理由から、供託上の法律関係は公法関係であり、供託金の払渡請求権は会計法30条の規定により5年の消滅時効にかかるものと解している。しかしながら、弁済供託が民法上の寄託契約の性質を有するものであることは前述のとおりであるから、供託金の払渡請求権の消滅時効は民法の規定により、10年をもって完成するものと解するのが相当である。

したがって、この点に関し、原審は、法令の解釈を誤ったものといわなければならない。

してみれば、上告人は、本件供託金取戻請求権の時効が本件供託の時から進行したことを前提として、すでに時効により消滅したことを理由に、被上告人の供託金取戻の請求を却下することはできないものというほかはない。したがって、被上告人の右請求を却下した上告人の処分の取消を求める被上告人の本訴請求は正当で、これを認容した第一審判決に対する上告人の控訴を棄却した原審判決は、結局、正当である。なお、**供託物取戻請求権**の時効期間に関する前記法令解釈の誤りは結論に影響を及ぼすものではない。

よって、本件上告はこれを棄却すべきものとし、行政事件訴訟法7条、民訴法401条、95条、89条に従い、裁判官入江俊郎、同長部謹吾、同松田二郎、同岩田誠、同大隅健一郎、同松本正雄の反対意見があるほか、裁判官全

員一致の意見により主文のとおり判決する。

　裁判官入江俊郎、同長部謹吾、同大隅健一郎、同松本正雄の反対意見は、次のとおりである。

　われわれは、供託および供託官のする行為の法律上の性質は、供託官が行政機関であること等からして一見行政処分の如くであるけれども、その本質は、専ら私法上の法律関係と考えるのが相当であり、従って、供託官の行為を不服とする場合の訴訟は、専ら民事訴訟によるべきものと解すべきであると考える。そして、かく解することが、実定法の解釈として正当であり、かつ、当事者の権利、利益保護の上からも極めて妥当であると思う。それ故、われわれは、多数意見が、本件訴訟は専ら行政訴訟たる抗告訴訟（取消訴訟）によるべきであり、民事訴訟によるべきではないとし、民事訴訟の形式による訴は不適法としてこれを却下すべきであるとする点には、同調することができず、本件のごとき行政訴訟の形式による訴こそ、不適法として却下すべきであると考える。その理由は、次のとおりである。（なお、多数意見のその余の、本案に関する法律判断には、われわれも同意見である。）

　一　供託および供託官のする行為の法律上の性質

　㈠　供託は、供託者の申請によって供託機関が供託物を受け入れ、管理し、供託者または被供託者にこれを交付するものであって、その法律上の性質は、民法上の寄託の性質を有する。従って、供託法等には民法と異なる若干の規定が存在しているけれども、これを全体として観察すれば、元来私法的関係の事柄というべく、供託機関が法務局等の国家機関である場合においても、この理を異にするものではない。このことは、供託事務を民間の倉庫業者、銀行等が扱う場合（供託法5条、民法495条2項、非訟事件手続法81条、82条等参照）において、その間に何ら公権的作用は存しないことからも推論しうるところである。

　しかし、事柄の実体が全体として私法関係に属するとしても、立法政策の必要から、法律は必要に応じこれに公法的要素を添加し、供託関係の発生、変更、消滅を行政行為にかからしめることは可能であり、そのような場合には、その限度において、これを公法関係の面から把握し理解せねばならぬ場

合もある。そして、それは供託に関する実定法の解釈によりこれを決するほかない。

(二)　そこで、供託の申請および受理ならびに供託物の払渡（還付、取戻）に関する供託法および供託規則の規定を見るに、

(1)　金銭および有価証券の供託の申請および受理については、供託官の受理行為がないかぎり、供託は成立せず、供託に伴う法の所期する法律上の効果は発生する余地がないのであって、供託法は供託の申請を受理するか否かを供託官の判断にかからせているように見えないことはない。しかし、この場合の供託官の行為は、供託書や添付書類について、申請の適法、不適法を審査し、適法であると認めるときは、これを受理しなければならず、適法でないと認めるときは、却下するほかはないというだけであって、これを行政処分とみることは相当でない。むしろ、供託官の右供託受理の行為は、供託申請者の寄託契約の申込に対する承諾であり、その法律上の性質は私法上の行為であって、供託官は、適法な供託受理の申請（契約の申込）に対しては、これを受理（契約の承諾）すべき私法上の義務を供託法によって課せられているとみるべきである。

(2)　金銭および有価証券たる供託物の払渡（還付または取戻）についても同様であって、供託物の還付請求権や取戻請求権自体は供託に伴い法律上当然に発生するものであり、一般の私法上の債権と同様、譲渡、質権設定、仮差押等の目的とされるものであり、供託官の認可によって、はじめてその権利が発生するというようなものではない。供託物の払渡をするか否かを供託官の判断にかからせているものではなく、供託官の右行為が私法上の行為であることは、供託の申請および受理についての供託官の行為の場合と同様である。

(3)　そもそも、行政行為には一般に公定力が認められるが、これを認める理論的根拠は、要するに、行政庁の公権力の行使に当たる行為は、一般に公共性の強いものであるから、それが法律上当然無効とされる場合は別として、たとえそれに瑕疵があったとしても、瑕疵あるが故に、何人によってもただちにその効力が否定されるというような不安定なものとしておくこと

は、公共性の強い行政権の作用としては妥当ではないという理由によって、権限ある機関による取消があるまでは、一応適法性の推定を受け、有効な行為として尊重され、他の国家機関も第三者もその効力を否定しえないものとし、これによって公共的な面から社会生活の安定と法的秩序の保持を図ろうとする点にあるのである。また、本質は私法関係と何ら異ならないものにおいても、公益上の必要から行政行為を介在させる立法も考えられるが、この場合には、行政行為とする以上、一般的には公定力を認めることとなるであろう。供託法、供託規則に基づく供託官の行為のごときは、本来公権力の行使に当たる行政行為というべきではなく、民法上の寄託契約の当事者の地位におけるものにすぎず、また、後述するところからみて、立法政策として供託官の行政行為を介在させる必要もないと考えられるから、供託官の行為に公定力を認めることは、理論的にも実定法的にもまことに根拠が薄弱である。

　なお、付言すれば、供託官の行為を行政行為であるとして、これに公定力を認めるとすれば、これを争う途は、現行法上抗告訴訟によるほかはないであろう。ところで、抗告訴訟には周知のごとく一定の出訴期間の定めがあるが、これも、公権力の行使に当たる行政権の作用は、行政権の公共的性質に鑑み、たとえ、これに瑕疵があり、取り消さるべきものであったとしても、その効果を長く不安定の状態に置くことは公共的な要請からいって好ましくないとして、これにいわゆる確定力（不可争力）を認めているからであって、公定力を認めるとすれば、同時に確定力を認めるというのが、特段の事由のないかぎり、本来の姿というべきであろう。もし、多数意見のように、供託法に定める文言に従って行政処分とみるとしても、供託官の供託法上の行為については、審査請求が認められ（供託法1条ノ3）、審査請求には行政不服審査法の規定が適用されていながら、供託法1条ノ7は、行政不服審査法中の重要な規定の適用を排除し、なかんずく、不服申立期間に関する同法14条の規定を排除した関係で、供託官の行為に対しては審査請求の期間の制限はなく、従って、当事者はいつでも審査請求をすることができ、右行為または裁決に対してはさらに抗告訴訟が提起できる（抗告訴訟自体には行

政事件訴訟法 14 条による出訴期間の定めのあることはもちろんである。）筋合いとなっているから、結局、供託官の行為については、行政不服審査法による審査請求をし、その裁決があった後もとの行為または裁決に対し出訴するという手続をとることによって、行政訴訟の面において出訴期間の定めがないことと同様となる（行政事件訴訟法 14 条 4 項）のであって、いわゆる確定力（不可争力）を欠いているのである。供託官の処分に公定力を認めるとすれば、これに確定力を認めるのが相当というべきであるが、実定法は、供託官の行為が実質的には私法上の法律関係に属するものとし、これに確定力を認めていないのではなかろうか。供託関係は、既に触れたように、必ずしも供託官が取扱うもののみではなく、民間の倉庫業者または銀行をして扱わしめる場合もある点を併せ考えれば、実定法は、供託官の行為につき、公定力のないことを前提として確定力をも認めなかったと解することは、決して無理な解釈ではないと思う（もちろん、確定力がなければ理論上必ず公定力がないというわけではなく、例えば不動産登記法 157 条ノ 2 のような事例もないことはないが、要は実定法の解釈如何にかかるというべきであろう。）。

二　供託官の行為を不服とする場合の争訟の形式

供託官の行為を不服とする者が行政不服審査法による審査請求をなしうることは明文上問題はない（供託法 1 条ノ 3）が、訴訟の形式については、供託法上供託官の行為がいかなる性質のものかという点に着眼し、実定法上いかに解するのが最も妥当であるかによって決せらるべきものと思う。

(一)　供託の申請に対する供託官の行為について

この場合の供託官の行為は供託受理の決定（供託規則 18 条）または供託申請の拒否であるが、前者についてはこれを争う訴の利益は通常考えられないが後者については、供託に伴う法律上の効果が発生しないことになるから、その効果の発生を求める者にとっては、訴の利益のあることは明らかである。そして、この場合には、法令は供託官の「却下」「処分」という語を使用している（供託法 1 条ノ 3、供託規則 38 条）けれども、既に述べたように、供託官の供託の受理は、寄託契約申込に対する承諾という私法上の行

為であって、権力的要素を含むものではないから、右供託官の却下に不服ある者は、民事訴訟により、国を相手方として供託官が供託受理行為をなすことを訴求することができると解して何ら差支えはなく、当事者の権利保護の上からもこれが事案に最も即した救済手段である。右供託官の行為が一見行政処分の如きものであるからといって、これに公定力を認むべきものでないことが前叙の如くである以上はこれを不服とする場合における訴訟を行政訴訟である抗告訴訟（取消訴訟）によらしむべきであるとする合理的根拠は到底見出しがたい。

(二) 供託物の払渡（還付または取戻）に関する供託官の行為について

この場合の供託官の行為の性質も、既に述べたごときものであって、事柄の実体は専ら私法上の法律関係に関するものであって、権力的要素を含むものではない。すなわち、供託官は供託法、供託規則の定めるところ（供託法8条、10条、供託規則28条、29条、38条等）により、請求の理由の有無を審査し、許否を決するのであるが、還付請求権や取戻請求権自体は元来供託に伴う私法上の権利であって、供託官のかかる行為によって何ら実体を左右されるものではなく、払渡をするか否かを供託官の判断にかからせているものでもないと解するのを相当とするから、その請求が不法に拒否された場合には、還付または取戻を民事訴訟である給付訴訟によって訴求させることが事案に最も即した救済手段というべきである。右供託官の行為が一見行政処分の如くであるからといって、これに公定力を認むべきでないことが前叙の如くである以上は、これを不服とする場合における訴訟を行政訴訟である抗告訴訟（取消訴訟）によらしむべきであるとする合理的根拠は到底見出しがたい。

仮りに、右の二つの場合について行政訴訟である抗告訴訟にのみよらしめるとするときは、これに勝訴しても、供託官の処分が取り消されるだけであって、右勝訴判決によっては、当事者が実体的に争っている私法上の権利、利益自体の救済が直接的に裁判所によって認められたことにはならない。また、抗告訴訟は行政行為の適法、不適法を審査するものであるから、この場合は、供託官が供託法、供託規則によってした行為の適法、不適法を

審査することが目的であって、裁判所がどの程度まで実体的の司法審査ができるかの限界については、種々困難な問題がある。行政訴訟において、裁判所は、供託官の権限に属し、またはこれと表裏一体をなす事柄の限度までは審査をなしうるとは思うが、それにしても、供託官が供託法、供託規則に則り審査しうる範囲には限界があり、供託の受理、供託物の払渡に関連する私法上の権利関係の一切に及びうるものと解することには多くの問題があり、事案ごとにその限界を定めるほかはない。従って、供託官の処分が行政訴訟で争われうるとした場合にも、司法審査の及びうる範囲については、理論的にも実務的にも必ずしも明確になってはいないのであって、その限界如何によっては、当事者の私法上の権利、利益の保護の面に問題が残るように思う。なお、供託法、供託規則に定める供託官の審査の方法は、供託官が私法関係である供託の当事者たる地位において遵守すべき事項にすぎないと解すべきであり、従って、民事訴訟においては、供託官の審査権限内の事項はもとより、権限外の事項についても、審査することができると解せられる。

　以上の次第で、われわれは、供託官の行為を不服とする場合の訴訟は、民事訴訟によらしめることをもって、必要かつ充分であると考える。これを専ら行政訴訟のみによらしめるとする考え方は、供託関係の法律上の実体に適合せず、当事者の権利、利益の保護の上からも不充分であると思う。また、本件のごとき事案につき、民事訴訟のみによらしむべしとする詳細な理由を示した下級裁判所の判決も少なくなく、それらの事件が現に最高裁判所に係属していることを考えると、多数意見の説示をもってしては、本件のごとき事案をすべて行政訴訟にのみよらしむべきであるとする実定法解釈上の具体的な論拠を、充分に示しえたものとは考えられない。（なお、最高裁判所昭和36年（オ）第299号、同年10月12日第一小法廷判決、裁判集民事55号125頁は、供託官の供託受理処分に関して行政訴訟を認めている。同判決は、行政訴訟として第一審に係属した事案に対する上告審判決であるが、本件で職権事項として取り上げた本案前の問題については、何ら審理、判断をしたものでないから、右判決は右本案前の問題に関する最高裁判所の判例と目すべきものではない。）

よって、本件訴は不適法として却下すべきである。

裁判官松田二郎の反対意見は、次のとおりである。

(一) 本件のごとき金銭債務の弁済供託は民法の債権編に規定されるとともに、これに関する供託所における事務は国家機関たる供託官によって取扱われ（供託法1条ノ2）、そこには、私法的要素と公法的要素が存在する。そして、供託が公法上の法律関係であるか、私法上の法律関係であるかは、かつて大いに争われたところである。私は、供託の法律的性質を寄託契約、すなわち、私法上の法律関係であると解する。ただ、供託手続が確実にかつ迅速に行なわれるために、国家機関たる供託官がその事務を行なうのであるが、そのことは、何等供託そのものが私法的の法律関係たることに影響するものではない。したがって、供託者と供託官との間の関係も私法上の寄託関係であり、金銭を供託した場合、その払渡請求権は、金銭債権として一般の金銭債権同様、譲渡、相続、質権設定、仮差押等の目的となり得、供託金払渡請求権は、供託官を機関とする国に対する私法上の権利である。

しかして、本件においてまず問題となるのは、払渡請求者が供託関係法令に基づく供託官の行為を不服とする場合の争訟の形式は、通常訴訟によるべきか、あるいは抗告訴訟によるべきかの点である。この点につき、多数意見は、供託法および供託規則の規定を挙げて、次のごとくいう、「右のような実定法が存するかぎりにおいては、供託官が供託物取戻請求を理由がないと認めて却下した行為は行政処分であり、弁済者は右却下行為が権限のある機関によって取り消されるまでは供託物を取り戻すことができないものといわなければならず、供託関係が民法上の寄託関係であるからといって、供託官の右却下行為が民法上の履行拒絶にすぎないものということは到底できない」と。そして、多数意見はかかる見地に立ち、本件についていう、「これを要するに、上告人が本件供託物取戻の請求を却下した処分に対し、被上告人が行政事件訴訟法3条2項に基づき上告人を被告として提起した本訴は適法というべきである」と。そして、右に掲げた多数意見は、供託官が供託物の取戻請求を却下した行為に関するものであるが、そのいうところより見れば、多数意見は単に右の場合のみにとどまらず、一般に、供託申請または供

託物払渡請求に関する供託官の行為を行政処分であるとし、したがって、これを不服とするときは、常に審査請求ないし抗告訴訟によるべきものとする趣旨と解されるのである。しかし、私は後に述べるごとく、供託官の処分に対する争訟の形式としては、審査請求ないし抗告訴訟によるべき場合と通常の民事訴訟によるべき場合とがあると考える者である。以下、この点につき私の考えるところを述べる（なお、卑見は供託金払渡請求権の消滅時効の起算点については、多数意見と同一の見地に立つ）。

　以上の争訟の形式を論じるにあたっては、まず、供託官の審査権限が形式的審査権のみか、実質的審査権をも含むかについて検討することを要する。私の解するところによれば、供託が実質関係と常に符合することは望ましく、この点を無視することは供託制度の信用を失わしめるものであるが、しかし、このことを余りに強調して実質関係を確保しようとすれば、供託関係手続は渋滞し、迅速を欠くこととなろう。しかも、供託は今日、かつてのように裁判所の所管に属さず、供託官は、裁判所の行なう非訟的な権限は有していないのである。ここにおいて、この実質的関係の確保と供託関係手続の迅速の双方を考慮に容れるとき、供託官の審査権限は、申請者によって提出された書類による書面審理の範囲にとどまるものとし、その書面の成立または内容の実質的真正については、審査の権限なしとするのが原則であると考える（そしてこの点につき、留意を要するのは、供託官は、当事者が関係法令に基づいて提出した書面のみによって申請の適否を判断すべく、提出された書面の実質的真正を審査するため、当事者に対しさらに書面の提出を求めることは許されないのである）。したがって、たとえば、当該書面の成立の真正を担保するため法令の要求する要件が具備している場合、なおそこに押捺された印章が偽造または盗用にかかるものでないか否かについて、また供託の原因たる契約の存否について、あるいは後述のように書面の記載内容から一見して明らかに判断し得る場合でないのにかかわらずなお契約の効力の有無について、供託官は審査権を行使し得ないのである（登記官吏の審査権限についての昭和33年（オ）第106号同35年4月21日第一小法廷判決、民集14巻6号963頁参照）。

ただし、叙上の原則に対し、次のような例外が存するものと思われる。すなわち、供託官が供託契約の当事者（債務者）的地位において当然知り得る事項が払渡請求の許否につき問題となる場合が、それである。たとえば、還付請求権者が供託書正本によって供託金の還付または内渡を受けたのにかかわらず、供託通知書によって再度その申請をしたとき（供託規則24条、31条参照）、払渡請求権が第三者に譲渡または転付され、譲渡通知または転付命令が供託官に到達した後に、譲渡人または旧権利者が払渡の請求をしたとき、払渡請求権につき仮差押または差押が競合する場合において優先権を有しない一の差押債権者が転付命令を得て払渡の請求をしたとき、のごときが右の例外にあたるものと解されるのである。かかる場合において、供託官は、供託契約の当事者（債務者）的地位において当然知り得た事項を理由として、払渡請求を却下し得るのである。なお、供託申請書の記載自体からして、当該契約が無効であり、したがって供託によって免責を得ようとする債務の不存在が一見して明らかである場合、たとえば、妾契約による債務の弁済供託のごときにおいては、供託官は、申請書の記載自体から一見して明らかな契約の無効、したがって債務の不存在を理由として、供託申請を却下し得るものというべきである。

要するに、以上のような例外は存するが、供託官の審査権限は、申請書類による書面審理の範囲内にとどまり、その書面の実質的真正については審査権が及ばないのが原則である。すなわち、供託に関する法令は、供託を能う限り実質関係に符合させ、しかもその手続の迅速を図るという、いわば相反する二つの要請を満足させるため、実質的関係を確保するための詳細な規定を設けつつ、その規定を形式的に履践させることによって手続の迅速を図り、大量処理の目的を達しようとするものであり、供託官の審査権限の範囲はこの目的によって制約されるのである。供託官の審査権限は、叙上に説示した意味において形式的のものといい得るのである。そしてこの権限が、供託関係手続につきかかる意味において形式的のものであるからには、これに対する不服申立も簡易の方法によるのが便宜であり、これは国民の要望するところでもあろう。私の解するところによれば、供託法が「供託官ノ処分ヲ

不当トスル者ハ監督法務局又ハ地方法務局ノ長ニ審査請求ヲナスコトヲ得」（同法1条ノ3）とし、その審査請求につき行政不服審査法の規定によるものとしたのは、このためである。しかも、この点に関し留意すべきことは、供託法が一面において、審査請求期間について行政不服審査法14条の適用を排除しているため、供託の申請や払渡の請求を却下された者は何時にても審査請求をなし得ることであり、他面において、供託法自体が「法務局又ハ地方法務局ノ長ハ審査請求ヲ理由アリトスルトキハ供託官ニ相当ノ処分ヲ命スルコトヲ要ス」（同法1条ノ6）との規定を特に設けていることである。

叙上のことは、供託官の審査権が形式的のものであることを前提として、供託官がその審査権の行使を誤った場合、何時たりともこれについて不服の申立を認め、それが理由があるときは、容易にその処分を取消し得る便法を設けたものと解されるのである。おそらく、供託官の処分に対する不服の多くは、この便法によって解決されるであろうと思われる。もっとも、この審査請求の結果に不服のある者は、供託官の処分に対し、もし監督法務局または地方法務局の長の裁決に固有の瑕疵があると主張するときはその裁決に対して、抗告訴訟を提起することとなるが、この場合における裁判所の判断の範囲も、供託官の形式的審査権の行使の適否という、いわば形式面に限局されるので、迅速に行なわれ得るのである。これに反し、もし、抗告訴訟において裁判所は、本来供託官の権限に属しない実質的審査にわたる事項についてまで判断すべきものであるとすれば、その訴訟は迅速に行なわれ難くなるのみならず、供託官は自己の権限に属しない実質的審査の点について、その処分に違法があるとして取消される場合を生じることとなるのである。

(二)　叙上のごとく、供託官の処分につき、その不服申立が審査請求ないし抗告訴訟の手続によるのは、専ら供託関係手続の形式面に争いの存する場合であるが、これに対し、供託関係手続の実質面に争いの存する場合は、これと同一に論じ得ないのである。たとえば、払渡請求に対する形式的審査の結果、権利者と称する者が払渡を受けたが、関係書類が偽造にかかるものであった場合においては、真の権利者は、供託官の処分が形式的審査の範囲内のみにおいては是認されるから、審査請求ないし抗告訴訟によっては救済さ

れ得ない。また、債権者不確知による弁済供託（民法494条）の場合において、真実債権者たる者であっても、その権利を有することを証する書面（供託規則24条）を提出することが困難なとき、その権利の実現については、供託法令に基づく払渡請求またはその却下に対する審査請求ないし抗告訴訟によっては救済され難いであろう。

　叙上のごとく、私は、供託関係法令に基づく供託官の処分に対する不服申立は審査請求ないし抗告訴訟によるべき場合と通常の民事訴訟手続によるべき場合とがあると考えるのである。そして、この後者の場合、供託官の処分の存するにかかわらず、直接国に対して供託金の支払等を請求することとなるが、既に述べたように、供託官の審査権限は形式面に限局され、審査請求における裁決庁ないし抗告訴訟における裁判所の判断の範囲も、また従ってこれに限局される以上、供託官の処分の有する公定力もこれに応じて制限され、当該処分の実質面に存する争いについては、民事訴訟において裁判所がその実質面について処分の当否を判断することとなるのである。

　しかるに、叙上の見解に反し、多数意見によるときは、供託官の処分に対する不服は、常に行政不服審査法による審査請求ないし抗告訴訟によるべきものとなろう。しかし、このような手段によるときは、次のような煩瑣な結果を生じよう。

(1) 供託官が権限なき者に対し供託物を払渡したとき、真の請求権ある者は、まず供託官が権限なき者に対して払渡した処分そのものの取消を求めることを要することとなる。そして、その処分が取消されない限り、真の請求権者といえどもその払渡を請求し得ないこととなろう。これは、すこぶる迂遠のように思われる。

(2) 実際問題として、供託金払渡請求権については、差押命令や転付命令の発せられる場合が多いのであるが、多数意見によるときは（イ）払渡請求権につき有効な転付命令があったのにかかわらず、供託官が供託書を提出した旧権利者に誤って供託金を支払ったとき、転付命令を得た者もその払渡を求めるには、供託官の処分取消のため審査請求をなし、あるいは抗告訴訟を提起し、これが容れられなければ、払渡の請求をなし得ないこととなろう。

また、(ロ)転付命令が無効であるのに、供託官がこれを有効として払渡したとき、真の**供託物払渡請求権**を有する者は、供託官の先にした払渡処分取消のため審査請求をなし、あるいは抗告訴訟を提起するを要しよう。私は、供託官をしてそのような審査をさせることは、妥当でないとともに煩瑣な手続を強いるものと考える。

　もっとも、私のごとく供託官の処分の不服申立につき、形式面の不服については審査請求ないし抗告訴訟により、実質面の不服については通常訴訟によるべしと解することに対しては、あるいは形式面と実質面との境界が必ずしも明らかでなく、徒に何れによるべきかの問題を生じるとの非難があり得るであろう。おそらく、多数意見は、このことを一つの根拠として、すべて供託官の処分についての不服は審査請求ないし抗告訴訟によるべしと主張するのであろう。しかし、強制執行の異議の方法として、債務名義そのものの執行力の排除を目的とするところのもっとも根本的な強制執行阻止の手段たる請求異議の訴(民訴545条)と並んで執行文付与の異議(民訴522条)および執行方法に関する異議(民訴544条)の存在を見るとき、たとえ、具体的場合にこれらの何れに帰属するかにつき疑問を生ずるものがないわけではないにせよ、かかる異議方法の併存に十分の理論的根拠と実際的必要があるのである。そして、その異議方法間の限界に不明の場合のあり得ることを理由として、強制執行における異議方法の併存を否定すべきでないことを思うとき、供託官の処分に関し、私の主張するごとき二方法の併存も理解し得るところであろう。

　(三)　今、本件を見るに、被上告人は上告人に対し弁済供託における供託物の取戻を請求したところ、上告人は、供託の時より既に10年を経過し、取戻請求権は時効により既に消滅したとしてその請求を却下したのである。これに対し、被上告人は、本件の弁済供託の基礎となった債務が、その後、裁判上の和解によってその不存在が確定したのであるから、取戻請求権の消滅時効はその和解成立の時より進行することとなり、したがって、該請求権は未だ時効により消滅しているのではないというのである。その争点たるや、民法166条の「消滅時効ハ権利ヲ行使スルコトヲ得ル時ヨリ進行ス」につ

き、その「権利ヲ行使スルコトヲ得ル時」の解釈に関する。そして、叙上論じたところによれば、このような法律上の解釈の争いは、前記の意味における「実質面」の問題に属するものというべきものと解される。したがって、被上告人は、本件については民事訴訟によって争うべきであり、審査請求ないし抗告訴訟によって争うべきものではないのである。

　要するに、私は、叙上の見地に立って見るとき、原判決を破棄し、本件訴を却下すべきものと考える（もっとも、このような見解をとるのは、訴訟経済上望ましくないとの反論があろう。しかし、このような反論は採り得ない。けだし、現在、供託官の処分の不服につき民事訴訟手続による請求が相当数裁判所に繋属している以上、本件の多数意見によるときは、すべて民事訴訟手続による訴を却下すべきこととなり、やはり訴訟経済上望ましくないからである）。

《権利を行使することができる時の解釈》
最一判昭 15.12.11（民集 57-11-2196）

> 事案の概要

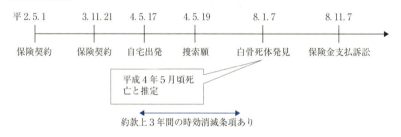

　上告代理人山近道宣、同矢作健太郎、同熊谷光喜、同内田智、同和田一雄、同中尾正浩の上告受理申立て理由第1点及び第2点について

　1　原審の適法に確定した事実関係の概要等は、次のとおりである。

　(1)　Aは、上告人との間で、Aを被保険者、その妻である被上告人を保険金受取人とする下記の各生命保険契約（以下「本件各保険契約」という。）を締結した。

　　　記

ア　契約日　平成2年5月1日
　　保険の種類　定期保険特約付・終身保険
　　保険金額　終身保険の死亡保険金　500万円
　　　　　　　定期保険特約の死亡保険金　1500万円
　　　　　　　傷害特約の災害死亡保険金　100万円
　イ　契約日　平成3年11月21日
　　保険の種類　定期保険特約付・終身保険
　　保険金額　終身保険の死亡保険金　200万円
　　　　　　　定期保険特約の死亡保険金　2800万円
　　　　　　　傷害特約の災害死亡保険金　500万円
　(2)　本件各保険契約に係る保険約款（以下「本件約款」という。）には、保険金請求権の時効による消滅について、保険金を請求する権利は、支払事由が生じた日の翌日からその日を含めて3年間請求がない場合には消滅する旨の定め（以下「本件時効消滅条項」という。）がある。また、本件約款には、上記終身保険及び定期保険特約の支払事由は、いずれも「被保険者が死亡したとき」と定められており、上記傷害特約の災害死亡保険金の支払事由は、「不慮の事故による傷害を直接の原因として、その事故の日から起算して180日以内に被保険者が死亡したとき」と定められている。
　(3)　Aは、平成4年5月17日、自動車を運転して自宅を出たまま帰宅せず、行方不明となった。被上告人は、同月19日、地元の警察署に捜索願を提出したものの、その行方、消息については、何の手掛かりもなく、その生死も不明のまま、時が経過した。
　(4)　Aが行方不明となってから3年以上が経過した平成8年1月7日、静岡県裾野市の芦ノ湖スカイライン杓子峠展望台広場から自動車が転落する事故が発生したが、その搭乗者の救出作業中に、上記展望台広場から直線距離で約120m下方の雑木林の中で、Aが運転していた自動車が発見され、その場所から上方約3mの位置にある窪み付近でAの白骨化した遺体が発見された。現場の状況、その遺体の状態等から、Aは、運転していた自動車が道路から転落したことにより負傷し、その傷害を原因として、平成4年

5月ころに死亡したものと推認される。

(5) Aが行方不明になる前のAの経済状態は相当苦しかったことがうかがわれるものの、それが直ちに自殺に結び付くものと認めることはできず、Aの上記転落事故は、Aの運転の過誤により発生したものと推認される。

(6) 被上告人は、平成8年11月7日、上告人に対し、本件各保険契約に基づき保険金の支払を求める本件訴訟を提起した。上告人は、本件訴訟において、Aの死亡の日から3年が経過するまでの間に本件各保険契約に係る保険金の請求がなかったから、本件時効消滅条項の適用により、被上告人の保険金請求権は時効により消滅したなどと主張している。

2 商法は、損害保険及び生命保険の保険金請求権について、2年を経過したときは時効によって消滅すると定めている（同法663条、683条1項）。本件時効消滅条項は、生命保険の場合には、保険金請求権を発生させる保険事故、殊に被保険者の死亡が保険金請求者の知らない間に生ずることが少なくないこと等を考慮して、商法所定の上記消滅時効の期間を3年に延長したものである。本件時効消滅条項は、その消滅時効の起算点を「支払事由が生じた日の翌日」と定めており、また、本件約款は、上記終身保険及び定期保険特約の支払事由を「被保険者が死亡したとき」と定め、上記傷害特約の災害死亡保険金の支払事由を「不慮の事故による傷害を直接の原因として、その事故の日から起算して180日以内に被保険者が死亡したとき」と定めており、これらの定めを併せ読めば、本件約款は、上記終身保険、定期保険特約及び傷害特約に係る保険金請求について、本件時効消滅条項による消滅時効の起算点を「被保険者の死亡の日の翌日」と定めていることが明らかである。

しかしながら、本件消滅時効にも適用される民法166条1項が、消滅時効の起算点を「権利ヲ行使スルコトヲ得ル時」と定めており、単にその権利の行使について法律上の障害がないというだけではなく、さらに権利の性質上、その権利行使が現実に期待することができるようになった時から消滅時効が進行するというのが同項の規定の趣旨であること（最高裁昭和40年(行ツ)第100号同45年7月15日大法廷判決・民集24巻7号771頁参照）

にかんがみると、本件約款が本件消滅時効の起算点について上記のように定めているのは、本件各保険契約に基づく保険金請求権は、支払事由（被保険者の死亡）が発生すれば、通常、その時からの権利行使が期待できると解されることによるものであって、当時の客観的状況等に照らし、その時からの権利行使が現実に期待できないような特段の事情の存する場合についてまでも、上記支払事由発生の時をもって本件消滅時効の起算点とする趣旨ではないと解するのが相当である。そして、本件約款は、このような特段の事情の存する場合には、その権利行使が現実に期待することができるようになった時以降において消滅時効が進行する趣旨と解すべきである。

上記の見解に立って本件をみるに、前記の事実関係によれば、Aは、平成4年5月17日に自動車を運転して自宅を出たまま帰宅せず、被上告人は、同月19日に地元の警察署に捜索願を提出したものの、その行方、消息については、何の手掛かりもなく、その生死も不明であったが、Aが行方不明となってから3年以上が経過した平成8年1月7日、静岡県裾野市の芦ノ湖スカイライン杓子峠展望台広場から直線距離で約120m下方の雑木林の中で、Aが運転していた自動車と共に白骨化した遺体となって発見されたこと、その死亡時期は、Aが行方不明となった平成4年5月ころと推認されること等が明らかである。

上記の事実によれば、被上告人の本件各保険契約に基づく保険金請求権については、本件約款所定の支払事由（Aの死亡）が発生した時からAの遺体が発見されるまでの間は、当時の客観的な状況等に照らし、その権利行使が現実に期待できないような特段の事情が存したものというべきであり、その間は、消滅時効は進行しないものと解すべきである。そうすると、本件消滅時効については、Aの死亡が確認され、その権利行使が現実に期待できるようになった平成8年1月7日以降において消滅時効が進行するものと解されるから、被上告人が本件訴訟を提起した同年11月7日までに本件消滅時効の期間が経過していないことは明らかである。

してみると、これと同旨の原審の判断は正当として是認することができる。論旨は、いずれも採用することができない。

よって、裁判官全員一致の意見で、主文のとおり判決する。

徴収職員体験記 4

知識の引き出し

　筆者は、昭和51年に社会保険庁に採用され、船員保険、庶務、厚生年金保険等の適用業務を通算して5年経験した後、岩国社会保険事務所徴収課に移動となった。まだ徴収職員としていかにも未熟であった頃、柳井市の農機具販売会社の事業主が夜逃げをし、会社が倒産となり、売掛金の差押えをすることになった。その会社に行ってみると、従業員がおり、売掛債権はないが滞納者の所有する農機具が某所に保管されているはずとの情報を聴取したので、その場から直行した。

　そこは、修理工場であり、その事業主に滞納者の農機具がありはしないかと聞くと、「たしかにあるが修理をしたのに代金を支払ってくれないから、渡さないつもりだ」という。

「でも、その農機具は農機具販売会社の所有物ですよね」

　すると、瞬間湯沸かし器が臨界点に達した。

「阿呆ぬかせ‼ それだったら修理代金は社会保険事務所に請求する、いるならとっと持って帰れ‼」

　工場主は、修理代金を踏み倒されたと癪にさわっていたのであろう、そこへさらに追い打ちをかけられて、えらい剣幕であった。

　返す言葉もなくすごすご引き下がることになった。知識の引き出しがないまま突撃すると無惨な撤退を強いられる。

　工場主には、留置権があるから社会保険事務所が農機具を公売したときには、その換価代金等の配当において、修理代金債権が優先配当になることを説明すればよい事例であった。このときにその留置権の知識は有していない。

　「修理代金は社会保険事務所に請求する」とは、当たらずと雖も遠からず

の理屈であったから、滞納処分として十分に有効策があったわけである（徴収法第 21 条の適用場面である。後記留置権と徴収法参照）。

　当時、留置権の単語さえわかっちゃいないから歯が立つはずもない。それならば工場主の場所へ行くべきでもないが、どういう法律問題が横たわっているのかわからないから、行くべきでないという判断さえもできない。わからない箇所がわかっていない状態であった。

　徴収職員は、誰でもなれるのではなく、ある程度職員としての経験年数がなければ任命されないことが通常であろう。しかし、任命されたからといって最初から法律をすべて知っている者などいない。でも、ある事態に対応しようとするときは、どんな法律関係なのかと想定する姿勢を有するべきだ。

　この時の私は、そういう姿勢が皆無であったと印象深く記憶に残っている。絶大なる権限を有する徴収職員は、法令を熟知するよう努力すべきだ。そして、滞納処分を執行すると必然的に供託に関わることになり、供託制度は基本の法律として学ぶ態度であるべきだ。

《留置権と徴収法》
　留置権は、ある物に関して生じた債権を有するときは、その債権の弁済を受けるまで、その物を留置することができる権利（民法第 295 条第 1 項）であって、留置権が納付者の財産上にある場合に、公租公課債権者がその財産を滞納処分により換価したときは、公租公課債権は、その留置権によって担保されている債権に劣後する。

第5章 徴収実務と供託

第1節 徴収法上の債権差押えの取扱い

1 債権差押えと供託の関係

　最初に、公租公課債権において、徴収法に基づいて債権を差し押さえするときの実務について解説をする。供託とは関係がないと感じられることであろう。しかし、債権を差し押さえすると供託に繋がっていくことがしばしばあり、ここでは、供託を見据えて、まずは債権差押えの実務について解説をしておく。

2 債権の全額差押え

　徴収職員は、債権を差し押さえるときは、原則として滞納金額にかかわらず滞納者の有する債権の全額を差し押さえなければならないとされている（徴収法第63条本文）。したがって、滞納者の有する売掛債権額が200万円であるときは、たとえ滞納額が50万円であっても、200万円差し押さえすべきことになる。

　例外として、その全額を差し押さえる必要がないと認めるときは、その一部を差し押さえることができる（同条ただし書き）。一部を差し押さえることができるのは、徴収法基本通達63−2に三つの要件があり、一口でいうならば債権の一部のみ差し押さえても滞納が解消できるときということができる。例えば、年金事務所の国民年金保険料の強制徴収において、普通預金債権が100万円あり、滞納額が40万円、債権差押通知書の交付送達と同時に取立てするのであれば、40万円のみの差し押さえをすることになる。

　さて、話を戻して、滞納処分の研修において全額差押えの指導をしたとき

によく聞かれた質問は、「滞納している公租公課債権を徴収するために必要な財産以外の財産は、差し押さえることができないのではないか」（徴収法第48条第1項）と、超過差押えに該当するのではないかとの疑問である。

売掛債権が100万円というときに、100万円は名目額であって実質額と同等ではない。100万円を取立てできてはじめて100万円の実質価値があったことになり、これは第三債務者の資力等によって定まることから、名目額をもって直ちに超過差押えと判定することは妥当ではないのである。超過差押えとなる典型は図38のような事例であり、双方の土地を差押えすることを禁止するものである。

もっとも、土地A又は土地Bのどちらか一方の差押えで滞納が解消すると判定できるのは結果的に図38のとおり判明したという場合のことであり、実際には直ちに財産の評価（時価）までは判明していないことが通常であるから（時価がわからないのみならず抵当権が設定されていることが多数であって多くの場合、その被担保債権額は直ちにわからない）、超過額が著しく過大でない限り違法とはならない。

【図38】

滞納額800万円（A又はBのどちらかを差押えすれば足りる）

徴収法

（差し押える債権の範囲）
第63条　徴収職員は、債権を差し押えるときは、その全額を差し押えなければならない。ただし、その全額を差し押える必要がないと認めるときは、その一部を差し押えることができる。

徴収法基本通達63-1〜3

> 差し押さえる債権の範囲
> (全額の差押え)
> 1 徴収職員は、債権を差し押さえるときは、その債権の額が徴収すべき国税の額を超える場合においても、2の場合を除き、その債権の全額を差し押さえなければならない(法第63条本文)。
> (一部の差押え)
> 2 法第63条ただし書の「その全額を差し押える必要がないと認めるとき」とは、次に掲げる要件を満たすときをいうものとする。
> ⑴ 第三債務者の資力が十分で、履行が確実と認められること。
> ⑵ 弁済期日が明確であること。
> ⑶ 差し押さえる債権が、国税に優先する質権等の目的となっておらず、また、その支払につき抗弁事由がないこと。
> (一部差押えの手続)
> 3 債権の一部を差し押さえる場合には、債権差押通知書の「差押債権」欄に、その債権のうち一部を差し押さえる旨を明記する(令第27条第1項第3号、第2項第2号参照)。

3 債権を全額差押えする立法趣旨

　繰り返すと、売掛債権額が100万円というのは、名目額であって実質額ではない。100万円を取立てしてはじめて名目額と実質額とが一致したとなったにすぎず、全額差押えは超過差押えとはならない。

　更に探究すると、仮に100万円の売掛債権があり、滞納処分庁が100万円を差押えしたときに第三債務者が任意に弁済しなければ取立訴訟を提起することになる。勝訴判決を得て、第三債務者の有する債権を差押えしたときに、第三債務者には多方面に債権者がいることが通常であり、これら債権者も差し押さえてくると、滞納処分庁が公租公課債権(優先債権)者であるといってもそれは滞納者に対することであり、滞納者の有する債権に差し押さ

えとして割って入っているにすぎない。要するに滞納処分庁が第三債務者へ弁済を求めているのは、滞納者が第三債務者へ弁済を求めているのと同じことであって、私債権者の地位にある。滞納処分庁への債権、他者への債権すべて平等弁済となるから、第三債務者の有する債権額が全債権者の債権額に充つらない場合は、債権額に応じた弁済となるのである（図39）。

すると、図39では500万円を債権額に応じて配当等を受けることになり、滞納処分庁は100万円、一般債権者Aは150万円、一般債権者Bは250万円（合計額500万円）と なり、滞納処分庁が差し押さえた債権額の名目額は200万円であったけれど、実質的な価値は100万円であったことになる。したがって、滞納額が150万円であるからといって150万円部分のみ差し押さえしたときは、滞納が解消しないことが起こり得る。一部差押え（滞納相当額のみの差押え）によって滞納が解消することがあるといってもそれは結果論にすぎない。

なお、滞納額が150万円、売掛債権額200万円であるときに「滞調額に充つるまで」と記載した債権差押調書は150万円のみを差し押さえていることになる。

滞納者又は第三債務者からすると、「150万円しかないのに200万円持っていくんですか」との疑問はよくあり、判例を知っておくと第三債務者等への説明が明瞭となる。全額差押えについての意義を判示する判例はいくつかあり、ここでは、名古屋地判平18.12.4（訟務54-5-1087）を紹介する。

【図39】

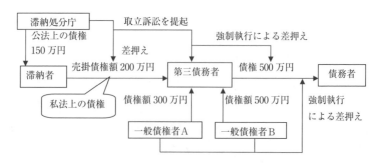

○第三債務者財産 500 万円（全額差押えの場合）
　滞納処分庁：100 万円、A：150 万円、B：250 万円
○第三債務者財産 500 万円（150 万円のみ差押えの場合）
　滞納処分庁：789,474 円、A：1,578,947 円、B：2,631,579 円

≪債権の全額差押えの意義≫
名古屋地判平 18.12.4（訟務 54-5-1087）
事案の概要

```
                    過剰差押え・権利濫用主張
     ┌─────────────────────────────────────┐
     │   原告          平 15.5.26 交付要求      岐阜北税務署長
     │  差押債権者     平 15.5.20、15.5.26 差押え
     │      │ 国税債権
     │      │ 1,228 万 5,692 円
     │      ▼                                      被告
     │   訴外 A(株)   貸付金債権 5,478 万 4,151 円  第三債務者・借主
     │   滞納者・貸主  ─────────────────────▶
     │                    │
     │                    │ 平 15.2.7
     │                    │ 譲渡（配達証明郵便）
     │   過剰差押え・権利濫用主張  ▼
     └─────────────────   参加人
                          譲受人
```

1　甲事件関係

　⑴　請求原因について

　　ア　〈証拠省略〉によれば、請求原因アが認められる。

　　イ　〈証拠省略〉によれば、請求原因イ(ｱ)のうち未収利息 1999 万 4813 円の部分を除いた部分、及び同イ(ｲ)が認められる。

　なお、被告は、利息の合意があったことを否認するところ、原告は、取立権に基づき、被告に対し、本件債権の元金の請求をするにすぎないから、利息の合意の有無は、甲事件の帰趨に影響を及ぼさない。したがって、この点については判断しない。

　　ウ　〈証拠省略〉によれば、請求原因ウが認められる。

　　エ　〈証拠省略〉によれば、請求原因エ(ｱ)が認められる。

〈証拠省略〉によれば、請求原因エ(イ)が認められる。
　(2)　抗弁1（第三者対抗要件）、抗弁2（債権喪失）について
　　ア　抗弁1ア及び抗弁2アは当事者間に争いがない。
　　イ　思うに、民法467条2項が、債権譲渡の通知又は承諾が第三者に対する対抗要件たり得るためには、確定日附ある証書をもってすることを必要としている趣旨は、債務者が第三者に対し債権譲渡のないことを表示したため、第三者がこれに信頼してその債権を譲り受けたのちに譲渡人たる旧債権者が、債権を他に二重に譲渡し債務者と通謀して譲渡の通知又はその承諾のあった日時を遡らしめる等作為して、右第三者の権利を害するに至ることを可及的に防止することにあるものであるから、同条項の確定日付は、通知又は承諾そのものにつき必要であると解すべきである（最判昭和49年3月7日・民集28巻2号174頁）。
　　また、債権の譲受人と同一債権に対し差押命令の執行をした者との間の優劣は、確定日付のある譲渡通知が債務者に到達した日時又は確定日付のある債務者の承諾の日時と差押命令が第三債務者に送達された日時の先後によって決すべきものである（いわゆる到達時説。最判昭和58年10月4日・裁判集民事140号1頁）。
　　ウ(ア)　これを本件にみるに、前記1(1)ウのとおり、原告は、平成15年5月20日、被告に対し、本件債権の差押通知書を交付している（請求原因ウ参照）。
　　他方、上記1(2)アのとおり、滞納会社は、同年2月24日、被告に対し、配達証明郵便をもって、債権譲渡通知書を送付しており（抗弁1ア参照）、また、〈証拠省略〉によれば、同通知書は遅くとも同月25日に被告に到達していることが認められる。
　　(イ)　ところで、配達証明郵便とは、一般書留とした郵便物を配達または交付した事実を証明する郵便制度であり、一般書留とした郵便物の内容の文書について、何年何月何日いかなる内容の文書を誰から誰に当てて差し出したということを、郵政公社が差出人の作成した謄本によって証明する郵便制度である内容証明郵便と異なるのであって（〈証拠省略〉、公知の事実）、債権

譲渡の通知行為そのものに確定日付があるとはいえない。

　エ　そうすると、上記1(2)ウ(ア)のとおり、配達証明郵便をもってした本件債権譲渡の通知が被告に到達した日は、原告が本件差押通知書を被告に交付した日に先立つとしても、本件債権譲渡の通知は、民法467条2項に規定する確定日付のある証書によってした通知には当たらないから、参加人は、第三者である原告に対し、本件債権譲渡を対抗することができないというべきである。

　オ　以上から、抗弁1及び抗弁2は失当である。

(3)　抗弁3（権利濫用）について

　ア　本件債権全額の差押について

まず、取立に先行する差押の適否につき検討する。

徴収法は、国税の滞納処分における財産の差押に関する通則として、同法48条1項により、国税を徴収するために必要な財産以外の財産は、差し押さえることができないとし、超過差押を禁止しているが、債権の差押については、上記特則として、同法63条において「徴収職員は、債権を差し押さえるときは、その全額を差し押さえなければならない。ただし、その全額を差し押さえる必要がないと認めるときは、その一部を差し押さえることができる。」と規定している。これは、債権の実質的な価値は、名目上の額によって定まるものではなく、第三債務者の弁済能力、第三債務者の滞納者に対する反対債権その他の抗弁権によって左右されるものであり、また、取立をするため第三債務者の財産に民事上の強制執行をするときは、他の債権者が配当要求をすることも考えられ、この場合には、平等弁済となることから、徴収職員において、どれ程の債権額を差し押さえれば国税徴収に支障がないかを予め知りがたいという債権特有の事情に基づき、徴収すべき滞納金額にかかわらず、債権の全額を差し押さえることを原則とし、ただ、第三債務者の資力が十分で、履行が確実と認められるなどの特段の事情がある場合には、一部差押をすることができることをも認めたものと解すべきである。

本件において、参加人及び被告は、上記特段の事情につき、何らの主張・立証をしないから、原告が、徴収法63条1項に基づいて、本件債権の全額

を差し押さえたことに何ら問題はないというべきである。

　　イ　本件債権全額の取立について
　次に、本件債権全額の差押に基づき、本体債権全額の取立をすることの適否について検討する。

　この点、民事執行法では、徴収法63条1項と同様に、請求債権額を超過して債権全額の差押を許容する規定を置きながら（同法146条1項）、全額の差押に基づいて、第三債務者から取立をする場合には、請求債権及び執行費用の額を超えて支払を受けることができない旨規定している（同法155条1項ただし書）。

　これに対し、徴収法67条1項は「徴収職員は、差し押さえた債権の取立をすることができる。」と規定し、取立権を制約する規定を置いていない。

　思うに、旧国税徴収法（明治30年法律第21号。以下「旧徴収法」という。）では「政府ハ滞納処分費及税金額ヲ限度トシテ債権者ニ代位ス」と取立権を制約する旨の規定がおかれていたのに（同法23条の1第2項）、現行の徴収法では上記のとおり取立権を制約する規定が削除されたこと、また、徴収法は、徴収職員が債権の取立てにより第三債務者から金銭の給付を受けた場合に、国税に劣後する者に配当し（同法129条1項）、配当後残余金額があるときは滞納者に交付する（同法同条3項）旨の規定を置いていることに照らすと、徴収職員（同法2条11号）は、単に一債権者としての地位に基づいて自己の債権（国税）の実現を図ることを目的とするものではなく、執行裁判所、執行官及び破産管財人と同様に、強制換価手続における執行機関としての地位に基づいて、滞納者の財産を換価する権能を有し、さらには、現実の取立が完了するまでは、差押の解除をなさないかぎり（徴収法79条）、上記権能に基づいて、その債権の全額について履行の請求をなすべき取立責任を負うというべきである。

　そうすると、上記1(3)アのとおり、本件差押に何らの問題がない以上、同差押に基づいて本件債権全額の取立をすることにも何らの問題がない。

　　ウ　まとめ
　以上のとおり、滞納処分による債権差押及び取立権の効力は、徴収すべき

滞納金額にかかわらず、被差押債権の全額に及ぶと解すべきであるから、本件債権全額の取立が権利の濫用にあたる旨の被告及び参加人の主張は採用できない。

2 乙事件関係

(1) 前記1(2)に説示したとおり、請求原因ウ（抗弁2参照）の主張は採用できない。

(2) 前記1(3)に説示したとおり、請求原因エ（抗弁3参照）の主張は採用できない。

(3) したがって、その余の点を検討するまでもなく、参加人の請求は理由がない。

3 結論

よって、原告の請求は理由があるからこれを認容し、参加人の請求は理由がないからこれを棄却することとし、訴訟費用の負担につき民訴法61条、64条本文を、仮執行の宣言につき同法259条1項を、それぞれ適用して主文のとおり判決する。

4 一部差押えの問題点

仮に、滞納額が100万円、滞納処分による差押対象財産が銀行預金1,000万円であって、かつ、質権等の設定がなく、銀行の反対債権がないときは、徴収法基本通達63-2の一部差押えができることの要件を通常、充たす。即ち①第三債務者の資力が十分で、履行が確実と認められること、②弁済期日が明確であること、③差し押さえる債権が、公租公課に優先する質権等の目的となっておらず、また、その支払につき抗弁事由がないこと、を充たすことにより100万円のみの差押えでよいことになる。

預金債権であれば、通常、債権の実質的な価値と名目的価値が一致しているのであるから、税債権に限っては、1,000万円の内100万円のみ差し押さえすれば他に優先する債権者が登場することはなく、一部差押えでもよいといえる。しかし、保険料債権などの「公課債権」であれば、税債権からの交付要求の危険を考慮する必要があり、なお全額を差し押さえすることが原則

となる。図40のような可能性があるから、債権の実質的な価値と名目的価値が一致しない事態があり得るため、全額差押えを徹底する必要があることになる。徴収法基本通達は、徴収法の全般的な解釈のよりどころであるとしても、あくまで国税庁内の定めにすぎない。

　公課債権が一部差し押さえるのは、差押えした当日、直ちに取立てして滞納額が解消する場合しかないことになる。

【図40】徴収可能が一部差押えによって徴収不能となる事例

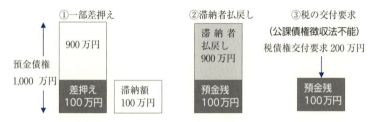

5　処理を複雑化する一部差押え

　物であれば、一個の物の一部を差押えすることはできない（注1）。しかし、金銭債権は、一個の債権中その一部を差押えすることができる。そのため、図41のような事態があり得る。

　しかし、図41の①は、不適切な差押え、③はたとえ税債権であっても①を認識していたとしたら不当な差押えである。特に公課においては、①及び③とも不当な差押えといえる。

　図41の③は、いわゆる徴収法上の二重差押えであり、「既にされている差押えが債権の全部又は一部についてされているかどうかを問わず、原則として、債権の全部について二重差押えを行うものとする」（徴収法基本通達62－7(1)）とされており、③において一部差押えとする合理的な理由がない。①及び③とも全額を差し押さえることが原則であるから実務上、図41のような事態が生じることは起こりにくく、一応、供託における想定の世界である。仮に、図41の事態があったとすれば、徴収法等の不知によるものと言

（注1）　差押えようとする財産が不可分物である場合、財産の価値が滞納額を大幅に上回っても違法ではない（最二判昭46.6.25 訟務18-3-353）。

わざるを得ない。

【図41】債権の一部差押え

滞：滞納処分による差押え、強：強制執行による差押命令の略、数字は差押えが及んでいる範囲

6 債権譲渡と債権差押えの競合

　同一債権に対して、債権差押通知と確定日付のある債権譲渡通知とが競合することは再三あり、この場合の優劣は、債権差押通知と確定日付ある債権譲渡通知とが第三債務者に到達した日時の先後によって決することになる（最一判昭49.3.7民集28-2-174、到達時説）。

　では、債権差押通知と確定日付ある債権譲渡通知が第三債務者に同時に到達したとき、又は到達の先後関係が不明である場合にはどうなるのであろうか。

　指名債権が二重に譲渡され、確定日付のある各譲渡通知が同時に第三債務者に到達したときは、各譲受人は、第三債務者に対しそれぞれの譲受債権についてその全額の弁済を請求することができ、譲受人の一人から弁済の請求を受けた第三債務者は、他の譲受人に対する弁済その他の債務消滅事由がない限り、単に同順位の譲受人が他に存在することを理由として弁済の責めを免れることはできない（後掲最三判昭55.1.11民集34-1-42）。

　次に、国税徴収法に基づく滞納処分としての債権差押えの通知と確定日付のある債権譲渡の通知とが当該第三債務者に到達したが、その到達の先後関係が不明であるために、その相互間の優劣を決することができない場合には、各通知は同時に第三債務者に到達したものとして取り扱い、第三債務者が債権者を確知することができないことを原因として債権額に相当する金員を供託した場合、被差押債権額と譲受債権額との合計額が供託金額を超過するときは、差押債権者と債権譲受人は、公平の原則に照らし、被差押債権額と譲受債権額に応じて供託金額を案分した額の供託金還付請求権をそれぞれ分割取得する（後掲最三判平5.3.30民集47-4-3334）。

仮に、図42のような事例で考察すると、滞納処分庁が全額差押えをしなかったため、300万円の供託金還付請求権を被差押債権額と譲受債権額とで案分した額をそれぞれ分割取得することになるから、滞納処分庁は、75万円しか取得できず譲受人は225万円を取得するのである。全額差押えをしていると、滞納処分庁は150万円を取得することができ完納となる。

　このように、債権譲渡との関係からみても債権は、全額差押えする必要がある。

【図42】債権差押えと譲渡通知とが同時到達

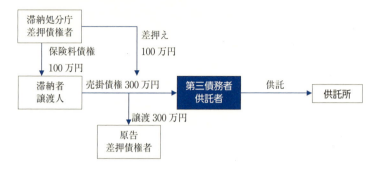

《同時到達における譲受人の弁済請求》
最三判昭55.1.11（民集34−1−42、金法914−126）
事実の概要

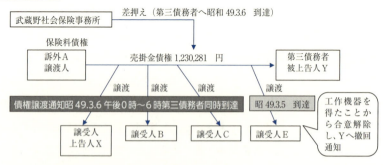

一　上告代理人青柳健三の上告理由について

　所論の点に関する原審の認定判断は、原判決挙示の証拠関係に照らし、正当として是認することができ、その過程に所論の違法はない。論旨は、採用

することができない。

　二　職権をもって調査すると、本件において、上告人は、訴外A（以下「訴外A」という。）が被上告人に対して有していた 1,230,281 円の売掛金債権（以下「本件債権」という。）を譲り受けたものであると主張して、同額の金員及びこれに対する昭和 49 年 7 月 16 日から支払ずみまで商事法定利率年 6 分の割合による遅延損害金の支払を求めているものであるところ、原審の確定したところによれば、⑴　訴外Aは、電機部品の製造販売を業とするものであり、被上告人に対し電機部品を売り渡し、昭和 49 年 3 月 4 日現在 1,230,281 円の本件債権を有していた、⑵　上告人は、訴外Aに対し、弁済期昭和 49 年 1 月 31 日、利息年 1 割 5 分、遅延損害金日歩 8 銭 2 厘の約定のもとに、昭和 48 年 1 月 11 日現在 630 万円の貸金債権を有していたが、昭和 49 年 3 月 4 日ごろ、訴外Aから本件債権の全部を右貸金債権中の対当額の弁済に代えて譲り受け、訴外Aは、同日付内容証明郵便をもってその旨を被上告人に通知し、同郵便は同月 6 日午後零時から午後 6 時までの間に被上告人に到達した、⑶　また、訴外Aは、同月 5 日ごろ、訴外B及び訴外C企業株式会社に対し、いずれも本件債権の全部をそれぞれ譲渡し、右各譲渡につき同日付内容証明郵便をもってその旨を被上告人に通知し、右郵便はいずれも同月 6 日午後零時から午後 6 時までの間に被上告人に到達した、⑷　他方、訴外武蔵野社会保険事務所は、同月 6 日、訴外Aの健康保険料、厚生年金保険料及び児童手当拠出金の滞納金につき延滞金 1000 円を加えた総額 274,918 円を徴収するため、本件債権を差し押え、その債権差押通知書は同日午後零時から午後 6 時までの間に被上告人に到達した、というのである。

　思うに、指名債権が二重に譲渡され、確定日付のある各譲渡通知が同時に第三債務者に到達したときは、各譲受人は、第三債務者に対しそれぞれの譲受債権についてその全額の弁済を請求することができ、譲受人の一人から弁済の請求を受けた第三債務者は、他の譲受人に対する弁済その他の債務消滅事由がない限り、単に同順位の譲受人が他に存在することを理由として弁済の責めを免れることはできないもの、と解するのが相当である。また、指名

債権の譲渡にかかる確定日付のある譲渡通知と右債権に対する債権差押通知とが同時に第三債務者に到達した場合であっても、右債権の譲受人は第三債務者に対してその給付を求める訴を提起・追行し無条件の勝訴判決を得ることができるのであり、ただ、右判決に基づいて強制執行がされた場合に、第三債務者は、二重払の負担を免れるため、当該債権に差押がされていることを執行上の障害として執行機関に呈示することにより、執行手続が満足的段階に進むことを阻止しうる（民訴法544条参照）にすぎないのである（最高裁昭和45年（オ）第280号同48年3月13日第三小法廷判決・民集27巻2号344頁参照）。

　これを本件についてみると、前記の事実関係のもとにおいては、上告人の被上告人に対する本件請求は、前示の(3)及び(4)の各事由の存在によってはなんら妨げられるものではないものというべく、記録によっても、被上告人において上告人以外の他の譲受人に対して既に弁済をしたなどの債務消滅事由等の存在を主張・立証した形跡はなんらうかがわれないから、上告人の本件請求は全部理由があるものというべきである。

　しかるに、原判決は、前示(2)及び(3)の各債権譲渡通知書並びに(4)の債権差押通知書がいずれも昭和49年3月6日午後零時から午後6時までの間に被上告人に到達したのであるが、それ以上には右各通知書の到達の先後関係が確定できないためその相互間の優劣関係を決定することができないとして、上告人の本件請求を排斥したものであって、右は民法467条の解釈を誤ったものといわなければならず、その違法は原判決の結論に影響を及ぼすことが明らかであるから、原判決を破棄し、上告人の本件請求を棄却した第一審判決を取り消したうえ、その請求を全部認容すべきである。

　よって、民訴法408条1号、396条、386条、96条、89条に従い、裁判官全員一致の意見で、主文のとおり判決する。

《差押通知と確定日付ある譲渡通知との到達先後関係が不明の場合》
最三判平5.3.30（民集47-4-3334）
事案の概要

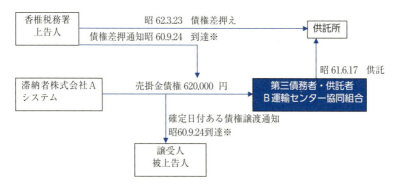

※ 債権差押通知と債権譲渡通知の第三債務者への各到達時の先後関係は不明

　上告代理人岩佐善巳、同鈴木芳夫、同堀嗣亜貴、同竹田博輔、同牧野広司、同安齋隆、同金子順一、同平良晶、同小林武廣、同菅野隆、同竹下雅彦、同久田稔、同縄田信二の上告理由第一点について。

　国税徴収法に基づく滞納処分としての債権の差押えをした者と同一債権の譲受人との間の優劣は、債権差押えの通知が第三債務者に送達された日時と確定日付のある債権譲渡の通知が当該第三債務者に到達した日時又は確定日付のある第三債務者の承諾の日時との先後によって決すべきである（最高裁昭和56年（オ）第1230号同58年10月4日第三小法廷判決・裁判集民事140-1頁参照）。したがって、右各通知が第三債務者に到達したが、その到達の先後関係が不明であるために、その相互間の優劣関係を決することができない場合には、右各通知が同時に第三債務者に到達した場合と同様に、差押債権者と債権譲受人との間では、互いに相手方に対して自己が優先的地位にある債権者であると主張することが許されない関係に立つものというべきである（最高裁昭和53年（オ）第383号同年7月18日第三小法廷判決・裁判集民事124-447頁参照）。右と同旨の原審の判断は正当であって、原判決に所論の違法はない。論旨は、独自の見解に立って原判決を論難するものにすぎず、採用することができない。

　同第二点について。
　一　原審の適法に確定した事実関係は、次のとおりである。

1　上告人は、株式会社Ａシステム（以下「債務者会社」という。）に対し、昭和60年9月24日現在、2,445,304円の租税債権を有していた。

2　債務者会社は、Ｂ運輸センター協同組合（以下「第三債務者組合」という。）に対し、昭和60年9月24日現在、運送代金支払請求権62万円（以下「本件債権」という。）を有していた。

3　香椎税務署職員は、昭和60年9月24日、前記租税債権を徴収するため、国税徴収法47条及び62条の規定に基づいて本件債権全額を差し押さえ、右債権差押えの通知（以下「本件債権差押通知」という。）は、右同日、第三債務者組合（福岡市所在の本部）に送達された。

4　他方、被上告人は、昭和60年9月18日、債務者会社から本件債権を譲り受け、債務者会社は、第三債務者組合に対し、同月19日の確定日付のある内容証明郵便をもって右債権譲渡の通知（以下「本件債権譲渡通知」という。）をし、右通知は、同月24日、第三債務者組合（北九州市所在の営業所）に到達した。

5　本件債権差押通知と本件債権譲渡通知の第三債務者組合への各到達時の先後関係は不明である。そこで、第三債務者組合は、右先後関係が不明であるために債権者を確知することができないことを理由として、昭和61年6月17日、本件債権額62万円を供託（福岡法務局昭和61年度金第1313号）した。

6　そこで、上告人は、昭和62年3月23日、右供託金につき債務者会社が取得した供託金還付請求権を差し押さえた上、被上告人を相手方として、上告人が右供託金62万円の還付請求権の取立権を有することの確認を求める本訴を提起した。

二　原審は、右事実関係の下において、本件債権差押通知と本件債権譲渡通知の第三債務者組合への各到達時の先後関係が不明である場合には、差押債権者である上告人と債権譲受人である被上告人は、互いに自己が優先的地位にある債権者であると主張することは許されず、共に、第三債務者組合に対し自己の債権の優先を主張し得る地位にはないから、上告人の本件供託金還付請求権の取立権確認請求は失当であると判断して、右請求をすべて棄却

した。

　三　しかしながら、原審の右判断は是認することができない。その理由は、次のとおりである。

　1　国税徴収法に基づく滞納処分としての債権差押えの通知と確定日付のある右債権譲渡の通知とが当該第三債務者に到達したが、その到達の先後関係が不明であるために、その相互間の優劣を決することができない場合には、右各通知は同時に第三債務者に到達したものとして取り扱うのが相当である。

　2　そして、右のように各通知の到達の先後関係が不明であるためにその相互間の優劣を決することができない場合であっても、それぞれの立場において取得した第三債務者に対する法的地位が変容を受けるわけではないから、国税の徴収職員は、国税徴収法 67 条 1 項に基づき差し押さえた右債権の取立権を取得し、また、債権譲受人も、右債権差押えの存在にかかわらず、第三債務者に対して右債権の給付を求める訴えを提起し、勝訴判決を得ることができる（最高裁昭和 53 年（オ）第 1199 号同 55 年 1 月 11 日第三小法廷判決・民集 34-1-42 頁参照）。しかし、このような場合には、前記のとおり、差押債権者と債権譲受人との間では、互いに相手方に対して自己が優先的地位にある債権者であると主張することが許されない関係に立つ。

　3　そして、滞納処分としての債権差押えの通知と確定日付のある右債権譲渡の通知の第三債務者への到達の先後関係が不明であるために、第三債務者が債権者を確知することができないことを原因として右債権額に相当する金員を供託した場合において、被差押債権額と譲受債権額との合計額が右供託金額を超過するときは、差押債権者と債権譲受人は、公平の原則に照らし、被差押債権額と譲受債権額に応じて供託金額を案分した額の供託金還付請求権をそれぞれ分割取得するものと解するのが相当である。

　4　これを本件についてみるのに、前記の事実関係によれば、本件債権差押通知と本件債権譲渡通知の第三債務者組合への到達の先後関係が不明であるために、第三債務者組合が本件債権額に相当する 62 万円を供託し、被差押債権額（62 万円）と譲受債権額（62 万円）の合計額（124 万円）は右供

託金額を超過するから、差押債権者である上告人と債権譲受人である被上告人は、公平の原則に照らし、被差押債権額と譲受債権額に応じて供託金額を案分した額、すなわち各31万円の右供託金還付請求権をそれぞれ分割取得するものというべきである。

5　そうすると、右と異なる解釈の下に上告人の本訴請求をすべて棄却すべきものとした原審の判断には、法令の解釈適用を誤った違法があり、これが判決に影響を及ぼすことは明らかである。そして、前記説示に徴すれば、上告人の本訴請求は、上告人が福岡法務局昭和61年度金第1313号の供託金62万円のうち31万円の還付請求権の取立権を有することの確認を求める限度で理由があるから右の限度でこれを認容し、その余は失当として棄却すべきものである。論旨は右の限度において理由がある。

四　以上の次第で、上告人の本訴請求中、上告人が福岡法務局昭和61年度金第1313号の供託金62万円のうち31万円の還付請求権の取立権を有することの確認請求を棄却した部分は破棄を免れず、右部分に関する上告人の本訴請求を認容した第一審判決はその限度で正当であるから、右部分について被上告人の控訴を棄却し、上告人のその余の上告を棄却することとする。

よって、民訴法408条、396条、384条、96条、89条、92条に従い、裁判官全員一致の意見で、主文のとおり判決する。

7　差押えと債権譲渡通知との先後が不明である場合の債権者不確知供託

前掲最三判平5.3.30（民集47-4-3334）により、後掲先例要旨（平5.5.18民事4・3841民事局第四課長通知）が通知されている

前掲最三判昭55.1.11（民集34-1-42）からすると、指名債権が二重に譲渡され、確定日付のある各譲渡通知が同時に第三債務者に到達したときは、各譲受人は、第三債務者に対しそれぞれの譲受債権についてその全額の弁済を請求することができ、譲受人の一人から弁済の請求を受けた第三債務者は、他の譲受人に対する弁済その他の債務消滅事由がない限り、単に同順位の譲受人が他に存在することを理由として弁済の責めを免れることはできな

いと判示しており、債権者不確知に当たらないことから、供託することができないと解されている（ジュリ107 百選-70）。

　そうすると、前掲最三判平5.3.30（民集47-4-3334）によって、到達先後不明の場合は、同時に到達として取扱うのであれば、やはり債権者不確知に当たらず供託することはできないとの解釈になり得るのではないかとの疑問が生じる。

　しかし、前掲最三判平5.3.30（民集47-4-3334）が「同時に到達したものとして」取り扱うべきだと言っているのは、裁判手続きを経て事後的・客観的に確定した実体関係から見て到達時の先後関係が判明しない場合に、「同時に到達したものとして」譲受人相互間の優劣を評価するということを意味するにとどまる。裏返せば、前掲最三判平5.3.30（民集47-4-3334）は、到達先後不明の状況下にある債務者が誰を債権者として扱って弁済すればよいか判断できないときに、「債権者不確知」を原因とする供託が、債権者を確知できるからとの理由で封じられるということを意味するものではない（熊谷浩一「債権者不確知供託に関する最高裁判決について」金法1361-26以下）（潮見債権総論-666）ということなのである。

《債権譲渡と債権差押通知の先後が不明である場合の供託受理の適否》
平5.5.18 民事4・3841 民事局第四課長通知（民事月報48-5-112）（ジュリ158 百選-60）

　金銭債権に対し滞納処分による差押えとその譲渡がされたところ各通知の先後関係が不明であるため債権者のいずれが優先するかを知ることができないとして第三債務者からされた債権者不確知供託について、最高裁判所第三小法廷は、この場合において、先後関係が最終的に判明しないときは、供託金還付請求権は、国と債権譲受人とに各債権額に応じて案分された割合で帰属する旨の判示をした。この判旨によると債権に対して差押え等が競合し、その対抗要件の具備の先後関係が不明である場合においては、払渡請求権は、被供託者に各債権額に応じて案分された割合で帰属することになると考えられるが、上記判示における先後関係の不明は実体的な関係を究極的・客

観的にみた場合のことであるから、今後、第三債務者から債権者不確知供託の申請がされた場合において、その供託原因が債権譲渡通知等の先後関係が不明であるとするものであっても、従来どおりこれを受理して差し支えないので、この旨貴管下供託官に周知方取り計らい願います。

なお、すでに同様の事案で供託されたものに関し被供託者の一部から自己の債権の案分額について供託金払渡請求がされた場合には、供託規則24条2号の書面を添付することは必要であるので、念のため申し添えます。

第2節　滞納処分実務と供託

1　残余金が生じる場合

第1節2のとおり、徴収法上では、滞納者の有する債権額が滞納額を上回っていたとしてもその全額を差し押さえし、全額を取り立てそれを配当し、残余金を滞納者へ交付することが原則となる。

前記により、残余金が生じた場合、配当の前までは滞納処分庁は債権者であったところ、配当後は反対に債務者となり、元の滞納者が債権者となる。滞納者が残余金を受領しない等のときは、供託により債務を免れることができる（図43）。この債務の履行ができないとすれば、債務者である滞納処分庁は、常に履行の準備をしておく必要があることになるうえに、その債務に対する利息の支払義務も生じるなど、様々な不利益が予想される。弁済供託することによって債務を消滅させ、不利益を解消しなければならない。

なかには、配当金をわざと受領せず、滞納者の事務所へ持参するよう要求する者がいるが、そのような義務はないから、受領の催告をした後、さっさと供託すればよい。

【図43】

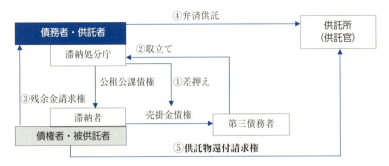

2 弁済供託の要件

債権者が弁済の受領を拒み(受領拒絶)、又はこれを受領することができないとき(受領不能)、あるいは、弁済者が過失なく債権者を確知することができないとき(債権者不確知)に弁済の目的物を供託することができる(民法第494条)。この三つの要件について解説をしておく。

(1) 債権者の受領拒絶

「債権者が債務の履行を受けることを拒み、又は受けることができないときは、その債権者は、履行の提供があった時から遅滞の責任を負う」(民法第413条)と規定されており、債権者が受領を拒否したときに、債務者は口頭の提供(注2)をすることによって債権者を受領遅滞におとしいれることができる。

供託をするためには口頭の提供をして債権者を受領遅滞に陥れなければならないとする判例(大判大40.4.30民録27-832)があるのに対して、通説は、次の理由で、債務者は口頭の提供をせずに供託することができるとする(潮見債権総論-210)。

① わが国では供託が受領遅滞の効果という形で規定されていない。民法第413条により弁済の提供は受領遅滞の要件であるが、民法第494条に

(注2) 債務者が弁済の準備を行ったことを債権者に通知し、その受領を催告することにより、弁済の提供を行うことである。「言語上の提供」とも呼び、後掲最大判昭32.6.5(民集11-6-915)においてこの表現を使用している。

明らかなように、供託にとって弁済の提供も、受領遅滞も、要件ではない。

② 供託は債権者側の事情によって弁済することができない債権者を救済するための制度であるところ、口頭の提供なしに供託を認めたとしても債権者に、格別不利益は生じない。

その結果、通説によれば、債権者が受領を拒絶したときに、債務者は口頭の提供をして受領遅滞の効果（ならびに債務不履行責任を負わないこと）を主張するか、供託をして債務を免れるかについての選択をすることができる。

後掲最大判昭32.6.5（民集11-6-915）は、債権者が弁済を受領しない意思が明確と認められる場合においては、債務者は言語上の提供をしないからといって、債務不履行の責に任ずるものということはできないとして、口頭の提供は必要がないとしている。

(2) **債権者の受領不能**

受領不能とは、債権者が弁済を受領することができない場合で、交通の遮断によって債権者が履行場所に現れないとか、持参債務で債権者が不在であるとかいうような場合である（吉岡供託実務-54）。滞納処分では、滞納者（個人事業主・法人）が倒産し、代表者が行方不明ということがよくある。

(3) **債権者不確知**

民法第494条の弁済者が過失なくして債権者を確知することできない場合とは、①相続が開始されたものの、相続人が誰であるか不明である場合、②債権譲渡がされたが、債権の帰属をめぐって旧債権者と譲受人との間で争いがある場合、③複数の債権譲渡がされたが、到達時の先後が不明である場合などである。③について、最三判平5.3.30（民集47-4-334）は、債権差押通知と債権譲渡通知の到達先後関係不明は同時到達と判示しているものの、それは究極的・客観的にみたものであるから弁済供託を受理できるとされていることは第1節7で既に述べた。

滞納処分の実務でよく見かける債権者不確知は、譲渡禁止特約のある債

権が譲渡され譲受人の善意・悪意が不明という場合で、債務者は、当然に定型的又は類型的に債権者不確知として、弁済供託できる（後掲東京地判平4.11.27 金法1362-46）。

民法

> （供託）
> 第494条　債権者が弁済の受領を拒み、又はこれを受領することができないときは、弁済をすることができる者（以下この目において「弁済者」という。）は、債権者のために弁済の目的物を供託してその債務を免れることができる。弁済者が過失なく債権者を確知することができないときも、同様とする。

《受領拒否と債権者への口頭の提供をしない場合の債務不履行》
最大判昭32.6.5（民集11-6-915）

事案の概要

上告代理人弁護士坂井宗十郎の上告理由第一点について。

原判決が、論旨摘示のように、本件契約解除の無効であることについての当審の判断は、この点に関する第一審判決理由と同じであるからここにこれを引用するといっていることは、所論のとおりである。しかし、原判決の引用する第一審判決理由は、所論のように、単に被上告人の違反行為のために上告人に損害が発生しない限り契約解除ができないという法理論のみによったものでないことは、その判示に照し明白である。されば、所論は、結局原判決の判示に副わない事項を前提とする法令違背の主張に帰し、原判決に対

する適法な上告理由と認め難い。

同第二点について。

債権者が予め弁済の受領を拒んだときは、債務者をして現実の提供をなさしめることは無益に帰する場合があるから、これを緩和して民法493条但書において、債務者は、いわゆる言語上の提供、すなわち弁済の準備をなしその旨を通知してその受領を催告するを以て足りると規定したのである。そして、債権者において予め受領拒絶の意思を表示した場合においても、その後意思を翻して弁済を受領するに至る可能性があるから、債権者にかかる機会を与えるために債務者をして言語上の提供をなさしめることを要するものとしているのである。しかし、債務者が言語上の提供をしても、債権者が契約そのものの存在を否定する等弁済を受領しない意思が明確と認められる場合においては、債務者が形式的に弁済の準備をし且つその旨を通知することを必要とするがごときは全く無意義であって、法はかかる無意義を要求しているものと解することはできない。それ故、かかる場合には、債務者は言語上の提供をしないからといって、債務不履行の責に任ずるものということはできない。

そして、本件第一審では、上告人（原告、控訴人）は、被上告人（被告、被控訴人）が上告人に損害を及ぼす工事を上告人に無断でしたとの契約条項違反だけを理由として本件賃貸借の解除をしたと主張し、これを前提として本件貸室の明渡並びに賃料に相当する損害金の支払を訴求し、昭和27年5月17日その弁論を終結したが、同年6月19日敗訴の判決を受くるやその敗訴判決の後である同年同月27日附を以て特約に基づき催告をしないで同年5、6、7月分の賃料（前月25日払の約束）不払を原因として本件賃貸借解除の意思表示をしたという予備的請求を原審口頭弁論期日において初めて主張したものであることは、本件記録上明らかなところである。以上の訴訟経過に照らし、上告人は、前記3ケ月分の賃料を損害金としてならば格別賃料としては予めこれが受領を拒絶しているものと認められるばかりでなく、第一審以来賃貸借契約の解除を主張し賃貸借契約そのものの存在を否定して弁済を受領しない意思が明確と認められるから、たとえ被上告人が賃料の弁済

につき言語上の提供をしなくても、履行遅滞の責に任ずるものとすることができない。それ故、この点に関する原判決の説示は不充分であるが、本件解除の意思表示を無効としたのは結局正当であって、論旨はその理由がない。

よって、民訴 401 条、95 条、89 条に従って主文のとおり判決する。

この判決は、論旨第二点に対する裁判官小谷勝重、同藤田八郎、同池田克、同河村大助、同下飯坂潤夫の各少数意見があるほか全裁判官一致の意見によるものである。

論旨第二点に対する裁判官小谷勝重、同池田克の少数意見は次のとおりである。

多数意見は「債務者が言語上の提供をしても、債権者が契約そのものの存在を否定する等弁済を受領しない意思が明確と認められる場合においては、債務者が形式的に弁済の準備をし且つその旨を通知することを必要とするがごときは全く無意義であって、法はかかる無意義を要求しているものとは解することはできない。」というのである。そうすると債権者が予め受領を拒絶する場合、拒絶の意思が明確である場合と明確でない場合の二つの場合があるということになり、そして明確な場合は債務者は言語上の提供（民法 493 条但書）をも要しないが、明確でない場合は言語上の提供を要するという趣旨と解せられる。

しかし、右の明確でない場合はむしろ予め受領を拒んでおる場合には当らないのではないかと考えるのであって、債務者はこの場合原則に従い現実な提供（民法 493 条本文）を為すことを要するものといわなければならない。そうだとすると、言語上の提供なるものはついにその適用のある場合はなくなるのであって、民法 493 条但書の規定は全く空文に帰せざるを得ないこととなるように思われるが、多数意見は果してこれを肯定するの意であろうか。

或は多数意見は債権者が予め受領を拒んでおる場合、その拒む意思の強度な場合と、強度でない場合との二つの場合に区別し、前者の場合は債務者は言語上の提供を要しないが、後者の場合は言語上の提供を要するとの意であるというのであれば、言語上の提供を認めた法意である、債権者をして受領

の翻意を促しもって債権債務の正常な発展終結を期待するという法の精神とは全く背馳するものといわなければならない。何となれば債権者の受領拒絶の意思は過去または現在の状態であるが、受領の翻意は未来の問題であるから、如何に過去または現在において受領を拒んでも、またそれが強度に明確であっても、言語上の提供を劃しての未来の翻意までもこれを絶無であるとし、もって「……全く無意義であって」と断定してかかることは、そもそも言語上の提供なる民法493条但書の規定の精神を頭から無視してかかった独断的な見解といわざるを得ない。

　言語上の提供は弁済提供の一種であるから（民法493条、493条）、債務者よりの言語上の提供を受けながら、これを受領しない債権者は却って債権者としての遅滞の責に任じ（民法413条）、債務者よりの損害賠償等の責に任じなければならないのである（双務契約の場合は契約解除の原因ともなる）。多数意見は、いわゆる債権者が弁済を受領しない意思が明確な場合は債務者は言語上の提供を要せず、債務者はただ沈黙しておれば弁済提供の効果を生じ、したがって不履行に因る一切の責を免れ、却って債権者は遅滞の責を負わなければならない各効果を招来するという結論を是認せざるを得ないものといわなければならない。しかし果して債務者の無為沈黙からかかる結論が是認せられるであろうか。

　言語上の提供は既述の如く弁済の提供の一種であり、これにより債務者に不履行に因る一切の責任を免れしめる効果を有するものであるから、双務契約における同時履行の抗弁の如く単なる公平の観念だけから解釈できる問題ではなく、すなわち債務の存在とその弁済義務を確認する債務者は、債権者の態度如何にかかわらず自己の債務の弁済の提供は、弁済期に至らばその履行可能な状態に置くことは、まさに債務者としての義務の履行に関する信義誠実の原則（民法1条2項後段）に合致するところであり、またこれによって不履行に因る一切の責任を免れる効果に対応する衡平の観念にも合致するものである。ただ弁済の受領を拒む債権者に対し、なお且つ債務者は現実な提供を為すことを要するものとすることは、債務者に無益且つ過当な行為を要求するものであるから、債務者は弁済の準備を為したることの通知及び受

領の催告を為すをもって足ると定めたことは、至極尤もなことであり、不履行の責を免れんとする債務者としてはその為すべき必要十分な行為であって、たとえ債権者に受領拒絶の意思が明確であっても、右債務者の言語上の提供を全然不要とする何等の法律上及び条理上の根拠はないのである。

もしそれ本件事案の如く、上告人は第一審において賃借人たる被上告人に対し、無断工事の施工等賃貸借契約の義務違反を理由として契約を解除し、これによって明渡を求めたが敗訴し、第二審に至り、その直前まで34ケ月分にわたり順次賃料を供託し且つその通知をして来た賃借人たる被上告人に対し、その直後における3ケ月分の賃料不払（すなわちその分は供託を欠く）を理由とし、特約に基き催告を要しない契約解除の理由を付加した場合の如きは、賃借人たる被上告人には既に賃料弁済の言語上の提供あり、したがって賃貸人たる上告人の解除はこれによって無効とするか、または解除権の濫用（民法1条2項前段、同条3項）であるとの認定判断によって上告人敗訴の判決をなすは格別、賃借人たる被上告人の賃料支払義務につき、この場合債権者たる上告人には受領拒絶の意思明確である場合であるとし、もって賃借人たる被上告人には言語上の提供すら不要とし、したがって賃貸人たる上告人の解除は無効であると判断した原判決は、民法493条但書の解釈を誤った違法があり破棄を免れないものといわなければならない。そして原判決は、昭和23年（オ）第44号同年12月14日言渡の第三小法廷の判決の趣旨に則ったものと解せられるのであるが、すなわち右小法廷判決は訂正されるべきものとする。

論旨第二点に対する裁判官河村大助の少数意見は次のとおりである。

民法492条及び493条によれば、債務者が債務不履行に因って生ずべき責任を免れるためには、原則として、債務の本旨に従って、現実に弁済の提供をなすことを要するのであるが、同法493条但書はその例外を認め「債権者が予め弁済の受領を拒」んだときは、債務者は現実の提供を要せず、弁済の準備をしたことを債権者に通知して、その受領を催告するを以て足りる（言語上の提供）と定められたのである。けだし、債権者が予め受領を拒んでいるのに、なお債務者だけに現実の提供を要求することは、信義の原則に反す

るからである。即ち受領拒絶の債権者に現実に提供をすることは、無意義であるが、この場合にも法は、債務者の提供を全然免除することなく、その義務を軽減して、言語上の提供を課することとしたのである。そしてこれによって、債権者の翻意を促し、以て債権関係の順調な発展を期待する法意に出たものであるということができる。

　ところで多数意見は「債務者が言語上の提供をしても、債権者が契約そのものの存在を否定する等弁済を受領しない意思が明確と認められる場合においては、債務者が形式的に弁済の準備をし且つその旨を通知することを必要とするがごときは、全く無意義であって、法はかかる無意義を要求しているものと解することはできない」と解し、本件の場合はこれに当るものとして、たとえ被上告人が賃料の弁済につき、言語上の提供をしなくとも、履行遅滞の責に任ずるものではないと説示している。しかし前記法条に所謂「債権者が予め其の受領を拒」んだ場合を、弁済を受領しない意思が明確な場合とそうでない場合に区別して、前者の場合を同条但書末段の適用からはずそうとすることは、理論上並びに実際上不当であって、前記法条の明文にも反するものである。けだし拒絶意思が明確とか、不明確とかいうことは、現に拒絶意思があるか、ないかということを表現する意味をもつにとどまり、債務者の弁済準備の通知及び受領の催告によって、将来債権者が意を翻して、弁済を受領するに至る可能性があるかないかということと関係がないことだからである。のみならず、債権者の受領拒絶の意思が明確な場合は常に債務者の言語上の提供を要せずとすれば、実際上前記法条但書の適用を見る場合は、殆んどないことになろう。受領拒絶意思が明確な場合に、債務者の言語上の提供を不要とする見解は、その拒絶意思が不明確な場合に、言語上の提供を要するということになるであろうが、その不明確な場合は、むしろ、債権者が「受領を拒」むときに当らないものとして、原則にたちかえり、債務者は現実の提供をなすべきであると解するを正当と考える。

　或は多数意見の真意は、受領拒絶の意思の明確な場合とは、受領拒絶の意思が強固な場合と同意義に見たのかもしれないが、その強固の場合においても、債務者に言語上の提供をさせることが無意義だとして、これを要しない

と解すべきではない。なぜならば、493条但書において、債務者の履行義務を軽減した前記の法意に鑑みるときは、債権者の受領拒絶の蓋然性が極めて高度に達したときは、履行の準備もまた、軽微のものでよいということができようが、他面右法条は、債権者の翻意に基く債権関係の順調な発展の期待という趣旨を包含するものであるし、又実際上債権者の受領拒絶の意思が強固であると云っても、法の期待する翻意の実現が将来絶対に起り得ないということを、事前に確知することはできないから、債務者に弁済の準備をしたことを通知させ、かつ受領を催告させることが無意義だと解すべきではない。

　以上の理由によって、原審が「上告人は賃料としては、予め受領を拒絶しているものと認められるから、被上告人に履行遅滞の責任なく、従って上告人の契約解除の意思表示は無効である」との趣旨の判示をしたのは、前記493条但書の解釈を誤ったものというべく、ただ本件は、上告人において、当初契約違反を理由として、契約解除を主張し、明渡請求の訴訟中において、最近の賃料3ケ月分の不払を原因として、催告不要の特約に乗じ賃貸借契約の解除を行ったことが、信義の原則に反し、解除権の濫用になるかを、問題とするは格別、被上告人に言語上の提供すら要せず、履行遅滞の責任がないことを前提として、上告人の契約解除の意思表示を無効としたのは違法であるから、この点に関する限り原判決は破毀すべきものと思料する。

　論旨第二点に対する裁判官藤田八郎の少数意見は次のとおりである。

　債務の履行も、債権者債務者双方が信義の原則に従って、互に協力してしなければならないことはいうまでもないところである。民法493条が「弁済ノ提供ハ債務ノ本旨ニ従ヒテ現実ニ之ヲ為スコトヲ要ス」と規定しながら、「但債権者カ予メ其受領ヲ拒ミ」タ「ルトキハ弁済ノ準備ヲ為シタルコトヲ通知シテ其受領ヲ催告スルヲ以テ足ル」（言語上の提供）としたのは、債権者の側において、誠実な協力をしない場合においても、債務者に対し、なお、現実の提供を要求することは債務者に酷であるから、この場合は債務者は、いわゆる言語上の提供をもって足るものとしたわけであるが、民法はこの場合でも、債務者に手を拱いていることを許したのではなく、債権者が前

言を翻して受領すると云えば、遅滞なく履行を全うし得るだけに準備を整えて、その旨を通知して、受領を催告することを要するものとしているのである。すなわち債権者が必要な協力をしない場合でも、債務者は債務者として、事態に即応するだけの協力はしなければならないとするのが民法の趣意であって、債権者が不協力の態度に出た以上、債務者は弁済の供託、現実の提供はもとより、弁済の準備すらしないで、手を拱いて履行期を徒過しても、不履行の責を免れるとすることは民法のとるところでない。けだし、かかる結果をみとめることは、債務者の側における不信義を容認することとなるからである。現実の提供というも言語上の提供というも、ひっきょう、債務者が債務の履行をするについて、その債務者側において、為すべき弁済準備の程度にかかる問題である。従って、債権者において不信義の態度の強い場合、債務者側においてもその弁済の準備は、軽微のものであってよいということはいえる。いかなる程度の準備を必要とするかは具体的の案件における事情に即して具体的に決すべき問題であるけれども、多数意見のように本件のごとき場合に、いわゆる「言語上の提供」を一切必要としない、弁済の準備すら必要としないと解することは明らかに民法の明文（493条）に反し、かつ債権法の基本則たる信義の法則に反するものと云わなければならない。以上の外、自分は河村大助裁判官の意見に同調する。

論旨第二点に対する裁判官下飯坂潤夫の少数意見は次のとおりである。

㈠、債務者が債務の本旨に従った債務の提供をしても、債権者がその受領を拒絶したときは、債務者は履行遅滞の責を免れる、㈡、右受領の拒絶が事前に為された場合は、債務者が履行の提供をしても無駄ではあるが、さらばといって、債権者は意を翻してその提供を受領するかも知れないから、債務者はいわゆる言語上の提供だけはしなければならないというのが民法493条但書の法意である、㈢、しからば、債務者が現実の提供はもとより、言語上の提供をしても、債権者が弁済を受領しないことが明らかであるときはどうであるかというに、この場合は、どんな提供も結局は無駄に帰するのであるから、債務者は言語上の提供すらしないでも履行遅滞の責任を問われないというのが昭和10年8月5日の大審院判例及び昭和23年12月14日の最高裁

判所判例の趣意である。

　多数意見は、本件は右㈢の場合に該当するものだという、しかし、原判決は果してその場合であると認められるような判示をしているであろうか、原判決を虚心に読めば、原判決は単に、「賃料としては予め受領を拒絶しているものと認められる」、と判示しているだけであって、それ以上何らの説明をも、附け加えてはいない、わたくしの判断を以ってすれば、原判決は受領拒絶の態様として前示㈡の場合を判示しているに過ぎないものとしか考えられないのである。

　多数意見は、本件訴訟の経過を説明した上、「以上の訴訟の経過に照し、上告人は前記3ケ月分の賃料をば損害金としてならば格別、賃料としては、予めこれが受領を拒絶しているものと認められるばかりでなく、第一審以来賃貸借契約の解除を主張し、賃貸借契約そのものの存在を否定して、弁済を受領しない意思明確と認められるから」、云々といって、原判示を補足説明しようとしている、しかし乍ら、前記弁済を受領しない意思明確というようなことが、具体的事実をせんさくすることもなく、理屈一辺で、しかく安易に肯定できるであろうか、その点は別論として、多数意見の右説明は当審では許されない新な事実を認定したことにならないであろうか、わたくしは、その疑い濃厚であると思う。思うに上告人は、その主張する契約解除の理由が第一審で肯認されず、敗訴するや、第二審に至って、右敗訴後における被上告人の賃料不払を理由として、特約に基づく解除権を突如として行使し、契約解除の主張をしたことは確かにフェヤーではない。この観点からすれば、誠実信義の原則、ないしは禁反言の条理に照し、右契約解除の有効無効を論ずる余地は十分にあるであろう。原審としては、その観点からも問題を取上ぐべきではなかったか。また、被上告人は従来賃料を弁済供託して来たと主張するが、前記3ケ月の賃料について何が故に供託をしなかったか。更にまたその供託はしなくとも、弁済提供の準備があったかどうか、その準備もないのに、上告人に受領遅滞の責ありと主張することが、誠実信義の原則に反しないかどうか、原審としてはそれらの点についても、思を致すべきではなかったか。

これを要するに、原判決は受領拒絶について十分に審理を尽さず、延いて法律を不当に適用した不法あるを免れないものと考える。

《譲渡禁止特約付債権の譲渡と債権者不確知による供託の可否》
東京地判平 4.11.27（金法 1362-46）

事案の概要

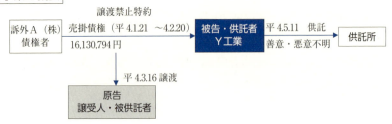

第一　請求

被告は、原告に対し、金 16,130,794 円及びこれに対する平成 4 年 6 月 27 日から支払済まで年 6 分の割合による金員を支払え。

第二　事案の概要

本件は、原告が、平成 4 年 2 月 25 日、A 株式会社(A)の被告に対する平成 4 年 1 月 21 日から同年 2 月 20 日までの売掛債権 16,130,794 円の債権譲渡を受けたとして、右 16,130,794 円及びこれに対する訴状送達の日の翌日である平成 4 年 6 月 27 日から支払済まで商事法定利率年 6 分の割合による遅延損害金の支払を求める事案である。

一　争いのない事実

1（本件債権譲渡）

原告は、平成 4 年 2 月 25 日、A の被告に対する平成 4 年 1 月 21 日から同年 2 月 20 日までの売掛債権 16,130,794 円（本件売掛債権）の債権譲渡（本件債権譲渡）を受けた〈証拠〉。

2（本件債権譲渡の通知）

原告の担当者は、A から受け取っていた指名債権譲渡通知書に確定日付を受け〈証拠〉、平成 4 年 3 月 16 日、被告本庄工場へ出向き、右指名債権譲渡通知書、同通知書の到達証明願〈証拠〉及び異議なき承諾書〈証拠〉を提

出し、通知書の受領と右証明書願及び承諾書に署名・捺印を求めたが、直ちには判断できないということで、右通知書の受領等を拒否された。そこで、やむを得ず、右通知書、証明書願及び承諾書のコピーを置いてきた。したがって、Aは、原告を通して、被告に対し、本件債権譲渡の確定日付のある通知をした。

　3（譲渡禁止の特約）

　本件売掛債権には、譲渡禁止の特約（本件譲渡禁止の特約）がある。

　4（債権譲渡の通知の競合）

　本件売掛債権について、原告以外の者にも譲渡されたとの通知が被告に対して行われている。

　5（被告の本件供託）

　被告は、譲渡禁止の特約について原告らの譲受人の善意・悪意が不明であるので、平成4年5月11日に7,876,672円、同年6月10日に10,784,932円合計18,661,604円（本件売掛債権は、これらの内の一部である。）を東京法務局にそれぞれ供託した（本件供託）。

　二　争点

　本件供託の適否。すなわち、譲渡禁止の特約のある債権が譲渡された場合、民法494条の「弁済者の過失なくして債権者を確知すること能わざる」（債権者不確知）に当たるか否か。

　（被告の主張）

　譲渡禁止の特約のある債権が譲渡された場合、債権の譲受人に弁済を受ける権利があるか否かは、譲受人の右特約についての善意・悪意によって定まるものであり、裁判等によって右善意・悪意が確定するまで、債務者としては債権者を確知することができず、債務者は真の債権者を確知できないことに過失がない。したがって、譲渡禁止の特約のある債権が譲渡された場合、債務者は、当然に債権者不確知として有効に供託ができ、供託実務上も右解釈を認めているところであり、本件供託も有効であり、被告には支払の義務はない。

　（原告の主張）

(1)　供託は、形式審査によって受け入れられるので、民法の要件を満たさずに行われた場合は、事後的に無効となることがあることはやむを得ない。

　(2)　譲渡禁止の特約のある債権が譲渡された場合、裁判等によって譲受人の右特約についての善意・悪意が確定するまで、債務者は、当然に債権者不確知として有効に供託ができるということになると、譲受人は供託金の還付を受けるには、善意であることの確定を求めるために、裁判を強要され、あるいは、債権譲渡に患わされないために全ての契約に譲渡禁止の特約が付されることとなり、民法の大原則である取引の安全に反する結果を招く。

　(3)　したがって、債務者として要求される注意義務を果たしても、右善意・悪意を知ることができない場合にのみ、民法494条の「弁済者(債務者)に過失がない」というべきであって、譲渡禁止の特約のある債権が譲渡された場合、債務者は、当然に債権者不確知として有効に供託ができるわけではない。

　(4)　譲受人にとっても特別な事情のない限り、譲渡禁止の特約のある債権かどうかは外見から判断できず、むしろ右特約について悪意であったら、債権譲渡を受けないので、譲受人は善意と推定され、通説・判例では譲受人の悪意は債務者に立証責任があるとされている。

　(5)　したがって、譲受人の原告や譲渡人であるAに問い合わせる等の努力をせず、争いのない事実2の程度の調査しか尽くさずに行われた本件供託は、無効である。

第三　争点に対する判断

一　そこで、争点(本件供託の適否)について判断する。

　確かに、民法494条の「弁済者の過失なくして債権者を確知すること能わざる」(債権者不確知)場合とは、客観的には債権者が存在するが、債務者が善良な管理者の注意を払っても、それが誰であるかを知ることができない場合をいうことは、原告主張のとおりである。しかし、譲渡禁止の特約のある債権が譲渡された場合、債権の譲受人に弁済を受ける権利があるか否かは、譲受人の右特約についての善意・悪意によって定まるものであり、裁判

等によって右善意・悪意が確定するまで、債務者としては債権者を確知することができないといわざるを得ない。したがって、具体的な善意・悪意を問うまでもなく、譲渡禁止の特約のある債権が譲渡された場合には、いわば当然に、定型的又は類型的に、前記の意味の「債権者不確知」の場合に該当すると解するのが相当である。

　もっとも、右のように解すると、原告主張のような取引の安全が損なわれることも全く予想されないではないが、右解釈を左右するに足りる取引の実情の立証がない。また、譲渡禁止の特約のある債権の譲受人の善意・悪意の立証責任の問題は、譲受人の善意・悪意が裁判で問題になる場合の問題であり、右に述べたとおり、そもそも右善意・悪意を具体的に問う必要があるか否かの問題の解決には直接関係がない。さらに、供託は、形式審査によって受け入れられるので、供託官が供託書に記載された供託原因を審査して供託の要件があると判断して供託を受理した以上、右記載された供託原因が虚偽であったような場合は別として、その供託自体は有効であることは、供託制度の当然の前提である。

　したがって、本件供託は、有効である。
　二　以上の次第で、原告の本訴請求は、理由がない。

3　供託場所

　供託契約の当事者は、供託者と供託所であり、債権者は当事者ではない。供託は、第三者のためにする契約であり、債権者は、第三者（受益者）の地位にあり、この地位に基づいて、債権者は**供託物還付請求権**を取得することになる（潮見債権総論-214）。

　ところで、年金事務所や税務署では、どこの区域を管轄するか定められている。しかし、供託法には土地管轄に関する規定がなく、供託所には一般的な土地管轄の定めはない。

　しかし、供託の種類に応じて各供託根拠規定において供託すべき供託所（管轄供託所）が定められている場合が多い。残余金の供託は弁済供託であるから、債務履行地の供託所であり（民法第495条）、金銭及び有価証券に

ついては、法務局もしくは地方法務局又はその支局若しくは法務大臣の指定する出張所が供託となる（供託法第1条）（実務供託入門-27）。

　管轄外の供託所にその申請がされたときは、供託官において却下しなければらず（供託規則第21条の7）、誤ってこれが受理されたとしても、その供託が有効に成立することはない。供託者は、錯誤を理由として供託物を取り戻し、改めて正しい管轄供託所に供託しなければならない。ただし、弁済供託に限っては、供託所の土地管轄は専ら被供託者（債権者）の便宜を考慮して定められたものであるから、取戻しの前に被供託者が供託受諾（供託規則第47条）又は還付請求をしたときは、管轄違背は治癒され、有効な供託とみなされる（昭39.7.20民事甲第2594号民事局長回答）（実務供託入門-27）。

　債務履行地に供託所がないときは、債務履行地の属する行政区画内における最寄りの供託所にすれば足りる（昭23.8.20民事甲2378号民事局長通達、先例集1-367・ジュリ158百選-4）。

　債務履行地の供託所の意味について引用しておく。「（要旨）供託所は、供託物の種類に応じて、その土地管轄が定められているが、原則として土地の管轄についての定めはないものとされている。法務局及び地方法務局の管轄区域は、戸籍・公証・登記に関する管轄区域であることは明らかであって、供託に関する管轄区域については、なんら触れるところがない。結局、現在のところ、若干の特別法令に供託をなすべき供託所を定めた規定があるのを除き、一般的に供託所の管轄区域を定めた法令は見当たらないのであって、供託事務については管轄区域の定めがなく、登記管轄とは関係がないとしているのは正当といわねばならない。民法第495条第1項が、弁済供託は債務履行地の供託所にこれをなすことを要する旨を定めているのは、供託事務について一般的に管轄区域の定めがないことの例外をなすものである。債務履行地については、現実に存在する供託所と関連せしめて考慮しなければならなくなり、そこで考案されたと思われるのが昭23.8.20民事甲2378号民事局長通達第二点であって、その趣旨は、債務履行地の属する最小行政区画内に供託所がない場合には、これを包括する行政区画内における最寄りの供

所に供託をすればよいとしたものと解される」（打田俊一・補訂半田正夫：ジュリ158百選-4）。

《債務履行地に供託所がないときの供託所》
昭23.8.20民事甲2378民事局長通達（先例集1-367）（ジュリ158百選-4）
(1) 供託事務については、管轄区域の定めはなく、登記の管轄と関係がない。
(2) 弁済供託は、債務履行地にある供託所にすべきであるが、その地に供託所がないときは、債務履行地の属する行政区画内における最寄りの供託所にすれば足りる

4　弁済供託書の作成例

　残余金交付における弁済供託における供託書の作成例（供託の原因たる事実欄）として、次の事例1及び事例2を参照されたい。

　供託書作成において、時間を要するのは、供託の原因たる事実の欄であり、債権者の受領拒絶では、その受領拒絶を明らかにするために、配当期日に来所しなかったとの一事のみで弁済供託するのではなく、再度、受け取りを催告し、その催告において受領しないときは、弁済供託をすることになることを予告しておく（昭44.12.11徴徴2-82国税庁長官通達「滞納処分における供託手続事務等について」参照）。

　催告文書例を供託書の作成に続いて参照されたい。

残余金の弁済供託事例1（債権者の受領不能）

> 1　供託者は被供託者の財産である売掛金債権（第三債務者である○○市○町9-9株式会社Ａ工業に対するもの）を平成24年11月1日差押えし、同年11月9日に取立を行った。
> 2　換価代金の配当を行った結果、2,676,571円の残余金が生じた。

3 上記残余金を交付するため、平成24年11月16日被供託者あて通知を行ったが、同通知は受取人不在のため返却された。
4 供託者において被供託者の調査を行ったが、被供託者は平成24年10月31日に不渡りを出し、同日をもって倒産し、さらには被供託者の代表取締役とその家族は同日頃より行方不明となり、同人の所在について実地調査や住民票を調査したが本日現在、行方不明である。
5 上記により、2,676,571円を供託する。

残余金の弁済供託事例2（債権者の受領拒絶）

1 供託者は、被供託者の財産である生命保険解約返戻金全額の支払請求権を平成24年11月1日差押えし、同年11月16日取立てを行った。
2 換価代金の配当を行った結果、1,004,697円の残余金が生じた。
3 上記換価代金を交付するため平成24年11月19日付配当計算書謄本の送達によって、同年11月26日残余金交付について通知したが、同日受領しないため、さらに同年11月30日付をもって12月7日に受領するよう再通知した。
4 しかしながら、被供託者が残余金について、支払場所である○社会保険事務所において受領しないため、1,004,697円を供託する。

5 弁済供託の通知

　供託者は、弁済供託をした場合、遅滞なく債権者に供託したことを通知することとされている（民法第495条第3項）。そして、供託者は、被供託者に供託の通知をしなければならないときに、供託官に対して被供託者宛に供託通知書を発送することを請求でき（供託規則16条1項）、この請求をするときは、供託者は、被供託者の数に応じて、供託書に送付に要する費用に相当する郵便切手を貼付した封筒を添付することになる（同条第2項）。

　ただし、債権者を確知し得ない（相続人不明）ときや債権者の行方不明（受領不能）を供託原因とするときは、「供託の通知をすべき供託について供

託通知書の発送ができなかった場合」に当たり、供託通知を要しない（実務供託入門-91）。

6 残余金の供託金還付請求権を差押えする場合

滞納処分庁が債権を全額差押えし、同額を取り立てした結果、残余金が生じ、弁済供託したときに、他の滞納処分庁又は同滞納処分庁がその後に発生した債権によって供託金還付請求権を差し押さえすることができる（図44）。

差押調書の差押債権欄は、「A年金事務所が滞納者Bを被供託者として平成29年8月1日供託番号平成29年度第999号により残余金を供託したことによる金2,000,000円の還付請求権及び債権差押通知書到達日までの確定利息の支払請求権」として差し押さえすることにより、利息（第4章第2節4参照）を含めて取り立てすることができる。

供託所では、債権差押通知書を受け取ったときは、受付の旨及びその年月日日時を記載し、受付の順序に従って、譲渡通知書等綴り込帳に編綴し（供託規則第5条）、その年月日及び書面の種類を副本ファイルに記録する（供託事務取扱手続準則第75条）のみで足りるとされている（実務供託入門-318）。

【図44】

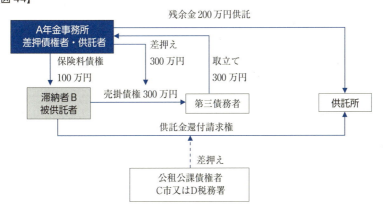

7 仮差押解放金債権の差押え

 本章では、仮差押解放金債権を滞納処分によって差し押さえするときの、結論だけを記述し、仮差押解放金の性質等を含めた詳細な解説を第7章において行う。

 仮差押解放金とは、仮差押えの執行を停止し又は取り消すために仮差押債務者（滞納者）が仮差押決定の記載に従い供託した金額（仮差押えによって保全される金銭債権の額に相当する金額）をいい（保全法22条1項）、この供託があった場合には、仮差押債務者（滞納者）の有する供託金の取戻請求権に仮差押えの効力が及ぶとされている。仮差押債務者である滞納者がこの仮差押解放金を供託しておりこれを差し押さえする場合には、仮差押債務者（滞納者）の取戻請求権を差押えすることになる（徴収法基本通達140-7前段）。

 なお、仮差押解放金による供託金取戻請求権又は供託金還付請求権（次の7を参照）を差し押さえしたときは、滞納処分庁は、直ちに供託金の払渡しの請求をすることができる（平2.11.13付民四第5,002号法務省民事局長通達）（基本通達140-8）。

 差押調書に記載する差押債権欄は、次のように記載し特定する。

債権差押調書の差押債権欄

滞納者：A株式会社、仮差押債権者：C

> 滞納者（仮差押債務者）がその財産に仮差押えの執行を受けたことにより、民事保全法第22条の規定によって仮差押えの執行の停止を得るため、又は既にした仮差押えの執行の取消しを得るために滞納者（仮差押債務者）が供託した仮差押解放金の**供託物取戻請求権**。
>
> 　供託金額　金100万円
> 　仮差押債権者　周南市新宿通9-9　C株式会社

8 みなし仮差押解放金債権の差押え

次に、滞納者が有する債権について仮差押えがされた場合に、当該債権の第三債務者は、その仮差押えに係る債権を供託することができ、それは上記の仮差押解放金が供託されたとみなされる（保全法第50条第3項）。この場合の供託は、仮差押債務者（滞納者）を被供託者としてする供託であり、仮差押債務者の有する供託金の還付請求権に仮差押解放金の限度で仮差押えの効力が移行すると解されている。そこで、このみなし仮差押解放金については、仮差押債務者（滞納者）の有する供託金の還付請求権を差押えすることになる（基本通達140-7後段）。

債権差押調書の差押債権欄（**供託物還付請求権**）
滞納者：A株式会社、第三債務者：B、仮差押債権者：C

> 滞納者（仮差押債務者）がその有する売掛債権に仮差押えの執行を受けたことを原因として、第三債務者が民事保全法第50条第5項で準用する民事執行法第156条第1項規定によって供託したことにより、滞納者（仮差押債務者）が有するみなし解放金（供託物）の還付請求権。
> 　供託金額　金100万円
> 　仮差押債権者　福岡市博多区博多駅前9-9　C株式会社

債権差押調書の差押債権欄（**供託物取戻請求権**）
滞納者（第三債務者）：B株式会社、仮差押債権者：C

> 仮差押債務者（広島市中区大手町9-9）が滞納者（第三債務者）に対する売掛債権につき仮差押えの執行を受けたことを原因として、滞納者（第三債務者・供託者）が民事保全法第50条第5項で準用する民事執行法第156条第1項規定によって供託したことにより、滞納者（第三債務者・供託者）が有するみなし解放金（供託物）の取戻請求権。
> 　供託金額　金200万円

被供託者　福岡市博多区博多駅前9-9　B株式会社

9　仮差押解放金の取立て

7及び8により供託金取戻請求権又は供託金還付請求権を差し押さえたときは、滞納処分庁は、直ちに供託金の払渡しの請求をすることができる（平成2.11.13付民四第5002号法務省民事局長通達）。

第3節　金銭債権に対する差押えの競合その1（滞調法）

1　滞納処分による差押え後の強制執行による差押え

債権の一部について滞納処分による差押えがされている場合で、その残余の部分を超えて強制執行による差押命令又は差押処分が発せられたときは（差押競合債権となったときは）、その一部についてのみ強制執行による差押命令が発せられているときにおいても、その差押えの効力はその債権の全部に及ぶことになる。

債権の全部を滞納処分によって差し押さえしている場合で、その債権の一部について強制執行による差押命令又は差押処分が発せられたときの強制執行による差押えの効力も、その債権の全部に及ぶことになる（滞調法第20条の4）。

滞調法第20条の4の効果として、差押競合債権につき滞納処分による差押えに基づいて取立てをし、公租公課に配当した後の残余金は、それが強制執行による差押金額を超えているかどうかを問わず、残余金を執行裁判所に交付することになる（滞調法第20条の8第1項において準用する同法第6条1項参照）。

滞調法

（売却代金の残余の交付等）
第6条　第4条の動産の滞納処分による売却代金又は有価証券の取立金

について滞納者に交付すべき残余が生じたときは、徴収職員等は、これを執行官に交付しなければならない。

2　前項の規定により執行官が交付を受けた金銭及びその交付を受けた時は、配当又は弁済金の交付（以下「配当等」という。）に関しては、それぞれ動産の強制執行による売得金及び売得金の交付を受けた時とみなす。

3　第1項の売却代金又は取立金の残余が生じなかつたときは、徴収職員等は、その旨を執行官に通知しなければならない。

（差押えが一部競合した場合の効力）

第20条の4　債権の一部について滞納処分による差押えがされている場合において、その残余の部分を超えて強制執行による差押命令又は差押処分が発せられたときは、強制執行による差押えの効力は、その債権の全部に及ぶ。債権の全部について滞納処分による差押えがされている場合において、その債権の一部について強制執行による差押命令又は差押処分が発せられたときの強制執行による差押えの効力も、同様とする。

（差押えが一部競合した場合の効力）

第20条の4　債権の一部について滞納処分による差押えがされている場合において、その残余の部分を超えて強制執行による差押命令又は差押処分が発せられたときは、強制執行による差押えの効力は、その債権の全部に及ぶ。債権の全部について滞納処分による差押えがされている場合において、その債権の一部について強制執行による差押命令又は差押処分が発せられたときの強制執行による差押えの効力も、同様とする。

（取立て等の制限）

第20条の5　滞納処分による差押えがされている債権に対し強制執行による差押命令又は差押処分が発せられたときは、強制執行による差押えをした債権者は、差押えに係る債権のうち滞納処分による差押えがされている部分については、滞納処分による差押えが解除された後

でなければ、取立て又は民事執行法第163条第1項の規定による請求をすることができない。

（第三債務者の供託）

第20条の6　第三債務者は、滞納処分による差押えがされている金銭の支払を目的とする債権（以下「金銭債権」という。）について強制執行による差押命令又は差押処分の送達を受けたときは、その債権の全額に相当する金銭を債務の履行地の供託所に供託することができる。

2　第三債務者は、前項の規定による供託をしたときは、その事情を徴収職員等に届け出なければならない。

3　徴収職員等は、前項の規定による事情の届出を受けたときは、その旨を執行裁判所（差押処分がされている場合にあっては、当該差押処分をした裁判所書記官）に通知しなければならない。

（売却代金の残余の交付等の規定の準用）

第20条の8　第6条第1項及び第3項、第8条、第9条、第10条第1項、第14条並びに第15条の規定は滞納処分による差押え後に強制執行による差押命令又は差押処分が発せられた債権（以下この条において「差押え競合債権」という。）について、第5条第1項本文（第10条第2項において準用する場合を含む。）の規定は差押え競合債権で動産の引渡しを目的とするものについて、第13条第1項の規定は差押え競合債権で条件付若しくは期限付であるもの又は反対給付に係ることその他の事由によりその取立てが困難であるもの（以下この条において「差押え競合の条件付等債権」という。）について、第10条第3項及び第4項の規定は差押え競合債権で動産の引渡しを目的とするもの及び差押え競合の条件付等債権で動産の引渡しを目的としないものについて、第16条の規定は差押え競合債権で民事執行法第150条に規定するものについて準用する。この場合において、第6条第1項中「売却代金又は有価証券の取立金」とあるのは「第三債務者からの取立金若しくは第20条の6第1項の規定により供託された金銭の払

渡金又は売却代金」と、第6条第1項及び第3項並びに第10条第3項中「執行官」とあるのは「執行裁判所（差押処分がされている場合にあっては、当該差押処分をした裁判所書記官）」と、第6条第3項中「売却代金又は取立金」とあるのは「取立金若しくは払渡金又は売却代金」と、第14条中「滞納処分による差押を」とあるのは「、第20条の3第2項本文の規定による通知又は第20条の6第2項の規定による事情の届出があった場合において、滞納処分による差押えを」と、「裁判所」とあるのは「裁判所（差押処分がされている場合にあっては、当該差押処分をした裁判所書記官）」と、第15条中「強制競売の申立てが」とあるのは「第20条の3第2項本文又は第20条の6第3項の規定による通知があった場合において、強制執行による差押命令又は差押処分の申立てが」と、「強制競売の手続を取り消す決定」とあるのは「差押命令若しくは差押処分を取り消す決定又は差押処分を取り消す旨の裁判所書記官の処分」と、「裁判所書記官」とあるのは「差押命令を発した執行裁判所の裁判所書記官又は差押処分をした裁判所書記官」と読み替えるものとする。

2　前項において準用する第9条第1項の規定による強制執行続行の決定があったときは、滞納処分による差押えについては、第36条の3第2項本文の規定による通知があったものとみなす。

2　滞納処分の債権差押えと強制執行による債権差押え

　徴収法では、「債権を差し押えるときは、その全額を差し押えなければならない。ただし、その全額を差し押える必要がないと認めるときは、その一部を差し押えることができる」（同法第63条）と規定しており、滞納保険料等が、50万円、売掛金債権が100万円あるときは、100万円を差押えすることが原則となっている(注3)。

　次に、執行法では、差し押さえする目的債権を単位とし、目的債権の価額

(注3)　本章第1節2参照。

が執行債権額を超えるときでも、目的債権の全部を差し押さえすることができるにとどまり（執行法第146条第2項）、目的債権が複数の場合、差し押さえた一つの債権の価額（実価。通常は額面が一応の基準となる）が差押債権者の債権及び執行費用の額を超えるときは、執行裁判所は、他の債権を差押えすることは禁止されている（同条第2項）。債権者が自発的に差押えの限度を目的債権の一部（多くは執行債権額に合わせて）に止めることは差支えなく、その場合には、差し押さえする範囲を申立書に明示することになる（中野執行法-578）。

執行法の実務の多数は、債権者が自発的に差押えの限度を目的債権の一部に止めることによっており、自己の有する債権額が50万円で、売掛金債権額が100万円であるときは、50万円を差し押さえている。

執行法

（差押えの範囲）
第146条　執行裁判所は、差し押さえるべき債権の全部について差押命令を発することができる。
2　差し押さえた債権の価額が差押債権者の債権及び執行費用の額を超えるときは、執行裁判所は、他の債権を差し押さえてはならない。

3　強制執行による差押えの効力拡張の理由

滞納処分による差押えと強制執行による差押えとが一部競合した場合の効力として、強制執行による差押えの効力が拡張される理由は、1のとおり、滞納処分による差押えに基づいて取立てをし、公租公課に配当した後の残余は、それが強制執行による差押金額を超えているかどうかを問わず、残余の金額を執行裁判所に交付できるようにするためである。つまり、差押債権者（私債権者）の権利を保護することにある。

4 取立て等の制限

　差押競合債権のうち滞納処分による差押えがされた部分については、滞納処分による差押えが解除された場合を除き、第三債務者が強制執行による差押債権者に履行をしても、第三債務者はその履行をもって国に対抗できない。従って、第三債務者が強制執行による差押債権者に履行をしても、第三債務者は徴収職員による二重の取立てに応じなければならないことになる。

　滞納処分の差押えがされていない部分（範囲）があるときは、その部分は滞納処分による差押えの効力が及んでいないため履行を請求できる。

　ただし、「その一部について滞納処分による差押えがされた後にその残余の部分を超えない範囲で強制執行による差押命令が発せられ、その後、更に滞納処分による差押え又は強制執行による差押命令が発せられたことによってその残余の部分を超えることになった場合」は、強制執行による差押権者は取立てをすることができない。そして、債権が金銭債権であるときは、第三債務者は、先行した滞納処分による差押えがされた部分の残額について、供託をしなければならない（滞調法第36条の6第1項、執行法第156条第2項）。

5 滞調法上の権利供託

　滞納処分による差押えがされた金銭債権について、強制執行による差押えの通知を受けた第三債務者は、その債権全額に相当する金銭を債務履行地の供託所に供託できる（権利供託）（滞調法第20条の6第1項）。

　執行法では、単に強制執行による金銭債権の差押えがあっただけで第三債務者は供託することができるのに対して（権利供託）、滞納処分による金銭債権の単発の差押えでは、供託することはできず、徴収職員の取立に応じるしかない。前者では、供託原因があり、後者では供託原因がなく、後者で供託の申請をしても却下されることになる。執行法と徴収法とではこのような差異があるところ、差押えが競合した金銭債権となったときには、執行法上の権利供託を考慮して、第三債務者に権利供託を認めたものである。

なお、滞調法第20条の8第1項において準用する滞調法第9条の規定により強制執行続行の決定があったときは、滞納処分による差押えは、強制執行による差押えの後にされたものとみなすことになり（もっともこのようなことは稀である）、第三債務者は差押えに係る金銭債権の全額を供託しなければならない（滞調法第10条第1項、第36条の6第1項、第20条の8）。

　第三債務者が供託することができる金額は、差押えに係る金銭債権の全額（相殺などによりその一部が消滅しているときは、その消滅した部分の金額を控除した金額）となる。

　債権の一部について滞納処分による差押えがされた後、その残余の部分を超えない範囲で強制執行による差押命令が発せられ、その後、更に滞納処分による差押え又は強制執行による差押命令が発せられたことによってその残余の部分を超えることになった場合においては、先行の滞納処分による差押えがされた部分を差引いた残額については、第三債務者は、供託しなければならない（滞調法第36条の6第1項）。例として、債権の全額が100万円の場合において、執行の順番が①滞納処分40万円、②強制執行30万円、③滞納処分80万円のそれぞれの差押えがされたときは、①の滞納処分40万円を差引いた残りの60万円については、第三債務者は供託をすべきことになる。

(1) 図45の場合、第三債務者は、滞調法第20条の6を根拠として、差押競合の金銭債権全額を供託できるとともに、第三債務者は、滞納処分による差押えの残余の金銭については供託をしなければならない。第三債務者が差押競合の金銭債権全額を供託する場合、滞調法第20条の6第1項及び執行法第156条第2項の双方を根拠とできる。

【図 45】

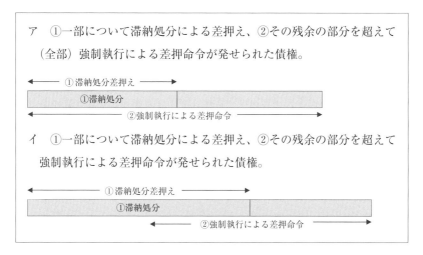

ア　①一部について滞納処分による差押え、②その残余の部分を超えて（全部）強制執行による差押命令が発せられた債権。

イ　①一部について滞納処分による差押え、②その残余の部分を超えて強制執行による差押命令が発せられた債権。

⑵　図 46 の場合、第三債務者は、滞調法第 20 条の 6 第 1 項を根拠として、差押競合の金銭債権全額を供託できるとともに、第三債務者は、先行滞納処分による差押えの残余の金銭については、供託をしなければならない。第三債務者が差押競合の金銭債権全額を供託する場合、滞調法第 20 条の 6 第 1 項、又は同項及び滞調法第 36 条の 6 第 1 項の双方を根拠とできる。

【図 46】

ウ　①一部について滞納処分による差押え、②その残余の部分を越えない範囲で強制執行による差押命令、その後、更に滞納処分による差押え又は強制執行による差押命令が発せられたことによってその残余の部分を超えることになった場合。

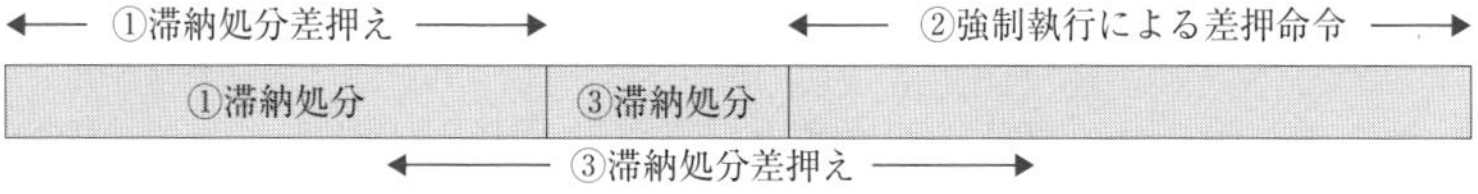

執行法

（第三債務者の供託）

> 第156条　第三債務者は、差押えに係る金銭債権（差押命令により差し押さえられた金銭債権に限る。次項において同じ。）の全額に相当する金銭を債務の履行地の供託所に供託することができる。
> 2　第三債務者は、次条第1項に規定する訴えの訴状の送達を受ける時までに、差押えに係る金銭債権のうち差し押さえられていない部分を超えて発せられた差押命令、差押処分又は仮差押命令の送達を受けたときはその債権の全額に相当する金銭を、配当要求があった旨を記載した文書の送達を受けたときは差し押さえられた部分に相当する金銭を債務の履行地の供託所に供託しなければならない。
> 3　第三債務者は、前2項の規定による供託をしたときは、その事情を執行裁判所に届け出なければならない。

6　供託することができる金額

　第三債務者が供託することができる金額は、差押えに係る金銭債権の全額となる（相殺などによりその一部が消滅しているときは、その消滅した部分の金額を控除した金額）。

　滞調法第20条の6第1項（滞調法第36条の11第1項において準用する滞調法第26条第1項の規定により滞納処分続行承認の決定があった場合を含む）の規定により供託をした第三債務者は、供託をするための旅費、日当及び宿泊料その他の供託のために要した費用並びに事情届のために要した費用は民事訴訟費用等に関する法律28条の2の規定により請求することはできない。前条は、執行法第156条第2項又は滞調法第36条の6第1項による義務供託では、費用を請求できるとの規定であり、差押債権者へ弁済できるところ、あえて供託するのであれば、その費用まで請求できることは相当ではないとの考えによるものと解される。

　次に、前項の繰返しとなるが、債権の一部について滞納処分による差押えがされた後にその残余の部分を超えない範囲で強制執行による差押命令が発せられ、その後、更に滞納処分による差押え又は強制執行による差押命令が

発せられたことによってその残余の部分を超えることになった場合の例を示すと図46のとおりとなる。

　しかしながら、本章第1節2のとおり、滞納処分による差押えは、全額差押えを原則としているから、滞納処分によって全額差し押さえられている債権を強制執行によって差し押さえることによって競合する事例が多数であり、図46のような事態となることはさほどない。債権の全額を差押えし、差押債権の全額を取り立てすることによって、差押競合の金銭債権であることが明確になり、第三債務者にとっても権利供託又は義務供託の判定が容易となる。特段の事由がないまま図45及び図46の事態となれば、滞納処分による差押えが適切さを欠いているとも言い得る。

民事訴訟費用等に関する法律（昭和46年4月6日法律第40号）

（第三債務者の供託の費用の請求等）
第28条の2　民事執行法第156条第2項又は滞納処分と強制執行等との手続の調整に関する法律（昭和32年法律第94号）第36条の6第1項（これらを準用し、又はその例による場合を含む。）の規定により供託した第三債務者は、次の各号に掲げる費用を請求することができるものとし、その額は、それぞれ当該各号に定めるところによる。
一　供託するために要する旅費、日当及び宿泊料　第2条第4号及び第5号の例により算定した額
二　供託所に出頭しないで供託することができるときは、供託に要する書類及び供託金の提出の費用並びに供託書正本の交付を受けるために要する費用　提出又は交付一回につき第2条第18号の例により算定した額
三　供託に要する書類及び供託の事情の届出の書類の作成の費用　供託又はその事情の届出一件につき最高裁判所が定める額
四　供託の事情の届出の書類の提出の費用　提出1回につき第2条第18号の例により算定した額

> 五　供託に要する書類で官庁その他の公の団体の作成に係るものの交付を受けるために要する費用　交付1回につき第2条第7号の例により算定した額
> 2　前項の費用は、第27条の規定にかかわらず、供託の事情の届出をする時までに請求しないときは、支給しない。
> 3　第1項の費用は、供託金から支給する。

7　第三債務者への供託等の教示

滞納処分庁が「債権差押通知書」を送達するときは、第三債務者において、差押えに係る金銭債権について本条の規定による供託ができる旨を記載した「お知らせ」及び「事情届」の用紙を同封する。お知らせは実務上、債権差押通知書の裏面に前記のお知らせを印刷することでもよい（滞調法基本通達20の6-3(2)）。

8　第三債務者からの事情届

第三債務者は、滞調第20条の6第1項の規定により供託をした場合には、「事情届」によりその事情を徴収職員に届け出することになり（同条第2項）、供託書正本を添付しなければならない（滞調法政令第12条の5第2項）。7の第三債務者に対するお知らせにおいて、「事情届には、供託書正本を必ず添付してください」と記載することになっている（様式編のお知らせ参照）。

また、強制執行による差押え前に滞納処分による差押えが2以上されているときは、「事情届」は、一番先に送達された債権差押通知書を発した徴収職員に対してしなければならない（滞調法政令第12条の5第3項）。

9　事情届があった場合の処理

第三債務者から事情届があった場合には、徴収職員は、「事情届通知書」により、事情届があった旨を執行裁判所に対して通知しなければならない

(滞調法第20条の6第3項)。

　差押命令を発した執行裁判所又は差押処分をした裁判所書記官がその滞納処分を知ったときは、差押命令を発した執行裁判所の裁判所書記官又は差押処分をした裁判所書記官は、差押命令又は差押処分が発せられた旨を徴収職員等に通知することになっているところ、徴収職員から前記通知がされたときは、裁判所書記官からの通知はされない(滞調法第20条の3第2項ただし書)。

　金銭債権の一部につき滞納処分による差し押さえをしている場合において、上記の「事情届通知書」を送付するときは、「供託書正本の保管を証する書面」を添付する(滞調法政令第12条の6第2項)。この場合の「供託書正本の保管を証する書面」は、供託書正本をコピーし、その適宜の箇所に「供託書正本を保管していることを証明する」旨を記載した上、所属長印を押捺した書面とする(滞調法基本通達20の6-5(1)ロ)。

　次に、強制執行による差押え前に滞納処分による差押えが2以上されている場合において、第三債務者から事情届がされたときは、徴収職員は、「事情届通知書」により、その旨を滞納処分による差押えをした徴収職員等で第三債務者から事情届がされていない者に通知する必要がある。これは、事情届によって供託が知らされない徴収職員に対しての周知を図るものである。そして、先行する滞納処分が金銭債権の一部につき差し押さえしているのであれば、先行する滞納処分の差押えの残余の部分において供託金の還付請求権があるし、また、その差押えが解除されることもあり、供託書正本の保管を証する書面を添付する取扱いとなる(注4)。

　強制執行による差押え前に滞納処分による差押えが2以上されている場合

(注4)　平成17年3月7日施行の供託規則の一部を改正する省令(平成17年法務省令第13号)では、旧供託規則第24条第1号が削除され、供託の通知をすべき供託及びこれ以外の供託で供託書正本を官庁又は公署が保管しているものについて、供託物の還付を受けようとする者は、供託物払渡請求書に供託書正本又は供託通知書を添付することを要しないとされた(平17.3.1民商544号民事局長通達第3.2(2)ア)(吉岡供託実務-209)。改正前は供託書正本が供託物払渡請求書の必要添付書類とされていたのであるが、現在は不要となっており、供託書正本を所持していることの意味は、供託の事実関係を確認することに便利との意味くらいしかなく、そうであれば、滞調法政令の改正をすべきものと考えられる。

において、第三債務者から事情届がされた滞納処分による差押えが金銭債権の一部についてされているときは、滞調法基本通達20の6-5(1)ロと同様の処理をする（滞調法基本通達20の6-5(2)ロ）。

滞納処分による差押えがされた後に強制執行による差押命令が発せられ、その後、更に滞納処分による差押えがされた場合においても、第三債務者から事情届がされた徴収職員は、「事情届通知書」により、その旨を滞納処分による差押えをした徴収職員等で第三債務者から事情届がされていない徴収職員に通知する必要がある（滞調法基本通達20の6-5(2)ロ（注））。

10　債権差押えの基本の遵守

ここでもう一度注意喚起をしておくことにする。前項にあるような複雑な事態となることは、金銭債権の「全額」を差し押さえしていないことに起因する。滞納額にかかわらず、金銭債権の全額を差し押さえし、その全額を取立て、配当することにより、確実に滞納を解消することができ、事務的に悩ましい事態は発生しない。

即ち、金銭債権の全額を差し押さえしていれば、続いて強制執行による差し押さえがされたとしても、徴収職員が直接供託所に還付請求でき、配当の結果、残余金が生じたときは、執行裁判所へ交付することにより、滞納処分庁の処理は終了する。

本節5、6又は前項の金銭債権の一部を差し押さえしているときの解説は、徴収のための処理ではなく、結果として供託のための差押えとなっている側面がある。

11　供託金の還付等

供託金の還付請求は、滞調法第20条の6第1項の規定により供託された供託金のうち、滞納処分による差押金額に相当する部分の払渡しは供託所に対する徴収職員の還付請求によって行う（昭和55年9月6日付民四第5333号「民事執行法等の施行に伴う供託事務の取扱いについて」民事局長通達第三の三の1の(一)の(2)のイ）（滞調法基本通達20の6-6(1)）。

ただし、昭和44年12月11日付け国税庁長官「滞納処分における供託手続等について」において、供託金払渡請求書に供託書正本を添付する旨記載されているところ、現在は前記請求書の提出のみでよいと考えられる。

　金銭債権について、滞納処分による差押え、強制執行による差押えの順番で差し押さえがされ、第三債務者が供託したときには、「供託前に金銭債権に対して滞納処分をしたことの効果として、徴収法第67条第1項の規定による取立権を**供託物還付請求権**に対しても行使することになると解される。したがって、その限りでは、被供託者としての滞納者（債務者）の**供託物還付請求権**の上に滞納処分の効力が移行してきていると考えるのが妥当」と解されている（執行供託実務-261）。また、「(仮)差押競合債権については、徴収職員に取立権があるところ、一方で滞調法20条の6が準用されることから、第三債務者が権利供託をする可能性がある（執行供託）。供託された場合、滞納者に帰属する供託金還付請求権をごく抽象的に観念し得るとしても、基本債権に対する差押えの効力が供託金還付請求権にも及ぶ（乗り移る）ことは自明のこと」（堀嗣亜貴：ジュリ107百選-169）と解されている。

　供託金の一部につき還付を受ける場合で、滞納処分によって債権が差し押さえがされた場合で、その一部に相当する部分につき供託金の還付を受けたときは、その残余について差押えの解除処理をするとともに、「差押え及び交付要求解除（通知）書」により執行裁判所にその旨を通知する（滞調法20条の8第1項において準用する同法第14条）。

　上記の差押えの解除処理をする場合においては、第三債務者は、供託により免責されていることから、差押えを解除した旨の通知は行わない。また、滞納者に対する「差押解除通知書」には、その「備考」欄に、当該債権が供託されている旨を付記する。

　徴収職員が、上記により滞納処分による差押えに係る債権の一部に相当する部分について供託金の還付を受けるときは、その還付を受けた金額について徴収法第129条第1項各号に掲げる国税その他の債権に配当した結果、残余が生じることのないよう留意する（滞調法基本通達20の6-6(2)ハ）。

　次に、滞調法第20条の6の規定により権利供託された場合において、債

権全額の弁済が期日に遅れたことにより遅延損害金が供託されている供託金について、滞納処分庁は債権全額と遅延損害金を払渡請求するという先例要旨を掲記しておく（図47参照）。

この先例要旨の考え方は、滞納処分による差押えの効力は、差押え後に生ずる利息に及び（徴収法第52条第2項ただし書き）、また、元本の弁済期以後の遅延利息についても及ぶと解されている。そのため、全額差押え及び全額取立ての原則から、差押え競合の金銭債権の取立てに当たっては、その金銭債権の額が差押えに係る公租公課その他徴収法第129条第1項各号に掲げる債権の合計額を超える場合であっても、原則として、その差押えに係る金銭債権の全額を取立てるものとするされ、前記の取立てには、滞調法第20条の6第1項の規定により供託された供託金の還付請求による場合も含まれることに留意するとされ、徴収職員による払渡請求は、配当手続きの一環として行われるものであり、供託金の一部のみを請求することはできないと解されている（高村一之：ジュリ158百選-166）。

【図47】

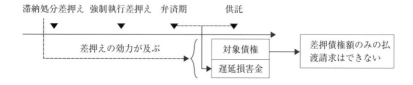

《債権に対する遅延損害金が供託されている場合の払渡請求の範囲》
平成8年度全国供託課長会同決議・5問（民事月報52-4-16）（ジュリ158百選-166）

金銭債権について、滞納処分による差押えと強制執行による差押えが相次いで送達され、第三債務者が滞納処分と強制執行等との手続の調整に関する法律20条の6第1項により債権の全額及び遅延損害金を供託した場合において、滞納処分庁から差押債権額のみの払渡請求があったときは、これを認可することはできない。

12　裁判所の配当

　金銭債権について滞納処分による差押えがされ、当該債権を強制執行によって差押えされたことにより、第三債務者が滞調法第20条の6によって権利供託をした場合において、次に掲げるときは、執行裁判所によって配当等が実施される（滞調法基本通達20の7）。
(1)　滞納処分による差押えがされていない部分については、供託がされたとき。
(2)　徴収職員が払渡しを受けた供託金については、残余の交付を受けたとき。
(3)　滞納処分による差押えがされている部分については、その差押えが解除されたとき。

　配当等を受ける債権者の範囲は、第三債務者からの取立金若しくは滞調法第20条の6第1項の規定により権利供託された金銭の払渡金又は売却代金について、徴収職員等が配当を行い、滞納者に交付すべき残余金が生じ、執行裁判所が前記の残余金の交付を受けた時までに、差押え、仮差押えの執行、又は配当要求をした債権者である（滞納法第20条の7第3項、執行法第165条第3項）。

第4節　金銭債権に対する差押えの競合その2（滞調法）

1　強制執行による差押え後の滞納処分による差押え

　強制執行によって債権が差押えされているときであっても、滞納処分によって当該債権を差し押さえすることができる（滞調法第36条の3第1項）。滞調法第20条の3第1項と逆の場面である。
　この場合、徴収職員等は、強制執行がされていることを知ったときは、滞納処分による差押えをした旨を滞調法政令第29条に定める書面である債権差押通知書により執行裁判所へ通知しなければならない。

滞納処分により債権が差押えされ、その後強制執行による差押命令があったときは、第三債務者は徴収職員へ弁済してもよく、債務履行地の供託所へ供託することもできる（権利供託、滞調法第20条の6）。第三債務者が弁護士へ相談するとほぼそのすべてが供託となることが経験則と言っても過言ではない。徴収職員等へ弁済できるのであるから、滞納処分庁としては取立権の行使につき努力すべきである。

　これと逆の場面では、第三債務者は義務供託（滞調法第36条の6第1項）となり、その事情を執行裁判所へ届け出ることになる（同条第2項）。それがされたときは徴収職員等の執行裁判所への通知は不要となる。債権差押通知書又は事情届出によって滞納処分による差押えの時に交付要求があったものとみなされ、滞納処分庁は、債権現在額申立書を速やかに執行裁判所へ送達する必要がある。

　経験則として、第三債務者のもとへ赴き財産調査を行うと、「売掛債権があるけど、それはもう裁判所から差押えがされています」ということがよくあった。その時は、当該売掛債権を年金事務所において直ちに差し押さえするとともに、差押命令書の写しを徴取し、供託すべき必要性があること、その事情を執行裁判所へ届出する必要があることを教示する。供託後の結末につき質問がされたときは、供託により執行裁判所が配当をすること、公租公課債権には優先配当がされることを説明するとよい。

　滞調法

（差押えが一部競合した場合の効力）
第36条の4　債権の一部について強制執行による差押えがされている場合において、その残余の部分を超えて滞納処分による差押えがされたときは、強制執行による差押えの効力は、その債権の全部に及ぶ。
（第三債務者の供託義務）
第36条の6　第三債務者は、強制執行による差押えをした債権者が提起した次条に規定する訴えの訴状の送達を受ける時までに、その差押

えがされている金銭債権について滞納処分による差押えがされたときは、その債権の全額（強制執行による差押えの前に他の滞納処分による差押えがされているときは、その滞納処分による差押えがされた部分を差し引いた残額）に相当する金銭を債務の履行地の供託所に供託しなければならない。

2 　第三債務者は、前項の規定による供託をしたときは、その事情を執行裁判所（差押処分がされている場合にあっては、当該差押処分をした裁判所書記官）に届け出なければならない。

3 　前項の規定による事情の届出があったときは、執行裁判所の裁判所書記官又は差押処分をした裁判所書記官は、その旨を徴収職員等に通知しなければならない。

4 　第1項の規定により供託された金銭については、徴収職員等は、強制執行による差押命令若しくは差押処分の申立てが取り下げられた後又は差押命令若しくは差押処分を取り消す決定若しくは差押処分を取り消す旨の裁判所書記官の処分が効力を生じた後でなければ、払渡しを受けることができない。

（みなし交付要求等）

第36条の10　第36条の6第1項の規定又は第36条の7において準用する民事執行法第157条第5項の規定により供託された金銭について執行裁判所が配当等を実施し、又は裁判所書記官が弁済金の交付を実施する場合においては、配当期日若しくは弁済金の交付の日までにされた第36条の3第2項本文の規定による通知又は第36条の6第2項の規定による事情の届出に係る差押え国税等については、滞納処分による差押えの時に交付要求があつたものとみなす。

2 　徴収職員等は、前項の差押え国税等について滞納処分による差押えを解除したときは、その旨を執行裁判所（差押処分がされている場合にあっては、当該差押処分をした裁判所書記官）に通知しなければならない。

2 強制執行による差押えの効力の拡張

滞調法第20条の4は、債権の一部を滞納処分によって差押えしていたときに、その残余を超えて強制執行による差押命令があったときの場面である（このような事態は適切な滞納処分とは言い難いということが本書の態度である。本章第1節参照）。

次に、前記とは差押えの順番を逆として、債権の一部を強制執行によって差し押さえしていたときに、その残余を超えて滞納処分による差押えがされたときにおいても、強制執行による差押えの効力は、その債権の全部に及ぶことになる（滞調法第36条の4）（図49）。この場合、強制執行による差押えの効力が債権全額に及び、第三債務者は供託義務を負うことになる。

これは、「滞納処分による差押えを強制執行手続きに取り込み、債権全体について強制執行手続きで換価・配当をするためには、強制執行による差押えの効力を金銭債権全体に及ぼしておく必要がある」（執行供託実務-279）ことによる。そうすると、強制執行による差押えがされている金銭債権について滞納処分による差押えがされたときに該当（滞調法第36条の6第1項）するため、第三債務者は供託義務を負うことになる。

「この供託義務を負わせたのは、公租公課の優先徴収権を保証して執行裁判所等で確実に配当できるようにするためである」（執行供託実務-280）。

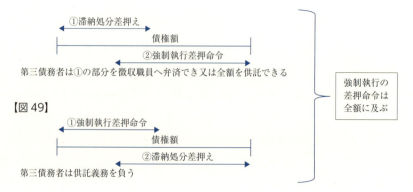

3 差押競合債権

　債権額が100万円であるときに、強制執行による差押えが40万円、滞納処分による差押えが50万円であれば、滞調法の出番ではない。一つの債権に対して強制執行による差押えと滞納処分による差押えが競合して、滞調法の出番となる「差押競合債権」とはどのような状態かを示すと図50のとおりである。

　倒産かそれに近い滞納者は、債務超過に陥っていることが多く、強制執行では執行債権額のみを差押えすることが実務とはいえ、執行債権額が膨らみ差押えの対象となる債権額を上回っていることが多い。又、公租公課債権の滞納処分では、原則として滞納者の債権を全額差し押さえするため、差押競合債権となることが多い。

　本章第1節2で述べるとおり、徴収職員等が原則どおり滞納処分を執行すれば、生じる事態はア、オ、カしかないことになる。

【図50】差押競合債権

ア　①一部について強制執行による差押命令、②その残余の部分を超えて（全部）滞納処分による差押え。

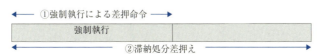

イ　①一部について強制執行による差押命令、②その残余の部分を超えて滞納処分による差押え。

ウ　①一部について強制執行による差押命令、②その残余の部分を越えない範囲で滞納処分による差押え、その後、更に強制執行による差押命令又は滞納処分による差押えによってその残余の部分を超えることになった場合。

エ ①全部について強制執行による差押命令、その一部に滞納処分による差押え。

オ ①全部を強制執行による差押命令、その全部に滞納処分による差押え。

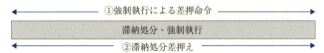

カ ①強制執行による差押命令、②仮差押命令、③滞納処分による差押え

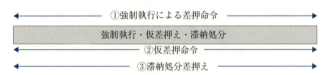

(注) 「差押え」又は「差押命令」には、単一の差押え又は差押命令だけでなく、複数にわたる場合も含まれるため、上記アの例で全体債権額が100万、①の部分が60万であるときに、30万円と20万円の滞納処分、また、強制執行部分が30万円と30万円とそれぞれ複数となった場合も差押競合債権となる。

4 差押競合債権となった場合の通知など

差押競合の金銭債権につき滞納処分による差押えをした場合において、強制執行による差押えがあることを知ったときは、徴収職員は、「債権差押通知書」(滞調法政令第29条第1項) により滞納処分による差押えをした旨を執行裁判所に通知することになる (滞調法第36条の3第2項本文)。ただし、裁判所書記官より、第三債務者から供託に係る事情届があった旨を滞調

法規則第43条第3項に掲げる事項を記載した書面（事情届通知書）により通知（同法第36条の6第3項）を受けたときは、執行裁判所に対し滞納処分により差押えをした旨の通知をする必要はない（同法第36条の3第2項ただし書）。この場合、速やかに滞納処分による差押えに係る公租公課債権の年度、納付の期限及び金額を記載した「滞納現在額申立書」を執行裁判所に送付しなければならない（滞調法政令第29条第2項）（滞調法基本通達36の3-2）。

強制執行による差押えが取消しされ、又はその申立てが取り下げられると、滞納処分によって取立てすることになるため、執行裁判所において滞納処分による差押えの存在を認識させる必要があるためこの手続きが必要となる。

5 滞調法上の義務供託

権利供託では、執行の順番が①滞納処分によって債権が差し押さえされ、同一債権を②強制執行によって差し押さえしたときであり、これとは逆に、②①の順番であるときは、滞調法第36条の6第1項により、第三債務者は供託することが義務となる（義務供託）。

滞納処分では、滞納処分庁は執行機関（徴収法第2条第13号）として、自庁の公租公課債権に配当・充当する外、執行裁判所へ残余金を配当するなどの役目を果たす。これに対して、強制執行による差押命令が先行する場合は、徴収職員に取立権がなく、強制執行による差押債権者は、執行機関ではないため、義務供託とすることによって、裁判所において配当を実施することにし、差押債権者及び差押債務者の権利保護を図ろうとするものである。

第三債務者の供託義務について解説しておくと、「第三債務者は供託しなければ債務の免責を受けることができず、差押債権者は供託を請求でき、第三債務者に対する取立訴訟の請求認容判決は、主文において供託による支払いを命じられる。供託義務に拘わらず第三債務者が競合する差押債権者の一人の取立てに応じた場合、その支払いを受けた債権者に対する関係では、弁済の効力を否定すべきではないとしても、他の債権者には弁済の効力を対抗

できないため、第三債務者は依然として法定全額の供託義務を免れない」（中野執行法-609）ということになる。

　滞調法第36条の6第2項は、第三債務者が前記義務供託をしたときは、その事情を執行裁判所（差押処分がされている場合にあっては、当該差押処分をした裁判所書記官）に届け出ること、同第3項では、同第2項の事情届があったときは、執行裁判所の裁判所書記官又は差押処分をした裁判所書記官は、その旨を徴収職員等に通知すること、同第4項は、同第1項の規定により供託された金銭は、徴収職員等は、強制執行による差押命令若しくは差押処分の申立てが取り下げられた後又は差押命令若しくは差押処分を取り消す決定若しくは差押処分を取り消す旨の裁判所書記官の処分が効力を生じた後でなければ、直接、払渡しを受けることができないことを規定している。

6　供託すべき金額

　強制執行による差押債権者が、第三債務者を被告として取立権を行使することを取立訴訟と呼び（この点は滞納処分においても同様）。その取立訴訟の提起による訴状が第三債務者に送達される時までに、その差押えがされている金銭債権につき滞納処分による差押えがされたとき（債権差押通知書が第三債務者に送達された時）のみ、第三債務者は、その債権の全額について義務供託をすることになる。

　ただし、その滞納処分による差押えがされた部分を差引いた残額が義務供託部分となる（滞調法第36条の6第1項括弧書き）。

　強制執行による差押えの前に他の滞納処分による差押えがされているときとは、次に掲げるときとなる（滞調法基本通達36条の6-2）。

(1)　金銭債権の一部について滞納処分による差押えがされている場合において、強制執行による差押えがされ、その差押債権者の提起した滞調法第36条の7に規定する取立訴訟の訴状が第三債務者に送達される時までに、更に滞納処分による差押えがされて競合したとき。

【図51】（債権額100万円）

(2) 金銭債権の一部について滞納処分による差押えがされている場合において、強制執行による差押えにより競合し、その差押債権者の提起した滞調法第36条の7に規定する取立訴訟の訴状が第三債務者に送達される時までに、更に滞納処分による差押えがされたとき。

【図52】（債権額100万円）

(1)及び(2)とも、まず滞納処分による差押え40万円は、滞納処分庁に取立権がある。その残額60万円については、前記括弧書きにより、義務供託となる。しかし、①の後の強制執行による差押命令は、滞納処分と競合する結果、第三債務者は、100万円全額につき、滞調法第20条の6第1項及び同条同項と執行法第156条第2項の双方の規定を根拠に供託とすることもできる。又は、滞納処分による差押え部分を徴収職員等へ弁済し、残額部分を執行法第156条第2項を根拠として債務履行地の供託所へ供託しなければならない。

なお、第三債務者が100万円権利供託をした場合、①の滞納処分庁は、40万円部分は、単純な執行供託であることから、供託所において供託金の還付を受けることができると解される（本章第3節11参照）。

滞納処分による債権差押えは、滞納金額に拘わらず全額を差押えすることが原則である（徴収法第63条）。税からの交付要求の危険に晒される公租公課債権では、税当局が一部差押えする場合であっても公課債権の滞納処分庁はなお全額差押えすべき理由がある。前記(1)及び(2)とも全額差押えをしていれば、徴収職員が100万円取立てするか、第三債務者が100万円権利供託するかのいずれかであり、滞納処分庁及び第三債務者の双方にとって判断が単純で説明も簡単である。

7　第三債務者からの事情届

　第三債務者が義務供託をするときは、供託書正本を添付してその事情を執行裁判所（差押処分がされている場合にあっては、当該差押処分をした裁判所書記官）に届け出し（滞調法第36条の6第2項、滞調法規則第43条第1項）(注5)、その届があったときは、執行裁判所の裁判所書記官又は差押処分をした裁判所書記官は、その旨を徴収職員等に通知することになる（同条第3項）。

　第三債務者から、滞調法第36条の6第2項に規定する事情届が執行裁判所にされた場合には、裁判所書記官は、「事情届通知書」によりその旨を徴収職員に通知することになっている（同条第3項）。

　滞納処分による差押えをした旨の執行裁判所への通知又は第三債務者が供託したときは、滞納処分による差押えの時に交付要求があったとみなされ（滞調法第36条の10第1項）、滞納処分庁は配当を受けることができる。

　執行法における配当要求の終期は、第三債務者が供託をした時（執行法第165条1号）、取立訴訟の訴状が第三債務者に送達された時（同条第2号）、売却命令により執行官が売得金の交付を受けた時（同条第3号）となっている。強制執行による差押えがされている債権に対して滞納処分による差押えをしたという順番においては、徴収職員等が郵便送達によって債権を差押えした場合では、強制執行による差押えが先行していることは直ちにわからず、第三債務者が供託をすれば配当要求の終期が到来したことになれば、交付要求の必要性を認識し、その手続きをする時間すらないことになるため、「滞納処分による差押えの時に交付要求があった」とみなされるのである。

8　裁判所の配当

　供託された金銭について、徴収職員等は、強制執行による差押命令若しくは差押処分の申立てが取り下げられた後又は差押命令若しくは差押処分を取

(注5)　事情届様式は、様式編を参照。

り消す決定若しくは差押処分を取り消す旨の裁判所書記官の処分が効力を生じた後でなければ、直接、払渡しを受けることができない（滞調法第36条の6第4項）。

また、取立訴訟提起による訴状が第三債務者に送達されると滞納処分によって差し押さえしても配当を受けることができなくなる（注6）。また、強制執行による差押命令によって金銭債権を差し押さえた債権者は、第三債務者に対して差押命令が送達された日から1週間を経過したときは、その債権を取り立てることができるから、滞納処分による差押えは迅速に執行する必要がある。

滞調法第36条の6第1項の規定により供託された金銭については、徴収職員は、取立権を行使することはできない（同条第4項）。強制執行が先行するときは、強制執行の手続き内において滞納処分の手続きもまとめて行うことになり、執行裁判所が債権全体の配当等の実施を行うことになる。

そのため、第三債務者には供託義務が生じ、供託書正本を添付して執行裁判所（差押処分であるときは裁判所書記官）に事情届により届け出しなければならないとされている。

公租公課債権には、優先徴収権があるため（徴収法第8条）、徴収職員等は、執行裁判所の配当手続において優先配当を受けることができ、執行裁判所から供託所へ支払委託がされたときは、徴収職員は、「供託物払渡請求書」に払渡しを受けられる証明書を添付（供託規則第30条）して供託所から配当額を受けとることができる。

そして、執行裁判所の配当等として支払委託によって実施されることになる。

(注6) 債権がある限りは、差押えの効力が生じるものの、取立権が生じず、配当を受ける債権者となれない。しかし、強制執行による差押命令が取消しされた時では、取立権が生じることになり、取立訴訟の訴状送達に遅れたからといって差押えが無意味とまでは言えない。

第5節　金銭債権に対する差押えの競合その3（滞調法）

1　滞納処分と強制執行による差押通知が同時到達した場合

　滞調法では、①滞納処分による債権差押通知、②強制執行による差押命令の順に到達した場合は、第三債務者は権利供託ができること（同法第20条の6第1項）、逆に②①の順では、第三債務者は義務供託（同法第36条の6第1項）すべきことになることは、第3節及び第4節のとおりである。

　では、①②が同時到達であったときにはどうすべきかとの問題がある。滞調法には、同時到達の規定はなく、解釈に委ねられることになる（そういう意味から厳密には滞調法の問題ではない）。

　「滞調法は、手続上の優先関係を規定したにすぎず、実体法（注7）上の優先関係を拘束するものではない（後掲東京地判平11.3.26判時1692-88参照）。したがって、滞納処分による差押通知と強制執行による差押命令が同時に送達された場合には、滞調法第20条の6と第36条の6とが重複しているものであり、第三債務者の選択により、滞調法第20条の6第1項又は同法第36条の6第1項のいずれの供託も可能である」としている（執行供託実務-288、吉岡供託実務-178同旨）。

　権利供託となっても義務供託となっても、公租公課、私債権に対する配当に差が生じるものではなく、滞納処分庁において配当するか執行裁判所に配当するかの違いであり、前記解釈は妥当なものと考えられる。

　なお、後掲東京地判平11.3.26（判時1692-88）は、第三債務者の陳述催告が6か月間程放置され、その結果執行裁判所が本件滞納処分の存在を遅れて知ったというもので、滞納処分庁は、この点も斟酌されるべきと主張したが認められていない。供託が争点となった判例ではないが、滞納処分上重要で

（注7）　権利義務の発生、変更、消滅の要件等の法律関係について規律する法を実体法と呼び、民法はこれに当たる。権利、義務等の実現のために執るべき手続きや方法を規律する法を手続法と呼ぶ。徴収法はこれに当たる。

《法定納期限前設定の抵当権による物上代位と賃料差押えの優劣》
東京地判平 11.3.26（判時 1692-88 金商 1084-46）

事案の概要

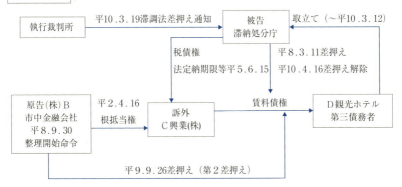

　　　　　　　　　　　　　主　　文
一　被告は原告に対し、金 350 万円及びこれに対する平成 10 年 9 月 29 日から完済に至るまで年 5 分の割合による金員を支払え。
二　訴訟費用は被告の負担とする。
三　この判決は仮に執行することができる。

【事実及び理由】

第一　請求

主文同旨（なお付帯請求の起算日である平成 10 年 9 月 29 日は、本件訴状送達の日の翌日である。）

第二　事案の概要

本件は、ある債務者に対し被告が有する租税債権の法定納期限等に先立ち根抵当権設定登記を受けた原告が、物上代位に基づく賃料債権につき差押命令を得て第三債務者にその命令が送達されたところ、その前に同一賃料債権につき被告が滞納処分に基づき差押命令を得て当該賃料の取立・配当を受けており、しかも滞納処分と強制執行等との手続の調整に関する法律 20 条の 3 の第 2 項に基づく執行裁判所の通知が遅れたことにより、約 6 か月間本来

実体法上優先すべき原告に差押えに係る賃料が支払われず、被告に対し支払われたことから、原告が被告に対し、不当利得を理由として、右期間に支払われた賃料の返還を請求した事案である。

一 前提事実（特記した以外は争いがない）

1 原告は、東京都知事へ貸金業の登録をし、不動産担保融資、有価証券担保融資、ゴルフ会員権担保融資を主要業務として行っている株式会社であり、平成8年2月28日東京地方裁判所民事第八部に会社整理を申し立て（東京地方裁判所平成8年ヒ第1002号、この申立てについては弁論の全趣旨）、平成8年3月7日佐藤正八弁護士（東京弁護士会所属）が監督員に選任され、同年9月30日整理開始命令、平成9年3月14日商法386条1項の規定による整理計画案の実行命令をそれぞれ得て、現在裁判所の監督下で企業再建手続が進められている（実行命令及び企業再建手続の進行については弁論の全趣旨）。

なお、原告は、平成2年10月1日、商号を株式会社Aから株式会社Bへ変更した。

2 原告は、平成9年9月25日、平成2年4月16日設定の根抵当権（債務者兼所有者は訴外C興業株式会社、前橋地方法務局沼田支局平成2年4月20日受付第6471号）に基づき、訴外C興業株式会社（以下「C興業」という。）の訴外株式会社D観光ホテル（以下「D観光」という。）に対する賃料債権（以下「本件賃料債権」という。）について、根抵当権（物上代位）に基づく債権差押命令を取得した（東京地方裁判所平成9年ナ第1271号、以下この命令を「本件第二差押」という。）。

右差押命令は、D観光に対し、平成9年9月26日送達された。

3 被告沼田財務事務所（以下「被告事務所」という。）は、平成8年3月11日、C興業に対する租税（不動産取得税）債権（以下「本件租税債権」という。）に基づき、国税徴収法による滞納処分として、本件賃料債権を差し押さえた（以下この差押を「本件第一差押」という。）。被告事務所のC興業に対する租税債権の法定納期限等は平成5年6月15日である。

4 その後、被告事務所は、本件第一差押に基づき、その差押に係る賃料

の取立・配当を行ってきたが、その取立・配当は原告の本件第二差押後も継続し、平成10年3月12日まで継続した。

5　滞納処分と強制執行等との手続の調整に関する法律（以下「滞調法」という。）20条の3第2項に基づく執行裁判所の通知（以下「本件通知」という。）は、平成10年3月19日まで行われなかった（右通知が被告事務所に到達したのは、同月23日である。）。

被告事務所長は、平成10年4月16日、滞納処分により本件第二差押を解除した。

6　本件第二差押がD観光に送達された平成9年9月26日以降、本件通知が被告事務所に到達された平成10年3月23日までの間、被告事務所は、本件賃料債権について、平成9年9月30日、同年11月4日、同月20日、同年12月24日、同月31日、平成10年2月28日、同月3月12日、各金50万円合計金350万円を取り立て、これをC興業の不動産取得税の一部として配当した（以下この取立・配当分を「本件請求に係る取立・配当分」という。なお被告事務所が行った本件賃料債権を差し押さえ、これを取り立て、配当した行為を以下「本件滞納処分」という。）を受け、その結果原告は右取立・配当分の損失を被った。

二　争点

1　本件訴えは、本件滞納処分の公定力に反する不適法な訴えか。

2　本件請求に係る取立・配当分の受領につき、被告は法律上の原因を有するか。

三　争点に関する当事者双方の主張の要旨

1　争点1について

（被告）

本件滞納処分は、何ら法律の定めに反するものではなく、少なくともその手続に重大かつ明白な違法はないから、本件滞納処分は依然公定力を有し、その取消を求めずに被告に対し本件不当利得返還請求を求める本件訴えは不適法であり、却下を免れない。

（原告）

原告は、本件滞納処分の瑕疵を争っているものではないから、原告は不当利得の返還を求めるにあたって右処分の取消を求める必要はなく、したがって本件訴えは適当である。

2　争点2について

（原告）

国税徴収法16条、地方税法14条の10等によれば、本件において原告の根抵当権設定登記が被告の法定納期限等に先立つから、原告の申立てに係る債権差押命令がD観光に送達された以降は、本件第二差押が被告の本件第一差押に優先する。

このように、本件原告のごとく優先権がありながら配当を受ける機会が全く与えられなかった者が優先権のないにもかかわらず本件賃料債権につき取立・配当を受けた被告に対し、不当利得返還請求権を行使できるのは当然のことである。

（被告）

滞調法の規定の趣旨、国税徴収法の配当手続についての規定等に照らせば、物上代位権者は差押えさえすれば、執行裁判所からの滞納処分権利者に対する通知の有無にかかわらず、当該差押に係る債権について滞納処分手続により取立・配当が終了した後であっても、なお優先配当権を主張できると解釈することは妥当でなく、またこのように解釈すれば大量性・反復性を有する租税権利義務関係の法的安定性を著しく害することになって不当である。

したがって、本件において原告の解釈は相当ではなく、被告が本件請求に係る取立・配当分を受領した行為は法律上の原因に基づくから、不当利得返還請求権は生じない。

なお、本件においては、第三債務者の陳述催告が6か月間程放置され、その結果執行裁判所が本件滞納処分の存在を遅れて知ったものであるが、原告は、その第三債務者からの右催告に対する回答の有無にかかわらず、先行する滞納処分の存在を知らない間は差押債権の取立権を有するから、原告には右の遅延の解消の機会もあったのであり、この点も本件請求にあたって斟酌

されるべきである。
 第三　争点に対する判断
　一　争点1について
　そもそも、行政処分の公定力は、当該行政処分を有効なものとして承認させる効力であって、当該行政処分を適法なものとして承認させる効力ではないから、本件滞納処分に基づき被告が受領した本件請求に係る取立・配当分につき原告が被告に対し行う本件不当利得返還請求は、右滞納処分の公定力に抵触しない。
　したがって、右請求を内容とする本件訴えが適法であることは明らかであり、争点1に関する被告の主張は失当である。
　二　争点2について
　本件滞納処分は、被告が本件第一差押えに基づき、取り立てたものであるが（国税徴収法67条）、滞調法20条の5によれば、滞納処分による差押えがされている債権に対し強制執行が発せられたときは、強制執行による差押えをした債権者は、差押えに係る債権のうち滞納処分による差押えがされている部分については、滞納処分が解除された後でなければ、取立てができない旨規定されている。したがって、本件滞納処分は手続法的には法律上の根拠を有する適法な処分であることはいうまでもないところである。しかしながら、右処分による財貨の移動が実質的・相対的にも許されるか否か、すなわち右財貨の移動が終局的効果を有するかどうかが本件争点の核心であると解される。
　そこで、右争点の核心について考えるに、まず、<u>被告による滞納処分としての本件第一差押えがなされた後に私債権者である原告による本件第二差押えがなされた本件事案において、右各差押えに係るいずれの債権が優先すべきかについては、国税徴収法16条、地方税法14条の10が規定するところであり、前記前提事実2及び3を踏まえて右法条を適用すれば、本件租税債権は本件根抵当権によって担保される債権に優先される劣後的地位しかないことが明らかである。ところが、前記前提事実5及び6によれば、滞調法20条の3第2項に基づく本件通知が平成10年3月23日に被告事務所に到</u>

達するまでなされなかったことにより、被告が同月12日まで本件滞納処分による取立を継続し、ようやく同年4月16日に被告は本件第一差押えを解除したため、本件請求に係る取立・配当分の利得が被告に発生したものである。

　ところで、滞納処分手続と強制執行手続の調整を図るため、これらの手続に関する規定の特例を定めた法が滞調法である（同法1条）ところ、同法はその立法趣旨からも明らかなように、これら手続の調整を意図したものにすぎず、手続に係る債権間の実体的優先関係を変更するものではないと解される。滞調法20条の3第2項は、執行裁判所が滞納処分を知ったときは、裁判所書記官は、差押命令が発せられた旨を徴収職員等に通知しなければならない旨を規定するが、これは右通知により先行する滞納処分権者に対し差押競合債権の存在を知らしめることにより競合債権相互間の優先権を判断させ、配当の必要があるものについては、執行裁判所への残余金の交付を義務づけ、滞納処分権者が優先する債権の存在のため取立・配当の利益がないと判断した場合には、滞納処分による差押えが解除されることを期待するための手続規定であるところ、その趣旨からも明らかなように、このような場合の私債権者の利益と滞納処分権者の利益の優劣関係は、前記国税徴収法及び地方税法の各規定の適用によりなされるべきことを当然の前提としているのである。

　してみれば、本件事案においても、終局的な財貨の帰属の帰趨を決するところのものは、右実体法的規定の適用によるものと解するのが相当であり、これによれば、本件請求に係る取立・配当分については、原告が被告に優先するといわざるを得ないところ、被告は法律上の原因なく右取立・配当分の利得を得ているというほかない。被告は、前記争点2についての被告の主張の要旨欄記載の主張をしているところ、その主張を勘案しても右結論を左右するものではなく、論旨は理由がない。

　なお、被告は、本件通知が遅れたことには原告の過責事由もあり、これを本件において斟酌すべき旨主張するところ、この点は一種の信義則の適用による返還義務の範囲減縮の主張であると解せられるが、原告にこのような過

責事由を認めるに足りる証拠はないから、失当といわざるを得ない。

　第四　結論

　以上によれば、原告の本訴請求は理由がある。

2　滞納処分と強制執行による差押通知の到達先後不明の場合

　次に、①滞納処分による債権差押通知、②強制執行による差押命令の到達の先後が不明の場合は、どのように取扱いすべきであろうか。

　まず、債権譲渡と差押えとが競合した事案である前掲最三判平5.3.30（民集47-4-3334）は、滞納処分の債権差押通知と確定日付のある債権譲渡通知の到達の先後関係が不明であるために、その相互間の優劣を決することができない場合には、各通知は同時に第三債務者に到達したものとして取り扱うとしており、前記①②においても同様に解釈してよいと考えられる。

　また、同じく債権譲渡と差押えとが競合した事案である前掲最三判昭55.1.11（民集34-1-42）は、「指名債権が二重に譲渡され、確定日付のある各譲渡通知が同時に第三債務者に到達したときは、各譲受人は、第三債務者に対しそれぞれの譲受債権についてその全額の弁済を請求することができ、譲受人の一人から弁済の請求を受けた第三債務者は、他の譲受人に対する弁済その他の債務消滅事由がない限り、単に同順位の譲受人が他に存在することを理由として弁済の責めを免れることはできないもの、と解するのが相当である。また、指名債権の譲渡にかかる確定日付のある譲渡通知と右債権に対する債権差押通知とが同時に第三債務者に到達した場合であっても、右債権の譲受人は第三債務者に対してその給付を求める訴を提起・追行し無条件の勝訴判決を得ることができる」としているから、第三債務者が供託ではなく徴収職員の取り立てに応じても債務は消滅するものと解して差し支えないであろう（実際には供託する第三債務者が大半であろう）。

第6節　混合供託がされている供託金還付請求権の差押え

1　滞納処分における執行供託と混合供託での実務

　例えば、滞納者の債権を滞納処分庁が滞納処分によって差し押さえした以後に、同一債権につき強制執行による差押命令がされたときは（図53）、第三債務者は滞調法第20条の6により供託ができ（権利供託）、又は、徴収職員に弁済することもできる。

　差押えをした債権を基本債権と呼び、供託されると滞納者に対する供託金還付請求権が生じ、執行供託では、基本債権に対する差押えの効力は前記供託金還付請求権にも及ぶことは自明と解されている。したがって、図53の場合、徴収職員は供託所に赴き供託金の還付請求を受けることができる。

　次に、譲渡禁止特約付きの金銭債権につき、①債権譲渡（注8）、②滞納処分による差押え、③強制執行による差押命令がされたことにより、混合供託がされたときは（図54）、滞納処分庁は、供託金還付請求権を差押えすることになる。何故ならば、弁済供託の場合、供託の基礎となった基本債権と第三債務者を供託官とする供託金還付請求権とは、発生原因を異にする別個の債権であることなどの理由から、基本債権に対する差押えの効力が供託金還付請求権に移らないと解されていることに基づく（加島康宏：ジュリ158百選-162）。

（注8）　第三者対抗要件を具備している債権譲渡に限る。

【図53】

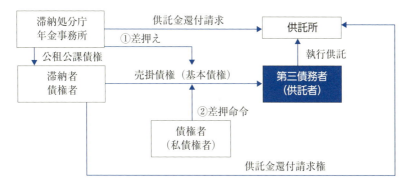

【図54】

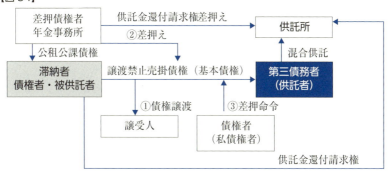

2 供託金還付請求権の取立て

次に、滞納処分庁が供託金還付請求権を取立てするためには、すべての利害関係人との関係で供託金について実体的な権利を有することを確定させるために、債権譲受人に対して滞納処分庁が供託金の還付を受けることの承諾をするよう説得し、その承諾の旨を記載した書面を受理する。供託規則から、承諾者の印鑑証明が必要となる（供託規則第24条第2項第1号）。

これに応じないときは供託金還付請求権の取立権が滞納処分庁にあることの確認訴訟を提起し、その確定判決の謄本を添付して供託金の還付を受けるとの手順になる（後掲昭55.10.28国税庁通達参照）。

前記承諾書において、滞納者の承諾が必要となるかについては、仮に債権譲渡を無視すると滞納処分庁は差押えの効力によって売掛債権を取立てする

ことができる地位にあるから、不要と解する。

前記国税庁基本通達によって滞納処分庁が**供託物還付請求権**の取立権確認訴訟を提起する場合、滞納者を被告とすべき否かについて、「判決の効力が滞納者に及ばないと考えた場合でも、滞納者を被告として滞納者に**供託物還付請求権**が帰属することの確認を求めることは無意味であり、滞納者が滞納処分庁の差押処分そのものに不服がある場合には、滞納者が差押処分の無効確認訴訟を提起して争うべき問題であることなどから、滞納者を被告とする必要はない」（加島康宏：ジュリ158百選−163）(注9) と解されている。

3 国税庁通達の意味

後掲昭55.10.28国税庁通達の「供託金の還付請求権について滞納者が譲渡等の処分をしていると認められるときは第三債務者を被告として、基本債権の支払を求める取立訴訟を提起する」について解説をしておく。

執行法においては、差押えがされたときに第三債務者は供託することができ、これにより差押債権者に対しても債務の消滅を主張できる。これに対して、滞納処分による差押えでは、徴収職員に取立権が発生し、第三債務者はその取立てに応じる義務があり、執行法のように権利供託をすることができない（滞納処分と強制執行等との手続の調整に関する法律における差押えの競合を除く）。したがって、第三債務者は、供託をしたからといって滞納処分庁に対しては債務の消滅を主張できないことになり、滞納処分庁では、基本債権の取立てができることになると考えられるため、基本債権の支払を求める取立訴訟を提起するとの理屈になっている。

ただし、この理屈は、徴収法の取立権を前面に出し、法的に一応筋は通っている解釈としても、実質、第三債務者へ二重弁済を求めるもので、第三債務者が理解することはまず有り得ない。実行するとなれば裁判となることは必至で、権利の濫用などの主張からこの通達が支持されるかはおおいに疑問がある。私見では、無理筋の解釈といわざるを得ない。なお、これまで、前

(注9) 第4章第1節6を参照。

記基本通達に沿った判例は見受けられない。

昭和55年10月28日付国税庁通達

> 滞納処分により差押えをした債権につき債権者不確知を理由として供託された場合に国が採るべき徴収手段について
>
> 表題のことについては、下記のとおり定めたから、今後これにより取り扱われたい。
>
> なお、この取扱いについては、法務省（訟務局租税訟務課）と協議済みであることを念のため申し添える。
>
> （趣旨）
>
> 徴収職員が滞納処分として滞納者の有する債権（以下、これを「基本債権」といい、その債務者を「第三債務者」という。）を差押えた場合において、第三債務者が基本債権につき債権者不確知を理由として供託したときに国が採るべき徴収手段を定めたものである。
>
> 徴収職員が滞納処分として滞納者の有する基本債権を差押えた場合において、当該差押え前にされた基本債権の譲渡の効力に疑義があるなどの理由により、第三債務者が、当該譲渡の当事者を被供託者として基本債権の額に相当する金銭を供託所に供託したときは、次により処理するものとする。
>
> 1　供託金の還付請求権について、滞納者が譲渡等の処分をしていないと認められるとき。
>
> (1)　被供託者を被告とする確認訴訟の提起
>
> 　滞納者が有する供託金の還付請求権を差押えた上、被供託者を被告として、供託金還付請求権の取立権が国に帰属していることの確認訴訟を提起する。
>
> (2)　基本債権の差押えの解除
>
> 　(1)の場合において、基本債権の差押えの解除は、原則として、(1)の訴訟において国が勝訴の確定判決を得たときに行う。
>
> （注）供託金の還付請求権について滞納者が譲渡等の処分をしていない

ときは、基本債権の支払を求める取立訴訟を提起するまでもなく、上記(1)の訴訟を提起することによって、基本債権の額に相当する滞納国税の徴収ができることから、この取扱いを定めたものである。

2 供託金の還付請求権について滞納者が譲渡等の処分をしていると認められるとき第三債務者を被告として、基本債権の支払を求める取立訴訟を提起する。

なお、1の(1)の訴訟において、滞納者の有していた供託金の還付請求権について譲渡等の処分がされ、国がその還付請求権に対する差押えをもって、その譲渡等の処分に対抗できないとの理由により敗訴したときも同様とする。

(注) 供託金の還付請求権について滞納者が譲渡等の処分をしているときは、その供託金から滞納国税を徴収することができないことから、基本債権の差押えの効力に着目して、この取扱いを定めたものである。

4 混合供託の事案と債権譲渡の承諾

滞納処分の理解向上の観点から混合供託の事案を紹介しておく（後掲最一判平9.6.5（民集51-5-2053）。

譲渡禁止特約のある債権について、譲受人が特約の存在を知り、又は重大な過失により特約の存在を知らないでこれを譲り受けた場合でも、その後、債務者が債権譲渡について承諾を与えたときは、債権譲渡は譲渡の時にさかのぼって有効となるが、民法116条の法意に照らし、第三者の権利を害することはできず、承諾前の滞納処分による差押権者に対しては、債権譲渡の効力を主張することができない（最一判平9.6.5民集51-5-2053）。このような事案では、**供託物還付請求権**を差し押さえしていく手段があるところ、迅速に基本債権を差し押さえておくことが王道ということになる。

この原審においては、「供託書には本件譲渡禁止の特約に違反することの記載がなく、本件売掛代金債権の譲渡自体についてはこれを認めたうえで、

真の債権者を確知できないとして供託していることが認められるから、債務者は、本件供託に際し、譲渡人から譲受人への債権譲渡を承諾したものというべきである」との判断がされている（後掲東京高判平5.2.25訟務39-11-2269）。つまり第三債務者において積極的に債権譲渡の承諾をしているのではなく、供託における解釈として承諾したとされたのである。「異議をとどめない承諾」について、単に「承諾」だけした場合はこれに該当するのか、それとも「異議をとどめない」旨の記載等が必要であるかは学説においても意見が分かれているところであるが、これと同旨の判例は筆者の知る限り他に見受けられない。

《譲渡禁止特約付債権の譲渡後にされた債務者の譲渡と債権譲渡の第三者に対する効力》
最一判平 9.6.5（民集 51-5-2053、判時 1615-39）

事案の概要

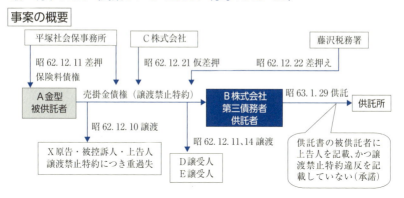

上告代理人本田敏幸の上告理由について
一　譲渡禁止の特約のある指名債権について、譲受人が右特約の存在を知り、又は重大な過失により右特約の存在を知らないでこれを譲り受けた場合でも、その後、債務者が右債権の譲渡について承諾を与えたときは、右債権譲渡は譲渡の時にさかのぼって有効となるが、民法116条の法意に照らし、第三者の権利を害することはできないと解するのが相当である（最高裁昭和47年（オ）第111号同48年7月19日第一小法廷判決・民集27巻7号823

頁、最高裁昭和 48 年（オ）第 823 号同 52 年 3 月 17 日第一小法廷判決・民集 31 巻 2 号 308 頁参照）。

二　本件訴訟において、上告人は、昭和 62 年 12 月 9 日に有限会社 A 金型から、同会社の B 株式会社に対する(1)弁済期を同月 26 日とする売掛代金債権 909 万 2220 円及び(2)弁済期を昭和 63 年 1 月 31 日とする売掛代金債権 274 万 5340 円の合計 1183 万 7560 円の債権（以下、(1)の債権を「売掛代金債権(1)」といい、(1)(2)の債権を併せて「本件売掛代金債権」という。）を譲り受けたと主張しているところ、原審の適法に確定した事実は、次のとおりである。

1　A 金型は、本件売掛代金債権を有していたところ、これには譲渡禁止特約が付されており、上告人は、昭和 62 年 12 月 9 日当時、本件売掛代金債権に譲渡禁止特約が付されていたことを知っていたか、そうでないとしても、右特約の存在を知らないことにつき重大な過失があった。

2㈠　A 金型は、同月 10 日、B に対し、本件売掛代金債権を上告人に譲渡した旨の債権譲渡の通知をした。

㈡　平塚社会保険事務所長は、同月 11 日、本件売掛代金債権に対して滞納処分による差押えをした。

㈢　C 株式会社の申立てにより、同月 21 日、本件売掛代金債権に対する仮差押えの執行がされた。

㈣　藤沢税務署長は、同月 22 日、売掛代金債権(1)に対して滞納処分による差押えをした。

㈤　上告人の申立てにより、昭和 63 年 1 月 11 日、A 金型を債務者として本件売掛代金債権に対する差押えがされた。

3　B は、同月 29 日、本件売掛代金債権につき、真の債権者を確知することができず、かつ、滞納処分による差押えと強制執行による差押え等が競合したことを理由として、民法 494 条及び滞納処分と強制執行等との手続の調整に関する法律 20 条の 6 第 1 項を根拠法条とするいわゆる混合供託をした。B は、その際、A 金型から上告人への本件売掛代金債権の譲渡を承諾した。

三　右事実関係の下においては、仮に上告人の主張するように、昭和 62

年 12 月 9 日に上告人が A 金型から本件売掛代金債権の譲渡を受けたものであるとしても、上告人は、右当時、本件売掛代金債権の譲渡禁止特約の存在を知り、又は重大な過失によりこれを知らなかったのであるから、右譲渡によって本件売掛代金債権を直ちに取得したということはできない。そして、本件売掛代金債権に対して、同月 11 日に平塚社会保険事務所長により、同月 22 日に藤沢税務署長により滞納処分による差押えがされているのであるから、B が昭和 63 年 1 月 29 日に A 金型から上告人への本件売掛代金債権の譲渡に承諾を与えたことによって右債権譲渡が譲渡の時にさかのぼって有効となるものとしても、右承諾の前に滞納処分による差押えをした被上告人に対しては、債権譲渡の効力を主張することができないものというべきである。

したがって、右と同旨をいう原審の判断は是認することができる。論旨は、原審の専権に属する証拠の取捨判断、事実の認定を非難するか、又は独自の見解に立って原判決を論難するものにすぎず、すべて採用することができない。

よって、民訴法 401 条、95 条、89 条に従い、裁判官全員一致の意見で、主文のとおり判決する。

《譲渡禁止の特約付指名債権の譲渡が有効となる場合における対抗力の遡及時期》
東京高判平 5.2.25（訟務 39-11-2269、判時 1452-40）（前掲最一判平 9.6.5 の原審）

第一　第二事件について

一　被控訴人 X は、A 金型に対する貸金債権の代物弁済として、同社の B に対する本件売掛代金債権の譲渡を受けたと主張し、控訴人は、同売掛代金債権には譲渡禁止特約があるとして、右譲渡の効力を争うので、まず、この点について判断する。

二　〈証拠〉によると、A 金型と B との間において、金型等の製造委託に関し、昭和 58 年 4 月 25 日取引基本契約が締結され、同契約において、A 金型は B の書面による承諾を得ない限り、基本契約及び個別契約によって

生ずる一切の権利義務を第三者に譲渡し、又は担保に供してはならないとの特約（以下「本件譲渡禁止の特約」という。）がなされていることが認められるから、被控訴人Ｘが右譲渡禁止の特約の存在を知り、あるいは重大な過失によりこれを知らないで、本件売掛代金債権の譲渡を受けたときは、その効力は生じない。

　しかるところ、〈証拠〉によれば、被控訴人Ｘは、登記簿上Ｆが代表取締役となっているが、同人は名目上の代表者で、その実質的な経営は、取締役ＧあるいはＨが主宰していること、Ｇは、Ａ金型とＢ間の前記基本取引約定書の交付を受けこれを見ていること、被控訴人Ｘは、本件売掛代金債権の譲渡を受けたと主張する昭和62年12月10日より後である昭和63年1月11日、更に右債権の差押えをしていること、被控訴人Ｘは登記簿上金融を営業としていないが、Ｉ株式会社に対し多額の貸付を行い、Ｇはかつて金融機関に勤務したことがあり、個人として約20年間金融を業とし、また、Ｈも、倒産した日本Ｊの債務整理や多数の債権回収の手続に関わった経験をもつと、Ａ金型は、Ｂの外、Ｋ株式会社及びＬ株式会社との間で金型製造委託の取引基本契約書を交わしているが、右各契約書においても譲渡禁止の特約が存在していることが認められる。右事実によると、被控訴人Ｘは、本件売掛代金債権につき、本件譲渡禁止の特約が付されていたことを知っていたか、そうでないとしても、ＧあるいはＨの経験や契約当事者間の信頼関係が要求される金型製造委託契約の性質に鑑み、被控訴人Ｘは、本件売掛代金債権に譲渡禁止特約が存在することを容易に予見することができるから、Ａ金型あるいはＢに対し確認すべきであったものであり、これを怠り右特約の存在を知らないことにつき重大な過失があったというべきである。

　三　被控訴人Ｘは、Ｂは本件売掛代金債権の譲渡後、右譲渡につき承諾したから、譲渡の時に遡って有効となる旨主張する。

　Ｂが、昭和63年1月29日、本件売掛代金債権につき、東京法務局に対し、本件供託をしたことは当事者間に争いがないところ、〈証拠〉によると、右供託書には本件譲渡禁止の特約に違反することの記載がなく、本件売掛代金債権の譲渡自体についてはこれを認めたうえで、真の債権者を確知できな

いとして供託していることが認められるから、Bは、本件供託に際し、A金型から被控訴人Xへの債権譲渡を承諾したものというべきである（なお、〈証拠〉には、Bは本件譲渡禁止の特約があったのであるから、債権譲渡を承諾したわけではない旨の記載があるが、この記載があるからといって、右認定を左右しない。）。

　ところで、譲渡禁止特約のある指名債権の譲受人が、右特約の存在することを知り、あるいは重大な過失によりこれを知らないで譲り受け、右譲渡につき第三者に対する対抗要件を具備した場合において、債務者がその譲渡につき承諾を与えたときは、債権譲渡は譲渡の時に遡って有効となるが（最高裁判所昭和52年3月17日第一小法廷判決・民集31巻2号308頁参照）、その対抗力は、譲渡の時まで遡及するものではなく、承諾の時まで遡及するにとどまるものと解すべきであるから、右譲受人は、右譲渡の時から承諾時までの間に、右債権につき譲渡を受け又は差押える等をし、かつ、第三者に対する対抗要件を具備するに至った利害関係人に対しては、対抗することができないものというべきである。これを本件についてみると、被控訴人Xは、昭和62年12月9日、A金型に対し、請求原因2記載の予約完結権に基づき、本件売掛代金債権全額を譲り受ける旨の予約完結の意思表示をし、これを受けて、A金型は、Bに対し、同月10日に到達した内容証明郵便により、本件売掛代金債権を被控訴人Xに譲渡した旨通知したと主張するところ、控訴人が、原判決添付別紙滞納金目録㈠記載の保険料債権及び同目録㈡記載の国税債権を徴収するため、国税徴収法62条に基づき、平塚社会保険事務所長は、昭和62年12月11日に本件売掛代金債権を差し押さえ、同日Bに差押通知書を送達し、藤沢税務署長は、同月22日に本件売掛代金債権のうちa売掛代金債権を差し押さえ、同日、Bに差押通知書を送達したことは当事者間に争いがないから、Bが昭和63年1月29日に本件供託をするに際し、被控訴人Xへの本件売掛代金債権の譲渡を承認したとしても、その対抗力は同日までしか遡らず、被控訴人Xは、これ以前に右代金債権につき差押えをした控訴人に対して、右債権譲渡の効力を対抗することはできないものというべきである。

四　そうすると、仮に、被控訴人ＸがＡ金型から本件売掛代金債権の譲渡を受けたとしても、その譲渡の効力を控訴人に対抗することができない以上、本件売掛代金債権が真実貸金債務の代物弁済として被控訴人Ｘへ有効に譲渡されたか否かについて判断するまでもなく、被控訴人Ｘは本件供託金の還付請求権を有しないことが明らかであるから、その確認を求める被控訴人Ｘの請求は理由がない。

第二　第三事件について

　一　〈証拠〉によれば、控訴人（所管庁平塚社会保険事務所長及び藤沢税務署長）は、既に納期を経過した原判決添付別紙滞納金目録㈠記載の保険料債権3,020,669円（昭和62年12月11日現在）及び同目録㈡記載の国税債権8,025,629円（同月22日現在）を有していたこと、控訴人が請求原因3のとおり差押え等を行ったことが認められ、請求原因2及び4の各事実は当事者間に争いがない（請求原因3については、被控訴人と控訴人Ｘとの間に争いがない。）。そして、被控訴人Ｘの主張する本件売掛代金債権の譲受けが控訴人に対抗することができないことは前記説示のとおりである。

　二　被控訴人Ｕは、前記譲渡通知にかかる本件売掛代金債権の譲渡の事実をなんら主張立証せず、かつ、右譲渡通知は昭和62年12月14日になされ、控訴人の右差押通知書が送達された同月11日より後であるから、被控訴人Ｕは、その主張する本件売掛代金債権の譲受けを控訴人に対抗することはできないことが明らかである。

　三　そうすると、その余の点について判断するまでもなく、控訴人は本件供託金の還付請求権の取立権を有するものというべきである。

第三　結論

　以上のとおり、第二事件の被控訴人Ｘの請求は理由がなく、第三事件の控訴人の請求は理由があるから、これと異なる原判決を取り消し、第二事件の被控訴人Ｘの請求を棄却し、第三事件の控訴人の各請求を認容することとし、訴訟費用の負担につき、民訴法96条、89条、93条1項を適用して、主文のとおり判決する。

5 供託物取戻請求権譲渡及び供託物還付請求権譲渡の確定日付

　滞納処分の遂行においてとても重要なことであるため、供託ということからは多少逸れるとしても、債権譲渡の対抗要件について付記しておく。

　前掲昭和55年10月28日付国税庁通達の「供託金の還付請求権について、滞納者が譲渡等の処分をしていないと認められるとき」「供託金の還付請求権について滞納者が譲渡等の処分をしていると認められるとき」とは、より正確にいえば、「供託金の還付請求権について、滞納者が譲渡等の処分をしていないと認められるとき（譲渡をしていても債権譲渡の通知又は承諾が確定日付ある証書によっていないとき）」「供託金の還付請求権について滞納者が確定日付ある証書によって譲渡の処分をしていると認められるとき」という意味である。即ち、債権譲渡の通知又は承諾が確定日付ある証書によってされていなければ、当該債権譲渡は、第三者対抗要件を充足しておらず、差押えの効力が生じるからである。

　供託物取戻請求権の譲渡及び**供託物還付請求権**の譲渡では、債権譲渡通知書が供託官へ送達されることになる。供託実務では、債権譲渡通知書に、受付の旨及びその年月日時分を記載し、受付の順序に従って整理し、債権譲渡通知書等のつづり込み帳に編てつする（供託規則第5条第1項）ほか、払渡しの際の過誤を防止する措置として、副本ファイルにも受理した月日及び書面の種類を記録することとされている。具体的には、「年月日譲渡通知書（譲受人供託者・譲受人何某）受理」と記録するとされている（吉岡供託実務-228）。**供託物取戻請求権**又は**供託物還付請求権**の債権譲渡通知書が送達されたときにおいて、供託所において前記の受付処理をするというのであれば、後掲最一判昭43.10.24（民集22-10-2245）に照らすと普通郵便で送達されてきた債権譲渡通知書であっても確定日付がある証書になると解される（原審では確定日附ある証書とは認められないとしたが最高裁において破棄）。

《市役所文書課係員受付の債権譲渡通知書は確定日付ある証書となる》
最一判昭 43.10.24（民集 22-10-2245、判夕 228-101）

事案の概要

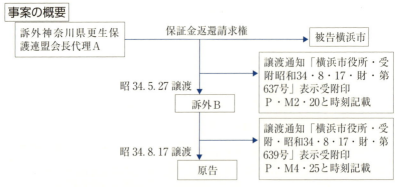

上告代理人佐藤雄太郎の上告理由について。

原審の適法に確定したところによれば、本件通知書と題する文書〈証拠〉は、地方公共団体たる被上告人市の文書受領権限のある市役所文書課係員が、同市役所の文書処理規定にもとづき、私署証書たる訴外A作成の本件債権譲渡通知の書面に、「横浜市役所受付昭和34・8・17・財第639号」との受付印を押捺し、その下部にP. M4. 25と記入したものであるというのであるから、これは、公署たる被上告人市役所において、受付番号財第639号をもって受け付けた事実を記入し、これに昭和34年8月17日午後4時25分なる受付日付を記載したものというべく、従って、右証書は民法施行法5条5号所定の確定日付のある証書に該当するものと解すべきである。

してみれば、右通知書をもって、未だ確定日付のある証書とはいえないとして、上告人の本訴請求を排斥した原判決は、民法施行法5条5号の解釈適用を誤り、ひいては、民法467条2項の解釈適用を誤った違法のあるものといわなければならない。そして、右違法は原判決の結論に影響を及ぼすことが明らかであるから、論旨は理由があり、原判決は破棄を免れない。なお、その余の争点につき審理をさせるため、本件を原裁判所に差し戻すべきものとする。

よって、民訴法407条1項に従い、裁判官全員の一致で、主文のとおり判決する。

《市役所文書課係員受付の債権譲渡通知書は確定日付ある証書とならない》
東京高判昭42.5.9（民集22-10-2254）（最一判昭43.10.24の原審）

　訴外神奈川県更生保護会連盟会長代理Aは、控訴人に対し金350万円の土地原形復旧保証金返還請求の債権を有していたが、この債権を昭和34年5月27日付をもって訴外Bに譲渡し、同年8月17日付文書をもって控訴人にその旨通知し、右文書が同日控訴人に到着したことは当事者間に争いがなく、〈証拠〉の記載、〈証言〉ならびに原審および当審における被控訴本人尋問の各結果によれば、訴外Bは控訴人に対する右債権を昭和34年6月2日被控訴人に譲渡したことが認められ、右認定を左右するに足る証拠はない。

　そして、訴外Bが控訴人に対し昭和34年8月17日に文書をもって、右債権を被控訴人に譲渡したことを通知し、同日控訴人がこれを受領して、これに被控訴人主張の受付印を押捺したこと、ならびに右債権に対し控訴人主張の債権差押および転付命令が発せられたことは当事者間に争がなく、〈証拠〉の記載、〈証言〉によれば、右債権差押および転付命令は、右債権金350万円全額に対してなされており、右正本は昭和34年8月18日に右各決定の第三債務者である控訴人ならびに債務者である訴外Bにそれぞれ送達されていることが認められる。

　控訴人に対するBからの右債権譲渡の通知が民法施行法第5条第5号所定の確定日付ある証書によってなされたものであるかどうか、従って右債権譲渡を以って右債権差押および転付命令の債権者である訴外Cに、ひいては控訴人に対抗することができるかどうかの点について、

　〈証拠〉、〈証言〉、原審ならびに当審における被控訴本人尋問の各結果によれば、昭和34年8月頃控訴人横浜市には財政局（局長Y1）、その下に管財課（課長Y2）さらに第一管財係（係長Y3）があり、同月17日被控訴人と訴外Bは同道して控訴人の役所を訪問し、Y1局長、Y2課長ならびにY3係長に面接し、その際通告書と題する文書（横浜市長半井清宛、〈証拠〉）を提出したところ、Y3係長において、右文書は控訴人市部内の文書ではなく、部外から来た文書であるため、控訴人の文書処理規定に基づいて文書受付の担当課である文書課へ回付し、同課係員において該文書の表面右下部へ受付

印を押捺したこと（右受付印を押捺したことについては当事者間に争いがない）、控訴人の右文書処理規程によると「訴訟関係の書類や債権譲渡関係の文書を受付ける場合には日付印のほかにその受付の時刻も記入する」ことになっているため、右文書課員は右日付印の下に「P・M4・25」とその受付時刻を記入して受付を了し、その文書の担当係である浅野係長にこれを回付したこと、右日付印は円形の中央に横に「昭34、8、17和」、上縁内側に沿い横浜市役所、そのすぐ下に「受付」、下縁内側に沿い「第639号」そのすぐ上に「財」とそれぞれ記されているいわゆる各官公署で使用している受付日時を表示した受付印であること、ならびに以上の外、何ら加筆されていないことが認められ、右認定を左右するに足る資料はない。

民法第467条第2項は「通知行為につき確定日附ある証書」を必要としており、債権譲渡の通知のあったことを「確定日附」ある証書をもって証明すべきことを規定したものではないと解されるし、また民法施行法第5条第5号には「官庁又は公署に於て私署証書に或事項を記入し、之に日附を記載したるときは、その日附を以て其証書の確定日附とす」と規定しており、私署証書に何ら加筆することなく単に受付の日時を表示する受付印の押捺ならびにその受付の時刻を記入したのみでは右文書は未だ同号所定の「確定日附ある証書」とはいえないと解するを相当とするところ、右認定事実によると、債権譲渡の内容を記した通告書と題する文書〈証拠〉には控訴人市の受付月日を表示した受付印とその受付の時刻の記入が存するのみであるから、右文書は同条にいわゆる「確定日附ある証書」とは認められない。

以上のとおりであるから、被控訴人はその主張にかゝる債権譲渡につき前記債権差押及び転付命令の債権者たる訴外松原毅に、ひいては債務者たる控訴人に対抗できないと言わねばならないから、右対抗力あることを前提とする被控訴人の本訴請求は、爾余の判断をするまでもなく失当であって、原判決が之を認容したのは不当であるから、民事訴訟法第386条、第96条、第89条に従い主文のとおり判決する。

第 7 節　仮差押えがされている金銭債権への滞納処分による差押え

1　仮差押えと滞納処分による差押え

　滞納処分は、仮差押又は仮処分によりその執行を妨げられない（徴収法第140条）ことから、仮差押えの執行が滞納処分による差押えの前であると後であるとを問わず、当該金銭債権に対して差押えをし、取り立てすることができる。つまり、供託者は供託義務を負わない。

　そして、滞納処分による第三債務者からの取立金若しくは滞調法第36条の12第1項において準用する第20条の6第1項（第三債務者の権利供託）の規定により供託された金銭の払渡金又は売却代金について滞納者に交付すべき残余を生じたときは、徴収職員等は、これをその債権に対する強制執行について管轄権を有する裁判所に交付しなければならない。

　一方で、第三債務者は、仮差押えの執行後に滞納処分による差押えをされた債権について、3のとおり、差押えに係る金銭債権の全額に相当する金銭を債務の履行地の供託所に供託することができる。執行法においては、仮差押えがされたのみで権利供託を認めており、滞納処分による差押えがされたのみでは権利供託はできないところ、執行法との関係を考慮して権利供託を認めたものと考えられる。

　なお、徴収職員等には、取立権があるから、第三債務者は、徴収職員の取立てに応じた場合、有効な弁済として債務が消滅することを説明してできるだけ取立てをすべきである。

2　仮差押競合債権

　仮差押えと滞納処分による差押えをした債権（以下「仮差押競合債権」という）として1の適用を受ける事例を図示すると図55から図59のとおりとなる（数字は執行の順番を表す）。

　仮差押競合債権として、理論上は図55から図59まで想定できるとして

も、滞納処分による差押えは、滞納金額にかかわらず全額を差押えすることを原則としており（徴収法第63条）、図56、図57及び図59の滞納処分の差押えは、適切とは言い難い。むしろ問題を複雑化する執行と言え、特に税に劣後する公課では全額差押えを徹底すべきである。滞納処分庁における公課債権が一部差押えをできるときとは、その公課債権が差し押さえしようとする債権額の範囲内で、かつ、差押えと同時に取立てができるときである。

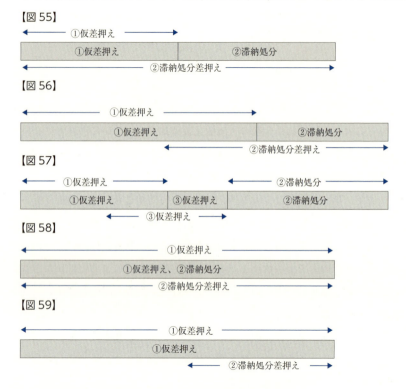

3 仮差押競合債権における第三債務者の供託

1のとおり、第三債務者は、徴収職員に対して弁済することができる一方で、権利供託をすることができる。その場合、「事情届」によりその事情を徴収職員に届出なければならず、この事情届により仮差押命令が発せられていることを知ったときは、徴収職員は、その保全執行裁判所に対し徴収法第55条の通知をする必要がある。

第三債務者が供託した場合、滞納者に帰属する供託金還付請求権をごく抽象的に観念し得るとしても、基本債権に対する差押えの効力が供託金還付請求権にも及ぶ（乗り移る）ことは自明のことと解されている（加島康宏：ジュリ 107 百選-162）。

したがって、供託所に対する徴収職員の供託金還付請求によって取立てを行うことがでる（昭和 55 年 9 月 6 日付民四第 5333 号「民事執行法等の施行に伴う供託事務の取扱いについて」民事局長通達第三の三の 1 の(一)の(2)のイ）。

4 仮差押競合債権を配当した結果の残余金

残余金が生じた場合は、滞納者へ交付することになり、滞納者が受領不能又は受領を拒否するときは弁済供託することになる。しかし、仮差押競合債権について、滞納処分による第三債務者からの取立金若しくは第三債務者より供託された金銭の払渡金又は売却代金について滞納者に交付すべき残余を生じたときは、徴収職員は、これを仮差押競合債権に対する強制執行について管轄権を有する裁判所に交付することになる（滞調法第 36 条の 12 第 1 項において準用する同法第 18 条第 2 項）。この場合の残余の交付手続については、滞調法基本通達 20 の 9-6 に定めるところにより行う。この点は、供託の問題ではないが、違法な滞納処分となった事案があり、仮差押競合債権の延長における重要事項として解説を加えておく。

仮差押競合債権を滞納処分庁が換価したときは、仮差押えの効力は消滅することになり（徴収法基本通達 140-3）、かつては、残余金が生じても執行官又は執行裁判所へ交付する規定がなく、滞納者へ交付していたことから、仮差押債権者が害される結果となって（仮差押えが無駄になった）、滞納額と配当金額の合計額を超える取立ては違法とする判例があった（後掲名古屋地判半田昭 38.12.2 訟務 9-12-1334 及びその控訴審名古屋高判昭 39.12.15 高民集 17-8-607）。

前記判例の指摘することはもっともであり、その後、滞調法を改正し、残余金が生じたときは、執行裁判所へ交付することにしている。

以上のことから、仮差押競合債権を換価し、残余金が生じた場合は、執行裁判所へ交付するなど、裁判所との調整規定があることから、仮差押えを取消す決定が効力を生ずることとなったときは、裁判所書記官から徴収職員へ通知がされることになる。

　また、換価、配当によって残余金が生じたときの裁判所への交付手続きとして、残余金交付通知書の作成、送付が定められており（滞調法第36条の12、同法第18条第2項、滞調法政令第10条、同政令第4条）、逆に残余金が生じなかったときは、裁判所へ対して残余金皆無通知書を作成、送付する（滞調法基本通達20の9-7、同6-3）。

　残余金交付通知書・残余金皆無通知書の双方には、残余金計算書の添付が必要となる。

　なお、後掲名古屋地判半田昭38.12.2（訟務9-12-1334）では、「執行裁判所たる当庁に対し徴収法第55条による通知をしなかったことは重大なる手続上の違法行為と謂わなければならない」と手続きの瑕疵を指弾され、配当に関しても「被告の弁解によれば滞納者Aの依頼によって之を支払ったと主張するが国家機関たる愛知労働基準局が何故かかる措置をとる権利又は義務があるのか全く理解し難い。その後更にその残余金94,712円を愛知県知多地方事務所に交付している。之亦同様に違法な処分である。尤も之は自動車税の滞納金の差押であり、若し被告より取立がなされていなくとも何れは差押をうける運命にあったという弁解も考えられないこともないが、だからといって右のような被告の措置が適法となるものではない」と糾弾されている。不適切な滞納処分の例である。

《仮差押えがあるときの残余金交付を滞納者とすることの適否》
名古屋高判昭 39.12.15（高民集 17-8-607）

[事案の概要]

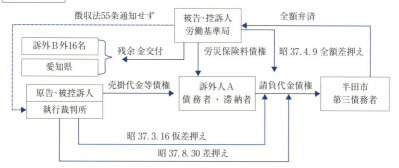

一、被控訴人が訴外 A に対する売掛代金等債権金 387,079 円の執行を保全するため、右 B の訴外半田市に対して有する新居公民館新築工事の請負代金債権金 3,360,000 円のうち 387,079 円について名古屋地方裁判所半田支部に債権仮差押決定の申請をし、昭和 37 年 3 月 15 日その旨の債権仮差押決定がなされ、右決定が翌 16 日第三債務者たる半田市に送達されたこと、控訴人（国の機関たる愛知労働基準局徴収職員）は同年 4 月 9 日付で右仮差押債権を含め、当時弁済期が到来した右請負代金債権中の金 454,700 円全額につき B が滞納した労働者災害補償保険料（以下、労災保険料という）の徴収のため、国税徴収法に基づく滞納処分による差押をしたうえ同月 20 日右滞納処分による差押債権の全額を第三債務者たる半田市から取り立てたこと、当時 A の労災保険料の滞納額が 61,700 円であったこと、当時控訴人は前記仮差押の執行裁判所に国税徴収法第 55 条による滞納処分の通知をしなかったこと、控訴人は右滞納処分により取り立てた 454,700 円のうち 61,700 円を B の滞納労災保険料の徴収に充当し、残金のうち 298,288 円を訴外 B ほか 16 名に交付し、さらに残金 94,712 円を B の地方税滞納金への充当として訴外愛知県知多地方事務所に交付したことは、いずれも当事者間に争いがない。

そして〈証拠〉によれば、本件仮差押の本案訴訟たる被控訴人より A に対する名古屋地方裁判所半田支部昭和 37 年（ワ）第 15 号売掛代金等請求事

件において、同年 6 月 11 日 B に対し右売掛代金等債権金 387,079 円および これに対する遅延損害金の支払を命ずる旨の被控訴人勝訴の判決があり、右判決が同月 27 日確定したことが認められ、右認定を左右するに足る証拠はない。

　二、まず、被控訴人は、控訴人が本件労災保険料の滞納処分手続において、自己の債権額以上の債権を差し押えたことは違法であると主張するからこの点について判断する。労働者災害補償保険法第 31 条第 4 項によれば、労災保険料の徴収については国税滞納処分の例によってこれを処分することになっているが、国税徴収法第 63 条によれば、徴収職員が債権を差し押えるときは原則としてその全額を差し押えることを要し、例外として、徴収職員において全額差押の必要がないと認めるときはその一部を差し押えることができる旨規定している。これは、国税徴収の確実を期するため、原則として徴収職員をして徴収すべき滞納税額にかゝわらずこれを超過する当該債権全額の差押をなさしめることとし、たゞ徴収職員において当該債権の実質的な価値を判断しその一部を以て滞納税額の徴収に十分であると考えた場合は例外的にその一部を差し押えることができることとしたのであって、いわば当該債権を全部差し押えるか一部差し押えるかの問題は徴収職員の自由裁量に委かせられるところであって、仮にその判断に誤りがあってもそれは単に不当であるというに止まって直ちにこれを違法ということはできない本件において控訴人が A の滞納労災保険料 61,700 円の徴収のため滞納処分として、同人が第三債務者たる半田市に対し有する弁済期の到来した本件仮差押債権すなわち前記請負代金債権金 454,700 円全額を差し押えたことは、当該徴収職員がその自由裁量により全額差押えの必要があると判断した結果であって、仮に半田市の弁済能力の点からみて右労災保険料と同額の債権額を差し押えることで必要にしてかつ十分であったのではないかとの見解が成りたつとしても右全額差押を目して違法であるということはできない。そして他に特段の事情が存しないから徴収職員のなした右全額差押は適法であるものというべきである。

　三、次に被控訴人は、控訴人が本件債権を差し押えながら国税徴収法第

55条により本件仮差押の執行裁判所である名古屋地方裁判所半田支部に対しその旨通知しなかったのは違法で本件滞納処分は無効であり、またこの通知の欠缺により被控訴人をして執るべき保全手段の機会を失わせ損害を生ぜしめたと主張するからこの点について判断する。

　国税徴収法第55条は仮差押がなされている財産につき競合的に滞納処分による差押をしたときは、徴収職員は仮差押をした執行裁判所に対し滞納処分による差押その他必要な事項を通知しなければならない旨規定している。これは主として仮差押債権者に対してその権利行使の機会を与えることを目的とするものであって、控訴人がこの通知を怠ったことは違法であるが同条は滞納処分の効力に関する規定ではないから、同条の通知の欠缺だけでは滞納処分の効力に影響を及ぼすものではない。また、仮差押債権者たる被控訴人が右通知の欠缺により具体的に執るべき保全手段の機会を失ったという点は本件全証拠によるもこれを認めがたい。もっとも、〈証拠〉〈証言〉により真正に成立したものと認められる〈証拠〉、〈証言〉ならびに弁論の全趣旨を合せて考えると、控訴人が滞納処分による差押をした直後の昭和37年4月13日第三債務者たる半田市は控訴人に対し被控訴人外1名から既に右差押にかかる債権の一部について仮差押がなされている旨の通知をし、控訴人においてこれを了知したにもかかわらず控訴人は執行裁判所たる名古屋地方裁判所半田支部に対し国税徴収法第55条の通知をしなかったが、被控訴人は控訴人の右滞納処分による差押後に仮差押の被担保債権について前示確定判決による債務名義を得たこと、被控訴人はおそくとも控訴人が本件滞納処分による差押債権全額の取立をして労災保険滞納金を超える取立をした日である昭和37年4月20日本件滞納処分による差押および取立の事実を知り、その代理人たる石谷弁護士を通じ徴収職員との間に種々協議をしたか、その協議は円満解決に至らなかったことが認められ、これらの事実に前示争いのない事実を合せ考えると、被控訴人は右4月20日からおそくとも控訴人がその超過取立金中の298,288円を訴外B外16名に交付した日である同年5月7日までの間において、右超過取立金についてさらに民事訴訟法上の保全手続を採りうべきであったのにこれをしなかったものというべきところ、控訴

人が執行裁判所に同条の通知をなすべき時期より被控訴人が右滞納処分による差押を現実に知った時期までの間における執行裁判所への通知欠缺と被控訴人主張の損害との間に、右通知欠缺による採りうべき手段の喪失により発生した相当因果関係があることについては、被控訴人の立証はもちろん本件の全証拠によるもこれを認めがたく、そのほかに右通知の欠缺によって被控訴人主張の損害が発生したことを認めるに足る証拠はないから、結局、右通知の欠缺を前提とする被控訴人の主張は、いずれも失当として採用することができない。

　四、さらに、被控訴人は、控訴人が前記労災保険料および差押手続費用を超過して本件差押債権の全額を取り立てたことは違法であって、仮差押権者たる被控訴人の権利を侵害したものであると主張するからこの点について検討する。

　国税徴収法第140条によれば、滞納者の財産について仮差押がされていても当該財産について滞納処分としての差押後の処分は何らの影響を受けることなくこれを続行することができる旨規定されており、滞納処分手続において滞納者の滞納税額にかかわらずこれに超過する債権全額の差押をなしうることは前記説示のとおりである。しかし、滞納処分の執行において滞納金およびその手続費用を超えて差押債権の全額につき金銭を取り立てることについては問題がある。

　国税徴収法第67条第1項によれば、徴収職員は差し押えた債権の取立をすることができる旨規定しているので徴収職員が滞納額を超えて債権全額の差押をしたときでも、その差し押えた債権について取立権を取得しその全額を取り立てることができると解すべき余地があるようにも考えられないではないがこの見解には容易に賛成しがたい。もちろん、差押の対象となった債権がいわゆる不可分債権であるような場合は全額取立によらざるをえないが、その債権が金銭の給付を内容とする可分債権である場合、第三債務者が任意に滞納金および手続費用に相当する金銭の取立に応じたときは、滞納税徴収の目的は達せられ租税債は消滅するのであるから、取立時において滞納金に優先する債権について当該徴収職員に対し、交付要求されておるとか或

は第三債務者が任意支払に応じないとか特段の事情が存在する場合は格別、かゝる事情の存在しない場合には差押債権全額を取り立てるべき具体的必要性を欠き、その超過部分の差押を解除すべきであるにかゝわらず、あえてこの超過部分を滞納処分として取り立てることは違法であると解すべきであり、このことは国税徴収法第67条第3項、および同法第79条第1項第1号の趣旨に徴しても明らかである。

　これを本件についてみるに、前示争いのない事実によれば、控訴人が本件差押債権につき昭和37年4月20日第三債務者たる半田市より差押債権の全額に相当する金銭を受領して取立を終了した当時においては、控訴人の有する滞納労災保険料に優先する債権の交付要求その他配当要求が徴収職員に対しなされておらず、半田市の弁済能力および任意支払の態度よりして本件滞納金61,700円と同額の金銭を取り立てることが可能であり、本件滞納処分はすべてその目的を達しうる状態にあった（また取立後の経緯よりみても右61,700円の取立による滞納金への充当により本件滞納処分は現実にその目的を達成し終了した）のであるから、控訴人としては差押債権金454,700円中、滞納金61,700円を取り立てれば必要にして十分であり、右金員以上の額を取り立てるに必要な特段の事情がなかったのであるから、その超過部分の差押を解除すべきであるのにこれをなさず、あえて徴収すべき金員の7倍余に相当する金員である差押債権全額につき全額金銭を取り立てたのであるから、右滞納額を超える部分の取立は違法であるといわねばならない。

　五、従って控訴人は、右違法取立により被控訴人が本件仮差押をした債権金387,000円中、右滞納金61,700円を控除した325,379円の債権につき仮差押の効力を消滅させ、よって被控訴人は仮差押による権利の侵害をうけたものであるから、滞納金を超える右違法取立は公権力の行使にあたる国の機関たる愛知労働基準局の徴収職員が、徴収手続に関する法の誤解またはその手続の不知にもとづく職務執行上の過失によって、被控訴人の本件仮差押による権利を侵害したものというべきであり、国たる控訴人は被控訴人の権利に対する右違法侵害によって生じた損害を賠償すべき義務を負わねばならないことになる。

六、そこで、その損害の有無について判断する。債権の仮差押による権利は、将来の強制執行を予想しこれを保全するためにあらかじめ、債務者の債権を仮に差し押えて債務者がその債権を処分したり第三債務者がその履行をしたりするのを禁止しておくことによって得られる権利であって、その権利の侵害滅失による損害は、最終的には、仮差押が強制執行に移行しその執行における配当が行われた場合、仮差押による被担保債権中の弁済をうけうべき金員につき、弁済をうけえなくなったことによる損害であって、その強制執行が終了してみないと確定しないけれども、この理はその強制執行終了以前の権利侵害時において、困難ではあるにしても、弁済をうけうべき金員の喪失による損害額を計算することを排斥するものではないと解すべきである。しかし、本件において〈証拠〉、〈証言〉を合せ考えると、控訴人が本件取立をした昭和37年4月20日当時、本件仮差押のなされた訴外Aの半田市に対して有する新居公民館新築工事の請負代金債権については、被控訴人のほかに訴外合資会社C電気商会が債権額198,500円の仮差押をしていたこと、被控訴人は当時Aに対し売掛代金債権および約束手形金債権合計387,079円を有していたこと、Aは当時弁済期の到来した前示控訴人差押の請負代金債権金454,700円のほか訴外未収債権約20万円および時価約1,000万円の土地建物を所有していたか、他方、訴外B外16名に対し支払うべきいわゆる先取特権を有する給料債務金298,288円（債務名義存在）および愛知県に対し地方税滞納金94,712円を負担し、また右土地建物には被担保債権約1,000万円の根抵当権が設定されている等負債約2,000万円近く存在したことが認められ、右認定を左右するに足る証拠はない。

以上の事実によって、本件仮差押債権につき控訴人の違法取立がなく被控訴人において強制執行をしたものと仮定した場合において、被控訴人が右仮差押債権の被担保債権金387,079円について弁済をうけうべき金額を考えるに、Bは控訴人の取立時において地方税滞納金94,712円およびB外16名に対する弁済期の到来した給料債務金298,288円を負担していたから、被控訴人の前示債権に優先するこれらの債権について右強制執行は配当要求その他の方法により被控訴人の最終的な執行満足を妨げられることが予見されると

ころ、もしこれらの優先債権が配当要求その他の方法によって右強制執行に介入したならば、これらの優先債権の額は被控訴人の本件仮差押によって保全された債権額よりも多額であるから、たとえ右強制執行をしたとしても、その効果を奏せず被控訴人の被担保債権の回収は得られないことに帰する。そして以上のほかに、被控訴人の有する被担保債権が本件仮差押債権につき強制執行をした場合において弁済をうけうべき具体的確実性ないし確定可能性およびその数額の存在については、被控訴人の立証だけではこれを認めかたく、そのほかにこれを認めるに足る証拠はない。そうだとすれば、本件仮差押による権利の違法侵害にもとづく被控訴人の損害は、結局、証明がないことに帰するものというべきである。

七、以上の理由により、被控訴人が本件仮差押による権利につき控訴人の違法侵害により損害をうけたことを前提とする本訴請求は、その余の点（遅延損害金）について判断するまでもなく失当であるから、棄却をまぬがれない。

よって、右の趣旨と異なる原判決は一部失当に帰するから、これを取消し被控訴人の請求を棄却すべきものとし、訴訟費用の負担について民事訴訟法第96条、第89条を適用して主文のとおり判決する。

《仮差押えがあるときの残余金交付を滞納者とすることの適否》
名古屋地判半田昭 38.12.2（訟務 9‑12‑1334）（前掲名古屋高判昭 39.12.15 の原審）

第一、（争のない事実。）

(1) 原告は訴外Aに対する金 387,079 円の売掛代金等の債権の執行を保全するために同訴外人が訴外半田市に対して有する新居公民館新築工事請負代金債権金 3,360,000 円の内金 387,079 円について当庁に債権仮差押の申請を為し昭和 37 年 3 月 15 日右申請の通りの仮差押決定がなされたこと並に該決定が翌 16 日第三債務者たる半田市に送達せられたこと。

(2) 被告（愛知労働基準局以下単に被告という。）は本件仮差押債権に対し訴外Aが労災保険料を滞納していることを理由に同年 4 月 9 日付で国税

徴収法に基く滞納処分による差押をなした上、同月20日本件仮差押債権を含め、当時弁済期が到来した請負代金債権金454,700円全額を第三者債務者たる半田市から取立てたこと。

　(3)　訴外Aの労災保険料の滞納額は当時金61,700円であったこと。

　(4)　当時被告は執行裁判所たる当庁に国税徴収法第55条による滞納処分（差押）の通知をしなかったこと。

　(5)　被告は右滞納処分により取立てた金454,700円の内金61,700円を訴外Aの滞納労災保険料に充当し、残金の内金298,288円を訴外B外16名に交付し、更にその残金94,712円を訴外愛知県知多地方事務所に交付したこと。
は当事者間に争がない。

第二、（本件仮差押事件の本案訴訟とその強制執行。）

〈証拠〉によれば

　(1)　本件仮差押事件の本案訴訟たる原告より訴外Aに対する当庁昭和37年（ワ）第15号売掛代金等請求事件において、同年6月11日原告勝訴の判決言渡があり、該判決は同月27日確定したこと。

　(2)　原告は右判決の執行力ある正本を債務名義として当庁に本件仮差押債権につき債権差押命令を申請し同年8月29日付で債権差押命令がなされ、該命令は第三債務者半田市に同月30日送達せられたこと。

を認めることができる。

等三　（債権仮差押と滞納処分の競合とその法的解決。）

　(3)　本件のように裁判所の命令に基く債権仮差押が執行された後に国税徴収法に基く滞納処分による差押がなされた場合において債権仮差押の執行処分は如何なる影響を受けるのであろうか。この点は極めて困難なる問題である。〈証言〉によると、滞納処分による差押がなされると債権仮差押は消滅したものとせられ、爾後全く之を無視して滞納処分が遂行せられるのが実務上の取扱であるようであるが、果してこの取扱は正当であろうか。

　国税徴収法第140条によれば、或る債権について既に差押がなされていても該債権に対し滞納処分による差押を妨げないことは勿論であるが、滞納処分がなされた場合、之により債権仮差押の執行が当然消滅するか否かは問題

である。

　滞納処分と強制執行等との手続の調整に関する法律によれば仮差押がなされている「有体動産」又は「不動産」に対し滞納処分がなされた場合には滞納処分による売却代金について滞納者に交付すべき残余が生じたときは徴収職員等は之を執行機関に交付すべき旨を規定せられている。（同法第28条、第6条第1項、第17条）之によって之を観れば<u>一旦滞納処分がなされても当然には仮差押の執行が消滅するものではなく、唯仮差押がなされていても滞納処分の執行は何ら之に妨げられることなく、換価処分をなすことができること勿論であるが、若し滞納処分が解除されたり或は換価代金に残余が生じたときは之を直ちに滞納者に返還せず執行機関に交付すべきことを定められたのは明らかに滞納処分の執行により仮差押が消滅していないことを前提とするものと謂わなければならない。</u>

　尤も「債権」は現在のところ右法律の規定から除外されていることは事実であるが、だからといって「債権」に限り、滞納処分により仮差押が消滅するものと解することはできない。なぜなら「債権」なるが故に「有体動産」又は「不動産」の場合と異る釈が許されると解すべき何等の根拠もないからである。

　以上は滞納処分と強制執行等との手続の調整に関する法律の規定を根拠とする立論であるが、当裁判所は右調整法の規定を俟つまでもなく、滞納処分により仮差押が当然に消滅するものではないと解するものである。<u>右調整法により前記の解釈が創設せられたものではなく、調整法は之を前提として調整手続を規定したに過ぎないものと解せざるを得ない。</u>

　<u>即ち徴収法第140条は滞納処分は仮差押又は仮処分によりその執行を妨げられないとのみ規定し、仮差押の執行が消滅するとは規定していないし、両者はもともと法系統を異にするものであるから一方の執行のために必ずしも他方が消滅するものと解すべきものではない。</u>

　<u>例えば一旦滞納処分がなされても、滞納者がその後滞納金を納付すれば滞納処分は当然解除せられるのであるから、この場合滞納処分と同時に直ちに既になされていた仮差押が消滅すると解すべきものとすれば之を復活するた</u>

めには仮差押債権者は再び裁判所に仮差押の申請をしなければならないこととなり不当に仮差押債権者の地位を害することになるばかりでなく徴税機関による処分により司法機関の処分が徴税の必要を超えて不当な侵害を蒙ることになり、ここに重大な問題を提起することになろう。国税徴収法制定の目的から云っても徴税事務が仮差押に妨げられることなく優先的に執行されれば足るのであって滞納処分の執行が終了すれば滞納処分と牴触する部分についてのみ仮差押は消滅するがその残余分については依然仮差押が存続するものと解することによって右のような不当な結果は充分に回避せられるのである。徴収法第140条は以上のように解釈するのが絶対に正しいと確信するものである。

第四、（全額差押の適否。）

被告は訴外Ａの滞納労災保険料金61,700円の滞納処分として本件仮差押債権中弁済期の到来した金454,700円全額を差押えた。この点は適法か。

徴収法第63条によれば徴収職員は債権を差押えるときは原則としてその全額を差押えるべき旨を命じているのであるから、この点は違法とは云えない。

尤も第三債務者は公共団体たる半田市であるから一応債権取立についての不安はないと解すべきであり従って滞納額の限度で差押すれば足るとの解釈もできないことはない。併し徴収法の規定からみると全額差押を敢て違法視することは困難であろう。

第五、（全額取立の適否。）

被告は第三債務者半田市から右差押金額全額を取立てた。この点は適法か。

凡そ滞納金額を超えて債権全額の差押をした場合、該債権が所謂不可分債権である場合には、勿論之を全部取立てて更に之を換価処分する外はない。（徴収法第67条第2項）併し本件のように金銭債権の場合には、金銭を取立てたときはその限度において滞納者から差押に係る税金を徴収したものと看做される（徴収法第67条第3項）のであるから、取立の当時、該税金等に優先する債権が当該徴収職員に対し申告又は請求されている事実がない限り

滞納金額を超過して該差押債権全額の取立てをなす必要はないものと解すべく之を強いて取立てることは権利の濫用として許されないものと謂わなければならない。

本件の場合本件弁論の全趣旨に徴し被告が本件債権の取立をした際に、被告の有する労災保険料債権に優先する債権の申告又は請求が被告の徴収職員になされていた事実がないこと明らかであるから被告が第三債務者半田市から訴外Aの労災保険料の滞納金61,700円を取立てると同時に滞納処分はその目的を達成し、残余については即時差押を解除すべきものと解すべきである。即ち被告が右滞納金を超えて差押債権を超えて全額の取立をしたことは権利の濫用であり違法と謂わなければならない。

而かも右滞納処分の目的たる債権については原告から仮差押がなされていたのであるから被告が之を無視して不当な取立をしたことは国家権力の不当行使として断じて許すべからざるものと謂わなければならない。

第六、(訴外B外に対する支払の適否。)

(1) 被告が滞納金を超過して不当に取立てた金393,000の内金298,288円を訴外B外16名に支払っている。

被告の弁解によれば滞納者Aの依頼によって之を支払ったと主張するが国家機関たる愛知労働基準局が何故かかる措置をとる権利又は義務があるのか全く理解し難い。被告は滞納金の残余は滞納者に交付すべきものであるから滞納者の依頼によってかかる措置をとったもので正当であるというが、<u>当裁判所の見解によれば滞納金額を超えて本件債権を取立てたことは違法であり、滞納金額を超える部分については仮差押は未だ存続しているのであるから、右支払は仮差押債権者を害する違法の処分と謂わなければならない。</u>

(2) 被告はその後更にその残余金94,712円を愛知県知多地方事務所に交付している。

之亦(1)と同様に違法な処分である。尤も之は自動車税の滞納金の差押であり、若し被告より取立がなされていなくとも何れは差押をうける運命にあったという弁解も考えられないこともないが、だからといって右のような被告の措置が適法となるものではない。

第七、（滞納処分の通知の欠缺とその効果。）

(1)　被告が本件仮差押債権に対し滞納処分をなした直後である昭和37年4月13日付をもつて第三債務者半田市は被告に対し原告外一人から既に仮差押がなされている旨を通告したことは〈証拠〉により明かであり、被告も明かに争わないところである。

然るに被告は執行裁判所たる当庁に対し徴収法第55条による通知をしなかつたことは被告の認めるところである。之は被告の重大なる手続上の違法行為と謂わなければならない。

徴収法第49条によれば徴収職員は、滞納者の財産を差押えるに当つては滞納処分の執行に支障がない限り、その財産につき第三者が有する権利を害さないように努めなければならないと規定している。本件の場合被告が違法に滞納税額を超えて仮差押債権全部を取立てたのであるから仮差押債権者たる原告は被告に対し異議の申立をするか或は被告を第三債務者として更に仮差押を申請する等法的救済手段を採る必要があつたのに、被告が右通知を怠つたために原告は之等の措置を講ずる機会を失つたものと謂わなければならない。之の点は被告の重大な責任問題であり、被告はこの通知の欠缺により生じた原告の損害を賠償する責に任ぜなければならない。

第八、（被告の仮定抗弁に対する判断。）

被告は訴外Aは本件仮差押債権以外にも不動産を有し又会社員として給料債権を有するものであり、原告は之等の財産に対して強制執行をすれば充分その債権取立の目的を達することができるから被告の滞納処分により損害を蒙つたものとではないと抗争するからこの点について考究するに、不動産や給料債権に対する強制執行は当該財産に対する担保権の存在或は配当加入等各種の執行法上の支障が発生して執行の目的を達することが困難な事例が多いのに反し債権に対する強制執行は転付又は取立手続により比較的簡易にその目的を達することができる利点があるのみならず原告としては本件債権に対し仮差押を執行し、之により執行の保全を図らんとしていたのであるから、被告が之を侵害した以上之により原告に生じた損害を賠償する責任を免れることはできない。

第九、(原告の本訴請求額について。)

原告は、自ら認めるように本件仮差押債権については原告の外に昭和 37 年 4 月 2 日訴外合資会社 C 電気商会から債権額金 198,500 円の仮差押がなされている(〈証拠〉参照)ので原告の仮差押金額 387,079 円より被告の労災保険料債権金 61,700 円を控除した残金 325,379 円を原告の債権額と右訴外合資会社 C 電気商会の債権額とに按分するときは原告が右債権中弁済を受け得べき金額は金 215,075 円となること計数上明らかである。

而して原告の訴外 A に対する金 387,079 円の債権は当庁昭和 37 年 (ワ) 第 15 号売掛代金請求事件の判決確定により法律上確定したことは前段認定の通りである。

従って本件弁論の全趣旨に徴し、原告は被告の違法なる本件仮差押債権の取立がなかったならば、訴外 A に対する右債務名義に基く右仮差押債権に対する強制執行により金 215,075 円の限度においてその債権の回収を得ることができたものと認めるを相当とする。

第一〇、(本訴請求の法的根拠。)

本訴請求は本件弁論の全趣旨に徴し国の公務員である愛知労働基準局長が国税徴収法第 67 条、第 55 条、第 140 条等の誤解或は手続の不知に基く重大なる職務執行上の過失により原告に損害を与えたことを原因とする請求であるから国家賠償法第 1 条により被告は原告に対し金 215,075 円の損害を賠償する義務があるものと謂わなければならない。

第一一、(損害金の請求について)。

原告は本訴請求につき損害金として本件訴状送達の翌日たる昭和 37 年 11 月 30 日から支払済みまで年 6 分の割合による遅延損害金の請求をしているが右損害金は本件訴状送達の翌日より支払ずみまで民法所定の年 5 分の割合により計算するを相当と思料する。

第一二、(結び)。

以上の理由によって原告の本訴請求は以上認定の限度において相当として認容し、その余は失当として棄却すべきものとし訴訟費用の負担につき民事訴訟法第 92 条を適用し主文のように判決する。

徴収職員体験記 5

こだわりすぎ

　裁判又は解釈とは、理屈をこねくり回すことである。これはやむを得ないことではある。そして、必然的に難しい事柄になってくる。

　しかしながら、あまりにも理屈をこねることにこだわりすぎると、法律家が言葉遊びをして、わざと難解な世界を創りだして、それがために専門家が必要となることは本末転倒である。

　債権者不確知供託に関して、そういう箇所があるので、私見として述べておく。

　まず、判例についてざっと整理すると、最三判昭 55.1.11（民集 34－1－42）（以下「昭和 55 年判決」という）において、指名債権が二重に譲渡され、確定日付のある各譲渡通知が同時に第三債務者に到達したときは、各譲受人は、第三債務者に対しそれぞれの譲受債権についてその全額の弁済を請求することができ、譲受人の一人から弁済の請求を受けた第三債務者は、他の譲受人に対する弁済その他の債務消滅事由がない限り、単に同順位の譲受人が他に存在することを理由として弁済の責めを免れることはできないとした。

　次に、最三判平 5.3.30（民集 47－4－3334）（以下「平成 5 年判決」という）において、①滞納処分の債権差押通知と確定日付のある債権譲渡の通知とが第三債務者に到達したが、その到達の先後関係が不明であるために、その相互間の優劣を決することができない場合には、各通知は同時に第三債務者に到達したものとして取り扱う。②前記のとおり先後関係が不明であるために、第三債務者が債権者を確知することができないとして供託した場合、被差押債権額と譲受債権額との合計額が供託金額を超過するときは、差押債権者と債権譲受人は、公平の原則に照らし、被差押債権額と譲受債権額に応じて供託金額を案分した額の供託金還付請求権をそれぞれ分割取得するとした。

　この両判例の関係と取扱いは本章で解説したところである。問題は、昭和

55年判決を受けて、第三債務者は、他の譲受人に対する弁済その他の債務消滅事由がない限り、単に同順位の譲受人が他に存在することを理由として弁済の責めを免れることはできないから、債権者不確知ではなく供託を受理しない取扱いとなっている。

しかしながら、そうだからといって、第三債務者が譲受人Aに対して弁済し、譲受人Bへ弁済を拒否すると、Bが裁判上の請求をしてきたときにはどういった帰結となるのかは定かではない。

また、同時に郵便送達がされたときに、供託者において到達の先後が不明であるとして供託書へ記載すれば（どちらを先に受け取ったかわからないと郵便物受取の局面において申立てするなど）、平成5年判決におけるところの先後不明として供託が受理されるのではなかろうか。結局、供託書への表記次第ということになる。

権利供託は、第三債務者の利益のために認められているのであるから、昭和55年判決においても平成5年判決において第三債務者としてどう弁済してよいか不明であるから、債権者不確知供託ができると取扱いすべきであると考える。理屈からいえば昭和55年判決では供託を受理しないという理屈は一面では成り立つとしても、いかにもこだわりすぎといえる。

第6章 執行法と保全法による供託

第1節 執行法編

1 民事執行と滞納処分の相違

　債権に対して差押えがされた場合、執行法と徴収法では、以下で解説するとおり取扱いが異なり、その違いを認識しておくことは各場面においての理解に役立つため、まず、それぞれの法律における供託について述べたうえ、本節の最後に供託後の配当（還付請求）について解説をする。

　そのため、再度、執行法及び滞調法の関係条文を最初に掲げておくことにする。

執行法

> （第三債務者の供託）
> 第156条　第三債務者は、差押えに係る金銭債権（差押命令により差し押さえられた金銭債権に限る。次項において同じ。）の全額に相当する金銭を債務の履行地の供託所に供託することができる。
> 2　第三債務者は、次条第1項に規定する訴えの訴状の送達を受ける時までに、差押えに係る金銭債権のうち差し押さえられていない部分を超えて発せられた差押命令、差押処分又は仮差押命令の送達を受けたときはその債権の全額に相当する金銭を、配当要求があつた旨を記載した文書の送達を受けたときは差し押さえられた部分に相当する金銭を債務の履行地の供託所に供託しなければならない。
> 3　第三債務者は、前2項の規定による供託をしたときは、その事情を執行裁判所に届け出なければならない。

滞調法

(第三債務者の供託)

第20条の6　第三債務者は、滞納処分による差押えがされている金銭の支払を目的とする債権(以下「金銭債権」という。)について強制執行による差押命令又は差押処分の送達を受けたときは、その債権の全額に相当する金銭を債務の履行地の供託所に供託することができる。

2　第三債務者は、前項の規定による供託をしたときは、その事情を徴収職員等に届け出なければならない。

3　徴収職員等は、前項の規定による事情の届出を受けたときは、その旨を執行裁判所(差押処分がされている場合にあつては、当該差押処分をした裁判所書記官)に通知しなければならない。

(第三債務者の供託義務)

第36条の6　第三債務者は、強制執行による差押えをした債権者が提起した次条に規定する訴えの訴状の送達を受ける時までに、その差押えがされている金銭債権について滞納処分による差押えがされたときは、その債権の全額(強制執行による差押えの前に他の滞納処分による差押えがされているときは、その滞納処分による差押えがされた部分を差し引いた残額)に相当する金銭を債務の履行地の供託所に供託しなければならない。

2　第三債務者は、前項の規定による供託をしたときは、その事情を執行裁判所(差押処分がされている場合にあつては、当該差押処分をした裁判所書記官)に届け出なければならない。

3　前項の規定による事情の届出があつたときは、執行裁判所の裁判所書記官又は差押処分をした裁判所書記官は、その旨を徴収職員等に通知しなければならない。

4　第1項の規定により供託された金銭については、徴収職員等は、強制執行による差押命令若しくは差押処分の申立てが取り下げられた後

又は差押命令若しくは差押処分を取り消す決定若しくは差押処分を取り消す旨の裁判所書記官の処分が効力を生じた後でなければ、払渡しを受けることができない。

保全法

（債権及びその他の財産権に対する仮差押えの執行）
第50条　民事執行法第143条に規定する債権に対する仮差押えの執行は、保全執行裁判所が第三債務者に対し債務者への弁済を禁止する命令を発する方法により行う。
2　前項の仮差押えの執行については、仮差押命令を発した裁判所が、保全執行裁判所として管轄する。
3　第三債務者が仮差押えの執行がされた金銭の支払を目的とする債権の額に相当する金銭を供託した場合には、債務者が第22条第1項の規定により定められた金銭の額に相当する金銭を供託したものとみなす。ただし、その金銭の額を超える部分については、この限りでない。
4　第1項及び第2項の規定は、その他の財産権に対する仮差押えの執行について準用する。
5　民事執行法第145条第2項から第5項まで、第146条から第153条まで、第156条、第164条第5項及び第6項並びに第167条の規定は、第1項の債権及びその他の財産権に対する仮差押えの執行について準用する。

2　執行法上の権利供託（執行法第156条第1項）

　差押えの効力は、差押命令が第三債務者に送達された時に生じ、執行裁判所は、差押命令において、差押債務者に対し債権の取立てその他の処分を禁止し、かつ、第三債務者に対し差押債務者への弁済を禁止することにより行う（執行法第145条第1項、第4項）。第三債務者は、債権者が取立てをするこ

と（執行法第155条）、転付命令を得ること（執行法第159条）がなければ弁済することはできず、第三債務者のこのような地位を考慮して供託（権利供託）をすることができるとしている。第三債務者は、差押債権者の取立て又は転付命令に応じるか、供託により免責を得るかの選択をすることができるわけである。

後掲最三判昭45.12.15（民集24-13-2043）は、民事訴訟法第621条第1項（昭和54年法律4号改正前、現行執行法第156条第1項相当）に関するものであるところ、「差押の競合がない場合においても、一個の債権について多数の差押があり、かつ、第三債務者の立場からみて、その優先順位について問題がある等差押の競合があるか否かの判断が困難とみられる客観的事情が存在する場合には、右規定を類推適用して、第三債務者に供託による免責を認めるのが相当である」としており、現行の権利供託にあてはまる判示である。

前記の権利供託を類型化すると次のとおりである。

(1) **債権全額が差押えされその全額を供託する場合**

債権額100万円につき100万円が差押えされたときは、差押債権者の取立てに応じることができる一方で、供託することができる。

(2) **債権の一部につき差押えがされ債権全額を供託する場合**

債権額100万円につき80万円が差押えされたときにおいても100万円を供託することができる。

差押えの効力が及んでいない20万円部分は弁済供託であると解される。差押債務者からの還付請求を可能とするため、同人を被供託者として供託書に記載する必要があり、供託書には、被供託者宛の供託通知書の発送を供託官へ請求する場合、郵便切手等を添付する必要がある。

(3) **債権の一部が差押えされ差押え部分を供託する場合**

債権額100万円につき80万円が差押えされたときは、差押えされた80万円を供託することができる。差押えされていない20万円は、本来の債権者である差押債務者へ弁済することになる。

《第三債務者へ権利供託を認める趣旨》

最三判昭 45.12.15（民集 24-13-2043）

事案の概要

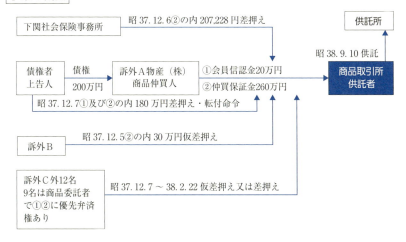

上告代理人古谷判治の上告理由第一、二について。

原判決が、本件差押、転付命令が有効であって、それがされた当時、本件被差押債権について現実に差押の競合があったとはいえない旨判示したうえ、民訴法 621 条に基づく被上告人の供託による免責を認めているにすぎないことは、原判文上明らかであり、右供託を有効とした原審の判断が是認しうるものであることは後記説示のとおりであるから、原判決に所論の違法はなく、論旨は、ひっきょう、原判決を正解せず、これを非難するに帰し、採用できない。

同第三について。

原判決が被上告人の民訴法 621 条に基づく本件供託を有効と判示したもので差押禁止債権を創設したものでないことは、原判文上明らかであるから、原判決に所論法令違背の違法はなく、所論違憲の主張はその前提を欠き、論旨は採用できない。

同第四について。

債権に対し、差押が競合する場合には、その各差押は配当要求と同一の効

力を生ずるものと解されるから、第三債務者は民訴法621条1項に基づいて債務額を供託する権利を有するものであるが、一個の債権に対し数個の差押があったときでも、その差押債権の総額が被差押債権額を超過しない場合において、各債権者が各自の債権額の範囲において差押をしたにとどまるときは、数個の債権差押は相競合するものとは解しえないから、第三債務者も前記条項に基づく供託により免責されうべきものではない。しかしながら、民訴法621条1項が第三債務者に対してこのように供託の権利を認めたゆえんは、債権に対する強制執行の手続において、被差押債権について権利を主張する者が多数あり、右債権額がそのすべての者に満足をあたえるに足りない場合に、第三債務者に配当要求または重複差押の有無および各差押の適否を審査させ、真の権利者あるいは優先権者に適正な配当をさせることは、第三債務者に極めて重い負担をしい、ときに二重払いの危険を負わせることにもなりかねず、ひいては執行手続の適正をも害するおそれがあるために、この弊害を除去しようとするにあると解せられるから、この趣旨を推及すれば、本来前記の意味において差押の競合がない場合においても、一個の債権について多数の差押があり、かつ、第三債務者の立場からみて、その優先順位について問題がある等差押の競合があるか否かの判断が困難とみられる客観的事情が存在する場合には、右規定を類推適用して、第三債務者に供託による免責を認めるのが相当である。

本件においてこれをみるに、原審の適法に確定するところによれば、

（一）　訴外A物産株式会社（以下、訴外会社という。）は、商品仲買人であって、商品取引所である被上告人に対し、（イ）商品取引所法（昭和42年7月29日法律第97号による改正前のもの。以下同じ。）38条に基づく会員信認金として20万円、（ロ）同法47条に基づく仲買保証金として260万円を預託していたところ、上告人は、訴外会社に対して有する200万円の債権の強制執行として、（イ）の会員信認金全額および（ロ）の仲買保証金のうち180万円の返還請求権について差押および転付命令をえ、右命令は、昭和37年12月7日被上告人に送達された。

（二）　ところで、これに先だち、訴外Bは、右会員信認金および仲買保証

金ならびに個人積立金の返還請求権のうち 30 万円について仮差押をし、また、下関社会保険事務所は、右仲買保証金の返還請求権のうち 207,228 円について差押をし、前者の仮差押命令は同月 5 日、後者の差押命令は同月 6 日訴外会社に送達された。

　（三）　また、上告人の前記差押に遅れて、同月 7 日から翌 38 年 2 月 22 日までの間に、訴外Ｃほか 12 名の債権者らから第一審判決別表 4 から 1 6 までに記載するとおり、右会員信認金および仲買保証金等の返還請求権について総額 6,034 万余円に及ぶ仮差押または差押がされ、なかには、転付命令または取立命令をえたものもあった。

　（四）　そして、これらの者のうち、右Ｂら 9 名は、訴外会社に対する商品取引の委託者であって、前掲商品取引所法の規定に基づき、それぞれ右会員信認金および仲買保証金に対して優先弁済を受ける権利を有していたが、上告人は、そのような委託者ではなく、したがって、右優先弁済権を有する者ではなかった。

　（五）　ところで、前記訴外会社は、右各差押がされた当時においては、なお商品仲買人としての営業を継続していたため、被上告人としては、前記信認金および保証金を返還しうべき時期にはなく、したがって、同人は、上告人に対して直ちに転付金の支払をせず、昭和 38 年 9 月 10 日にいたり、民訴法 621 条に基づいて、上告人の差押にかかる債権を含め、訴外会社に対して負担する債務の全額について山口地方法務局下関支部に供託をした。
というのである。

　右認定事実によれば、<u>上告人の本件差押ならびに転付命令が被上告人に送達された当時、訴外会社が被上告人に預託した前記会員信認金および仲買保証金に対しては、2 個の先行差押があったが、それらは、その差押債権額の総額において、右信認金等の総額をこえるものではないから、この段階においては、厳格な意味において差押の競合があるものとはいい難い。しかしながら、右信認金等の弁済期が未到来の間に、優先弁済権者を含む多数の債権者から、同一債権について、その総額をはるかにこえる債権のために、多数の仮差押および差押が相次いでされたのであって、その法律関係について</u>

は、原判決説示の如く種々の見解もなりたちうるところであるから、被上告人に対して、差押の重複の有無またはその優先関係について適確な判断を期待することは困難というほかはなく、したがって、同人が右の事情をもって、民訴法621条1項の要件をみたすものと判断したことはまことに無理からぬものというべきであり、かかる事情のもとにおいては、同条を類推適用のうえ、同条に基づく供託によって、被上告人に本件信認金等の返還請求権について免責を認めるのが相当である。

　それゆえ、これと同旨の見解のもとに、被上告人の免責を認めたうえ、上告人の本訴請求を排斥した原判決は相当であって、原判決に所論の違法はない。所論は、ひっきょう、右と異なる見解のもとに原判決を非難するに帰し、採用できない。

　よって、民誌法401条、95条、89条に従い、裁判官全員の一致で、主文のとおり判決する。

3　執行法上の義務供託（執行法第156条第2項）

　第三債務者は、差押債権者が当該第三債務者に対して差し押さえた債権に係る取立訴訟を提起したときは、訴えの訴状の送達を受ける時までに、差押えに係る金銭債権のうち差し押さえられていない部分を超えて発せられた差押命令、差押処分又は仮差押命令の送達を受けたときはその債権の全額に相当する金銭を、配当要求があった旨を記載した文書の送達を受けたときは差し押さえられた部分に相当する金銭を債務の履行地の供託所に供託することが義務付けられる（義務供託）（執行法第156条第2項）。同条第1項は、取立て等に応じるか供託するかは第三債務者の選択によるところ、差押えが競合（注1）した同条第2項の場面にあっては、供託をすることしか免責をされることがない。

　第三債務者としては、弁済に当たり、重複差押えの有無、各債権の優劣、誰が正当な受領権者であるか等について適正な判断を下す必要が生じるが、

（注1）　第5章第4節金銭債権に対する差押えの競合その2を参照。

このように第三債務者の責任において弁済をさせることは、第三債務者に極めて重大な手続上の負担を負わせるとともに、第三債務者を二重弁済の危険にさらす結果となる。また、執行手続きの適正の確保の面からみても、差押債権者が競合する場合に、その一人に被差押債権の全額が弁済されると、他の債権者への公平な弁済のために原資の確保が不可能又は困難になるおそれがある。そこで、このような場合には、被差押債権の弁済を第三債務者の自主的な行動にゆだねることなく、第三債務者に対して執行債務者に直接弁済することを禁止し、弁済に代えて被差押債権の額に相当する金銭を提供させ、これを執行裁判所の支配下に置いたうえ、執行裁判所の配当手続きによってこれを各債権者に公平に分配する必要があるためである（吉岡供託実務−147、吉野・三宅「注釈民事執行法6」489頁の孫引き）。

第2節　保全法編

1　保全法上の権利供託

保全法第50条第5項において、執行法第156条を準用していることから、債権について仮差押えがされたときは、第三債務者は供託することができる。

しかしながら、執行法第156条の規定は、仮差押えの執行について準用すると概括的な規定ぶりであることから、同条の権利供託である第1項と義務供託である第2項とがどのように準用されるのかは誰もが有する疑問となる。

これに関して先例要旨（後掲平2.11.13民4・5002号民事局長通達第2、3(1)ア（イ））があり、これに係る解説をまとめると次のとおりとなる（柳田幸三：ジュリ158百選−104）。

(i)　**単発の仮差押え**

一つの仮差押えが執行されたのみであるときは、執行法第156条第1項の権利供託の規定がそのまま準用され、第三債務者が仮差押えに係る金銭

債権の全額に相当する金銭を債務履行地の供託所へ供託することができる。

(ii) **金銭債権の一部への仮差押え**

　金銭債権の一部へ仮差押えがされた場合には、金銭債権の一部について差押えの執行がされた場合（昭55.9.6民4・5333号民事局長通達2、4の1⑴）と同様に、仮差押えの執行に係る金銭債権の全額又は仮差押え金額に相当する金銭のみを債務履行地の供託所へ供託することができる（図60）。

　なお、仮差押えの執行に係る金銭債権の全額に相当する金銭を供託したときは、供託金のうち、仮差押え金額を超える部分的には、仮差押えの効力は及ばず、この部分は弁済供託としての実質を有するから、第三債務者は、供託不受諾を理由として取り戻すことができ、また、被供託者である仮差押債務者は、供託を受諾して還付を受けることができる。

【図60】

①のみ供託又は①+②を供託することができる。

(iii) **仮差押えと仮差押えとの競合**

　執行法第156条第の差押えを仮差押えと読み替えると、同条第2項により供託義務が生ずることになる。しかし、義務供託として規定する趣旨は、差押えが競合した場合、差押債権者の取立権を認めると債権者間の平等弁済が確保されなくなるため、取立てに代わるものとして第三債務者に供託義務を課し、供託の方法によって差押債権を換価し、執行裁判所の配当等の手続きにより執行債権の適正な弁済を確保しようとすることにある。仮差押えの場合は、仮差押債権者に取立権がなく、義務供託とする基礎を欠くことになる。もっとも、権利供託は第三債務者に供託による免責の効果を得させることをも趣旨としているから、同条第1項の権利供託は可能となる。

(iv) **仮差押えと差押えの競合**

仮差押えの執行がされた金銭債権について他の債権者が差押えをしたときは、差押え等の競合が生じた場合として、執行法第156条第2項の規定が適用され、差押えが先行し仮差押えが執行された場合も同様に供託義務が生ずることになる。

《金銭債権に対して仮差押えの執行のみがされた場合の供託》
昭55.9.6民事4・5333民事局長通達・第2、4の2（先例集6-310）（ジュリ107百選-110）

金銭債権について仮差押えの執行が競合した場合の供託は、民事保全法50条5項により準用される民事執行法156条1項による。仮差押えの執行がされた金銭債権について、更に差押えがされ、差押え等が競合した場合の供託は、民事保全法50条5項により準用される民事執行法156条2項による。

《金銭債権の一部のみが差し押さえられた場合における供託》
昭55.9.6民事4・5333民事局長通達・第2、4の1（一）（先例集6-319）（ジュリ158百選-100）

金銭債権の一部が差し押さえられた場合においては、第三債務者は、民事執行法156条1項により差押えに係る金銭債権の全額に相当する金銭を債務の履行地の供託所に供託することができるが、差押金額に相当する金銭のみを供託することもできる。

《金銭債権に対して仮差押えの執行のみがされた場合の供託》
平2.11.13民事4・5002民事局長通達・第2、3（一）ア（イ）（民事月報45-11-208）（ジュリ158百選-104）

金銭債権について仮差押えの執行が競合した場合の供託は、民事保全法50条5項により準用される民事執行法156条1項による。仮差押えの執行がされた金銭債権について、更に差押えがされ、差押え等が競合した場合の供託は、民事保全法50条5項により準用される民事執行法156条2項による。

《債権が仮差押えを受けているときは取立て等の満足的手続きは許されない》
広島高決平 8.10.1（判タ 938-270）

事案の概要

1　（略）

2　一件記録によれば、次の事実が認められる。

債権者は、平成8年7月4日山口地方裁判所岩国支部に対し、別紙請求債権目録記載の債権を請求債権として、債務者が第三債務者に対して有する別紙差押債権目録記載の債権の差押命令及び転付命令の申立てをし、同年7月9日同裁判所はこれらの申立てをいずれも認める決定をした。同請求債権は、広島地方裁判所平成3年（ワ）第109号損害賠償請求事件の執行力ある判決正本に表示された債権であるところ、同債権については、平成8年5月31日広島地方裁判所が、Aを仮差押債権者とする債権仮差押決定（平成8年（ヨ）第178号）がなされていた。そこで債務者は、二重払いを強いられる可能性があるとして本件抗告を申し立て、右仮差押決定の写しを提出した。

そこで、本件事案に即して検討するに、有名義債権が仮差押されている場合にその有名義債権の債権者は債権執行をなしうるか、またなしうるとして手続きのどの段階までなしうるかに関して、民事執行法及び民事執行規則に規定を見いださないので、この問題は債務名義、仮差押、債権執行などの関連する諸制度の趣旨を考慮にいれて解決せざるを得ない。しかして、有名義債権の債権者は本来であれば債務名義に基づき債権差押えをなし、これに伴い被差押債権が金銭債権であるときは民事執行法155条にしたがいその取立てをなすことができるし、またさらに債権差押に伴せて転付命令を得て請求

債権の満足を得ることができるのであるが、仮差押えを受けているため被差押債権の取立て又は転付命令を得るという満足的な手続きに及ぶことは仮差押えの趣旨に反して許されず、債権差押えをした段階を越えて手続きを進めることはできないものと解せざるを得ない。このように解しても、<u>第三債務者は必要であれば民事執行法 156 条に基づき供託することができるのであるから特段の不利益を蒙ることはないのでこの点からも上記の解釈を相当と考える。</u>

上記の趣旨から、<u>本件債権差押え及び転付命令の申立てのうち債権差押えの申立ては認めるべきであるが、それに伴う民事執行法 155 条に基づく金銭債権の取立ては仮差押えが解除されるまではこれを禁ずることとし、本件転付命令の申立ては却下することとする。</u>

3 よって、原決定を変更することとし、主文のとおり決定する。

2 仮差押解放金債権の意義

第 5 章第 2 節で滞納処分による差押えの結論のみを記述していたところ、この項以下で仮差押解放金の意義及び滞納処分の実務が導かれる意味について解説をする。

「保全法第 22 条は、仮差押えの執行を停止又は既にした仮差押えの執行の取消しを得るために、職権で債務者が供託すべき金銭の額を定めなければならないと規定し、仮差押解放金の供託の制度を設けている。仮差押えの目的が金銭債権の執行の保全にある以上、債務者が仮差押執行の目的物に代えて右金銭債権を担保するために充分な金銭を供託すれば、債権者に従前の目的物に対する仮差押執行の開始ないし継続をさせる必要もなく、一方、債務者にとっても不必要な仮差押執行を避止しその保護を図り得るところから設けられたものである。仮差押債務者は、裁判所の定めた仮差押解放金を供託所に供託したことを証明することにより、仮差押えの停止又は既になされた執行の取消しをすることができる（保全法第 51 条）」。そして、「現在の判例、多数説では、仮差押債権者は、仮差押解放金について直接権利を有するものではなく、本案勝訴の確定判決を債務名義とし、仮差押債務者の有する仮差

押解放金の**供託物取戻請求権**につき債権執行（差押命令と取立てないし転付命令）を行い、供託官に対して仮差押解放金の払渡しを請求することになる。仮差押解放金を供託した場合は、**供託物取戻請求権**のみが問題となり、**供託物還付請求権**が発生する余地はない」（永田誠一：ジュリ158百選-142）。

このように、仮差押解放金とは、仮差押債務者（滞納処分を想定すると滞納者ということになる）が仮差押決定の記載に従い裁判所が定めた金額を供託したものであり、「仮差押解放金が仮差押えの執行の目的物に代わるものであって、仮差押債務者（滞納者）の有する**供託物取戻請求権**の上に仮差押えの執行の効力が及ぶとされている（実務供託入門-417）。また、「仮差押解放金の供託による仮差押執行の取消しにおいては、供託された解放金が仮差押執行の目的物に代わるものとなり、債務者は、仮差押命令の取消しなどを得なければ供託金を取り戻すことができないばかりでなく、債権者は、本案訴訟で勝訴した場合は、債務者の供託金取戻請求権に対し強制執行をすることができ、仮差押えの執行保全の効力は右供託金取戻請求権の上に存続している」と解されている（後掲最三判平6.6.21民集48-4-1101）。

仮差押解放金は、①仮差押えの執行が効力を失ったときは供託者の取戻請求により、②仮差押債権者の権利実行として強制執行の方法による取戻請求により、③他の債権者等が差押えをしたときは執行裁判所の配当等の実施としての支払委託に基づいて、それぞれ払渡しがされる。

仮差押解放金、仮差押債権者、仮差押債務者、**供託物取戻請求権**との単語がずらずらと並び、通読できる方は相当の強者ということができる。

次の債権差押調書の記載例と図61を突き合わせて理解を深めていくことにする。

債権差押調書の差押債権欄

滞納者：A株式会社、仮差押債権者：C

滞納者（仮差押債務者）がその財産に仮差押えの執行を受けたことにより、民事保全法第22条の規定によって仮差押えの執行の停止を得る

ため、又は既にした仮差押えの執行の取消しを得るために滞納者（仮差押債務者）が供託した仮差押解放金の**供託物取戻請求権**。

供託金額　金100万円

仮差押債権者　周南市新宿通9-9　C株式会社

【図61】

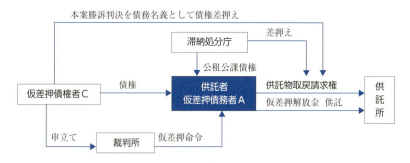

保全法

（仮差押解放金）

第22条　仮差押命令においては、仮差押えの執行の停止を得るため、又は既にした仮差押えの執行の取消しを得るために債務者が供託すべき金銭の額を定めなければならない。

2　前項の金銭の供託は、仮差押命令を発した裁判所又は保全執行裁判所の所在地を管轄する地方裁判所の管轄区域内の供託所にしなければならない。

（仮差押解放金の供託による仮差押えの執行の取消し）

第51条　債務者が第22条第1項の規定により定められた金銭の額に相当する金銭を供託したことを証明したときは、保全執行裁判所は、仮差押えの執行を取り消さなければならない。

2　前項の規定による決定は、第46条において準用する民事執行法第12条第2項の規定にかかわらず、即時にその効力を生ずる。

《仮差押解放金の性質とその時効中断効》

最三判平 6.6.21（民集 48-4-1101）

事案の概要

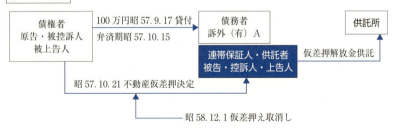

上告代理人の上告理由について。

所論は、要するに、仮差押解放金の供託により仮差押執行が取り消された場合は、仮差押えによる時効中断の効力は将来に向かって消滅し、時効が新たに進行するというべきであるとし、これと異なる原審の判断は、法令の解釈を誤ったものというにある。

しかしながら、仮差押えによる時効中断の効力は、仮差押解放金の供託により仮差押執行が取り消された場合においてもなお継続するというべきである。けだし、民法157条1項は、中断の事由が終了したときは時効中断の効力が将来に向かって消滅する旨規定しているところ、仮差押解放金の供託による仮差押執行の取消しにおいては、供託された解放金が仮差押執行の目的物に代わるものとなり、債務者は、仮差押命令の取消しなどを得なければ供託金を取り戻すことができないばかりでなく、債権者は、本案訴訟で勝訴した場合は、債務者の供託金取戻請求権に対し強制執行をすることができる（大審院大正3年（オ）第77号同年10月27日判決・民録20-8-810頁、大審院昭和7年（ク）第789号同年7月26日決定・民集11-16-1649頁、最高裁昭和42年（オ）第342号同45年7月16日第一小法廷判決・民集24-7-965頁参照）ものであるから、仮差押えの執行保全の効力は右供託金取戻請求権の上に存続しているのであり、いまだ中断の事由は終了したとはいえないからである。

本件において原審の適法に確定した事実関係によると、被上告人は、昭和

57年9月17日、上告人の連帯保証の下に、有限会社Aに対し100万円を弁済期同年10月15日の約定で貸し付け、同月21日、本件連帯保証債権を被保全債権として、上告人所有の本件不動産に対する仮差押決定を得て、その執行をしたところ、その後、上告人が仮差押解放金を供託したため、同58年12月1日に本件不動産に対する仮差押執行が取り消された、というのであるから、仮差押えによる時効中断の効力は消滅することなくなお継続し、本件連帯保証債権の消滅時効は進行していないというべきである。これと同旨の原審の判断は、正当として是認することができ、原判決に所論の違法はない。論旨は採用することができない。

よって、民訴法第401条、第95条、第89条に従い、裁判官全員一致の意見で、主文のとおり判決する。

3　みなし仮差押解放金債権の意義

次に、滞納者が有する債権について仮差押えがされた場合に、当該債権の第三債務者は、その仮差押えに係る債権を供託することができ、それは前項の仮差押解放金が供託されたとみなされる（保全法第50条第3項）。この場合の供託は、仮差押債務者（滞納者）を被供託者としてする供託であり、仮差押債務者の有する供託金の**供託物還付請求権**に仮差押解放金の限度で仮差押えの効力が移行すると解されている。そこで、この「みなし仮差押解放金」については、仮差押債務者（滞納者）の有する供託金の還付請求権を差押えすることになる（徴収法基本通達逐条解説140-7後段）（図62）。

「仮差押解放金の供託の場合には、仮差押債務者の有する**供託物取戻請求権**の上に仮差押えの効力が及ぶものと解されているが、仮差押えの執行がされたことを理由とする供託においては、**供託物取戻請求権**を有する者は、供託者たる第三債務者であるから、このような構成は採ることができない。金銭債権について仮差押えの執行のみがされた場合の供託は、執行の目的物の供託である点では、執行法第156条第1項又は第2項に基づく供託と同様に執行供託の類型に属するが、弁済供託としての実質を有するから、債務者を被供託者としてされ、供託書には、被供託者あての供託通知書及び郵券を付

した封筒を用意する必要がある」。

　さらに、「債務者の有する供託金還付請求権には、仮差押解放金の額の限度で仮差押えの執行の効力が及ぶ。これに対しては、当該仮差押債権者が本執行としての差押えをすることができるほか、他の債権者も差押え、又は仮差押えの執行をすることができる。としている。これは、この供託が仮差押えの執行がされた金銭債権の債権者である仮差押債務者を被供託者とする弁済供託の実質を有するものであり、供託により仮差押債務者の取得する供託金の還付請求権については仮差押解放金の額（被保全債権の額と同一の額が定められるのが通常である）の限度で仮差押えの執行の効力が移行すると解されることによるものである。（中略）また仮差押えの性質上、仮差押債権者が供託金について優先的満足を受けることは認められないので、供託金について他の債権者から差押え又は仮差押えの執行をする余地が認められなければならないが、そのためには、仮差押債務者に還付請求権が生ずるものとし、これに執行法第178条第3項（保全法第50条第3項）の規定により仮差押債務者が供託したものとみなされる仮差押解放金の限度で仮差押えの効力が及ぶものと構成する必要があるからである」（以上、柳田幸三：ジュリ158百選-105）との解説と併せて読むと理解しやすい。

　次の債権差押調書の記載例と図62を突き合わせて理解を深めていくことにする。みなし仮差押解放金では、滞納者が被供託者である場合は**供託物還付請求権**の差し押さえることになり、滞納者が第三債務者である場合は**供託物取戻請求権**を差し押さえることになる。

債権差押調書の差押債権欄（**供託物還付請求権**）
　滞納者：A株式会社、第三債務者：B、仮差押債権者：C

> 　滞納者（仮差押債務者）がその有する売掛債権に仮差押えの執行を受けたことを原因として、第三債務者が民事保全法第50条第5項で準用する民事執行法第156条第1項規定によって供託したことにより、滞納者（仮差押債務者）が有するみなし解放金（供託物）の還付請求権。

供託金額　金100万円
仮差押債権者　福岡市博多区博多駅前9-9　C株式会社

債権差押調書の差押債権欄（**供託物取戻請求権**）
滞納者（第三債務者）：B株式会社、仮差押債権者：C

仮差押債務者（広島市中区大手町9-9）が滞納者（第三債務者）に対する売掛債権につき仮差押えの執行を受けたことを原因として、滞納者（第三債務者・供託者）が民事保全法第50条第5項で準用する民事執行法第156条第1項規定によって供託したことにより、滞納者（第三債務者・供託者）が有するみなし解放金（供託物）の取戻請求権。
供託金額　金200万円
被供託者　福岡市博多区博多駅前9-9　B株式会社

【図62】

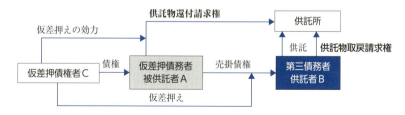

4　仮差押解放金の取立て

供託金取戻請求権又は供託金還付請求権を差し押さえたときは、滞納処分庁は、直ちに供託金の払渡しの請求をすることができる（平成2.11.13付民四第5002号法務省民事局長通達）（徴収法基本通達140-8）。

仮差押えの執行は、目的物について処分禁止の効力を生ずるにとどまり、仮差押債権者に当該目的物について優先権を取得させるものではないため、実質的に他の債権者を排除することはできず、図61では滞納処分庁が**供託物取戻請求権**を差押えした場合、図62では滞納処分庁が**供託物還付請求権**

を差押えした場合、滞納処分庁が仮差押債権者に優先して、直ちに供託金の払渡請求権を行使することができる。

徴収職員体験記 6

1秒で判断する

　滞納処分の執行場面では、いくつもの苦い経験がある。徴収職員は、絶大なる公権力を行使することから、執行場面に臨んでいるときは、絶大であること故に誤った滞納処分を執行してはいけないとの精神状態にあることが一般である。少なくとも筆者は、それが本能であったといってよい。

　徴収職員になった初期の頃、銀行預金債権を差し押さえようと金融機関へ臨場したところ、定期預金債権に質権が設定されているという想定外の事態に出くわした。差押えしてよいものか自信がもてず、後日、再臨場したところ、既に解約されており、行員から「遅いですよ」と鼻で笑われた。差し押さえていたら保険料が徴収できる関係にあったのに。

　倒産情報から事業所へ臨場したところ、高価な油圧ショベルを発見したものの、財産の帰属認定がはっきりとせず、また、差押えできる準備が整っておらず、翌日、再臨場した。油圧ショベルの行方を確認したところ、従業員？があそこにあるという方向を見ると、そこは山の中腹であった。こちらは、後日、リース会社の所有物であることが判明したから、どのみち差し押さえをすべきものではなかったとしても、こんな行動はできる徴収職員とは言い難い。

　できる徴収職員は、第一にいざ鎌倉の時に備えていつも準備を整えている、第二に現地で想定外の事態となっても法的知識が豊富で適切な判断ができる、第三としてそれは1秒で判断できるのである。そう、1秒で判断できなくてはならない。

　もちろん、前記三つの能力を徴収職員に任命されたら直ちに有しているのではない。結局、できる徴収職員かそうでないかは日々の過ごし方にある。失敗した経験から改善を図る、生きた事例である判例から学ぶ行動をとる、

納付督励で事業所を訪問したときは、この事業所が倒産したらどう行動するのかという想定問答を行うというように、油断のない行動をすることが1秒で判断する徴収職員になり得る。

　この現場は、こうするとの教育ぶりを聞くことがある。そういうノウハウ的な仕事は通常で、否定されるものではないが、そればかりでは、他の場面で判断がつかない。同じように時間をかけて研鑽を積んだようにみえても、「場面の処理だけ学んだ」と、「場面に沿って法令・判例を学んだ」とは、大きな差がある。筆者の信念を一言で表すと、判例に強いことが真の徴収職員である。

　供託についても、よくある事例は繰り返し体験することになる。常に、法令から判例に進んで、判例を学ぶ態度でありたい。

第7章 破産手続開始決定と供託金還付請求権の差押え

1 破産手続開始決定と滞納処分による差押え

　最初に、破産と公租公課債権の滞納処分との関係を解説すると、破産手続開始の決定があった場合には、破産財団に属する財産に対する滞納処分をすることができなくなる。ただし、破産財団に属する財産に対して滞納処分が既にされている場合には、破産手続開始の決定は、その滞納処分の続行を妨げない（破産法第43条第1項、第2項）とされている。これは、後掲最一判昭45.7.16（民集24-7-879）の法理を条文化したものである。

　この続行できる滞納処分には、破産手続開始の決定前に行った参加差押え、債権の二重差押え（徴収法基本通達62-6）及び滞調法の規定による二重差押え（福岡高判平3.5.28 訟務38-1-10、大阪高判平6.10.11 判時1523-84参照）(注1)が含まれるとされている（徴収法基本通達47-41）。

　換言すると、滞納者が破産手続開始の決定を受けた場合（破産法第30条）には、破産財団（同法第34条）に属する滞納者の財産に対して新たな滞納処分はすることができず（同法第43条第1項）、その破産手続において財団債権となる公租公課については破産管財人に対して交付要求をすべきことになる（徴収法第82条第1項）（徴収法基本通達47-40）。

破産法（平成16年6月2日号外法律第75号）

> （国税滞納処分等の取扱い）
> 第43条　破産手続開始の決定があった場合には、破産財団に属する財

(注1)　福岡高判平3.5.28（訟務38-1-10）は、拙著「徴収職員のための滞調法の基本と実務」（第一法規）において図解入りで掲載している。

産に対する国税滞納処分（外国租税滞納処分を除く。次項において同じ。）は、することができない。
2　破産財団に属する財産に対して国税滞納処分が既にされている場合には、破産手続開始の決定は、その国税滞納処分の続行を妨げない。
3　破産手続開始の決定があったときは、破産手続が終了するまでの間は、罰金、科料及び追徴の時効は、進行しない。免責許可の申立てがあった後当該申立てについての裁判が確定するまでの間（破産手続開始の決定前に免責許可の申立てがあった場合にあっては、破産手続開始の決定後当該申立てについての裁判が確定するまでの間）も、同様とする。

《破産宣告後の新たな滞納処分の許否》
最一判昭 45.7.16（民集 24-7-879）

事案の概要

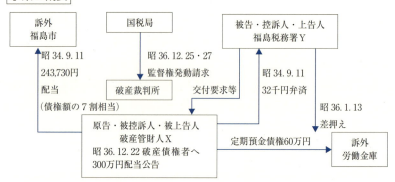

税務署からの交付要求等の内容
①　昭 30.1.21 交付要求（配当なし）
②　昭 30.4.12 交付要求（配当なし）
③　昭 31.7.13 交付要求（配当なし）
④　昭 36.1.13 配当を催告（→配当拒否の回答）
⑤　昭 36.12.25・26 優先弁済請求

上告代理人朝山崇、同柳川一治の上告理由について。

所論は、要するに、破産宣告後は新らたな国税滞納処分としての差押はできないから、本件差押処分は取消を免れないとした原判決には、破産法 49 条、71 条、国税徴収法 47 条等の規定の解釈、適用を誤った違法がある、という。

　原判決（その引用する一審判決を含む。以下同じ。）の適法に確定したところによれば、本件破産者は昭和 28 年 1 月 16 日午前 10 時福島地方裁判所において破産宣告を受けた者であるところ、右破産者はすでに右宣告前国税金を滞納しており、上告人は破産宣告後右国税金につき交付要求をしたが、被上告人らは財産を有しながら僅少の額を納付したのみでその余の額の納付をしないため、上告人は、昭和 36 年 1 月 13 日、国税債権 598,940 円の徴収を目的として、被上告人Ｘが破産管財事務に基づき訴外労働金庫に寄託していた満期日を昭和 37 年 6 月 21 日とする定期預金 60 万円の返還請求権の差押処分をした、というのである

　おもうに、破産法第 47 条 2 号の規定によれば、国税徴収法または国税徴収の例により徴収することを得べき請求権（ただし、破産宣告後の原因に基づく請求権は破産財団に関して生じたものに限る。）は財団債権とされており、したがって破産宣告前の原因に基づく右のごとき請求権も、破産宣告後はすべて財団債権となるところ、破産法第 71 条 1 項は、破産財団に属する財産に対し、国税徴収法または国税徴収の例による滞納処分をした場合においては、破産の宣告はその処分の続行を妨げない旨定めており、右規定は、破産宣告前の滞納処分は破産宣告後も続行することができる旨をとくに定める趣旨に出たものであり、したがって、破産宣告後に新たに滞納処分をすることは許されないことをも意味するものと解するのが相当である。また、破産法、国税徴収法等の関係法令において、財団債権たる国税債権をもって、破産財団に属する財産に対し、滞納処分をすることができる旨を定めた明文の規定も存しない。それゆえ、前記 47 条 2 号に定める請求権にあたる国税債権をもって、破産宣告後新たに滞納処分をすることは許されないというべきである。

　所論は、破産 49 条、国税徴収法 47 条は右のような滞納処分を許す根拠規

定ということができると主張する。元来、破産法による破産手続は、債務者の総財産を資料とし、積極財産の不足を前提に、消極財産の充足を主眼とし、かつ総債権者の公平な満足を実現する清算のための包括的強制執行手続であり、そのため、破産者が破産宣告時において有する一切の財産は破産財団となり、破産宣告前の原因にもとづく財産上の請求権たる破産債権は、破産手続によらなければ行うことができず、破産宣告後はこれらの債権による個別的強制執行を許さないことを建前としている。そして、破産法の関係規定によれば、このような破産手続のために、裁判所は破産管財人を選任し、破産管財人は、破産財団の管理、処分の権利を専有し、裁判所の監督を受け、債権者集会等の意見を尊重しつつも、独自の判断と責任のもとに、破産財団の構成、財産の換価、破産債権の調査、配当計画の立案、実施、その他、財団に関する訴訟、否認権行使による財団の増加等の諸事務を遂行するのであって、このことに徴すれば、破産法は破産管財人をもって破産手続遂行のための中心的な機関とし、その広い裁量と責任の下に手続の円滑な進行を期し、もって、その目的の達成をはかっているということができる。ところで、所論の指摘する破産法49条は、財団債権は破産手続によらずして随時弁済する旨を定め、また、同法50条は、財団債権は破産財団によりまずこれを弁済する旨を定めている。これによれば、財団債権は、一般的には、破産手続の遂行上破産財団の負担に帰すべき共同の利益のために生じた債務であるところから、破産債権の行使につき要求される諸手続を経ることを要せず、直接、破産管財人に対しその弁済を請求することができ、破産管財人は、破産手続とは別に、これを破産財団に属する財産から支払うこととして、財団債権を保護しているものと解せられるが、前述した破産手続の性質及びおよび破産管財人の地位、権限にかんがみれば、破産法は、破産管財人に対し、財団債権について、破産手続の進行に応じ、その合理的判断に基づき適正迅速な弁済をすることを期待しているということができる。したがって、同法47条2号に定める請求権は、その公益的性質からしてとくに財団債権とされたものではあるが、これらの請求権に対する弁済は、破産管財人の判断に基づいて行われるべきであり、同法49条、50条の規定がこれら請

求権について滞納処分を許したものと解するのは相当ではない。さらに、所論の指摘する国税徴収法47条は、所定の場合には徴収職員は滞納者の国税につきその財産を差押えなければならない旨規定しているが、これと関連する同法および国税通則法の諸規定をも併せ考えれば、右47条は、徴収職員が差押えをしなければならない場合を一般的に定めたものにすぎず、とくに、破産手続において財団債権たる国税債権をもって破産宣告後に新たに滞納処分を許したものと解することはできない。このような債権については、国税徴収法の定めるところにより、交付要求をすることができるにとどまり、仮に、破産管財人の措置を不服とするときは裁判所の監督権の発効を促すべく、また、場合により、破産管財人に対し損害賠償責任を問う方途を講ずるべきである。

以上の次第で、原判決が本件差押処分を取消すべきものとした判断は正当として首肯することができ、所論は、ひっきょう前記説示と異なる見解に立脚するものというべく、原判決には所論の違法は存在しない。

論旨はすべて理由がなく、採用することはできない。

よって、民訴法401条、95条、89条に従い、裁判官全員の一致で、主文のとおり判決する。

2 　基本債権の差押え後に基本債権が供託されたときの取扱い

次に、同一債権に対して、①債権譲渡、②滞納処分による差押え（基本債権の差押え）、③強制執行による差押命令がされたことにより、④混合供託がされたときは第5章第6節1の図54のとおり、公租公課債権者は、⑤供託金還付請求権を差し押さえすることになる。

問題は、②と⑤の間に破産手続開始決定が出されたときは、滞納処分の続行として**供託物還付請求権**の差押えができると解すべきか、それとも新たな滞納処分となって同債権の差押えは許されないと解すべきかということが問題となる。

これに関し、破産手続開始の決定前に基本債権を差し押さえた後、基本債権が供託された場合における供託金還付請求権の差押えは、基本債権の差押

えの続行手続であり、破産手続開始の決定後の新たな滞納処分には当たらないと解されている（後掲平成16.3.26大分地判参照）（徴収法基本通達47-41（注））。この判決の争点は複数あり、滞納処分全体の参考となり得ることから、判決理由の全体を掲載しておく。

《破産宣告後の供託金還付請求権の差押え》
大分地判平16.3.26（訟務51-5-1315）

事案の概要

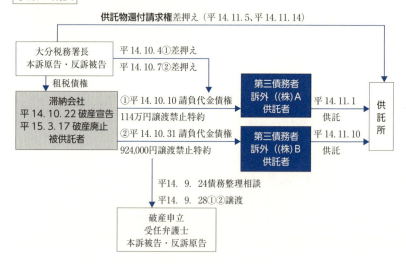

(1) 最高裁判所は、「民法446条2項は債権の譲渡を禁止する特約は善意の第三者に対抗することができない旨規定し、その文言上は第三者の過失の有無を問わないかのようであるが、重大な過失は悪意と同様に取り扱うべきものであるから、譲渡禁止の特約の存在を知らずに債権を譲り受けた場合であっても、これにつき譲受人に重大な過失があるときは、悪意の譲受人と同様、譲渡によってその債権を取得し得ない。」と判示している（最高裁昭和48年7月19日第一小法廷判決・民集27巻7号823頁）。これは、民法466条2項の関係においては、重大な過失は、悪意と同視すべきであること、善意の譲受人が保護を受けるには重大な過失がないことを要することを明らか

にしたものと解される。

したがって、上記譲受人の重過失とは、債権の譲受人が、譲受債権に譲渡禁止特約が付されていることを知らない（善意の）場合であっても、容易に、譲受債権に譲渡禁止特約が付されていることを予見することができ、かつ、その有無を知ることができたにもかかわらず、これをしなかった場合をいうと解すべきである。

(2) 被告は、昭和44年に弁護士登録をし、現在まで、弁護士の職にあり、高度な法律的専門知識及び豊富な業務経験を有する者であるが（弁論の全趣旨）、前記前提事実によれば、滞納会社代表者との間で本件債権1及び2の譲渡を合意する際、滞納会社代表者に対して、本件債権1及び2に譲渡禁止特約が付されていたか否かを聴取したというのであるから、本件債権1及び2に譲渡禁止特約が付されていることを予見することができたといえる。そして、被告は、債権の譲渡人である滞納会社代表者が請負契約書等が見当たらないとしてこれを提示しない場合には、滞納会社代表者に第三債務者に対して請負契約書等の写しの交付を求めるなどの方法で確認させて、本件債権1及び2に譲渡禁止特約が付されているか否かを容易に確認することができ、これをすべきであったということができる。

したがって、このような注意義務を尽くさずに本件債権1及び2を譲り受けた被告には、本件債権1及び2に譲渡禁止特約が付されていることを知らなかったとしても、それについては重大な過失があるといわざるを得ない。

(3) 被告は、破産申立事件を受任した弁護士は、受任後直ちに、資産及び負債の把握、債権者の動向の調査、資産の保全などを行いながら、申立書及び疎明資料の作成をするなど、多くの事務処理を、同時並行的に、緊急に、かつ、密行的に行わなければならないこと、本件債権1及び2の第三債務者に対する調査をしなかったことは緊急性及び密行性の要請からやむを得ないこと、本件債権1及び2の譲渡の目的は、商工ローン業者に対抗して滞納会社の資産を保全し、総債権者の利益を図ることにあり、破産財団が充実することが総債権者の利益であるから、請負契約書等の確実な資料まで調査しなくとも重大な過失があるとはいえないと主張する。

しかしながら、滞納会社が被告に対して本件債権1及び2を譲渡したとして、第三債務者に対して債権譲渡通知書を到達させれば、第三債務者は、滞納会社が譲渡禁止特約の付された債権を承諾なく譲渡したことを認識するのであって、滞納会社の信用の低下という観点から、このような被告が実際にした方法と比較しても、滞納会社代表者が第三債務者に対して請負契約書等の写しの交付を求めるなどの方法で譲渡禁止特約の有無を確認することが、特に、困難ないし不適切な方法とは言い難い。

したがって、被告が主張するように破産申立準備段階における緊急性及び密行性の要請を前提としたとしても、被告は、滞納会社代表者に第三債務者に対して請負契約書等の写しの交付を求めさせるなどの方法で譲渡禁止特約の有無について確認する方法を、容易に採ることができたということができる。

また、債権譲渡の目的や債権を譲渡した者の事情によって債権の譲受人の注意義務を軽減すれば、第三債務者は、自らが関与しない債権譲渡の目的や譲渡した者の事情如何によって、譲渡禁止特約の効力が弱められる結果を甘受しなければならなくなるが、これを正当化する合理的理由は見出せない（なお、被告主張のとおり本件債権1及び2の譲渡が滞納会社の資産を保全するための信託的譲渡であるとすると、被告は、本件債権1及び2の譲渡について固有の利益を有しないことになり、第三債務者に対する関係において、被告の主観的事情如何にかかわらず、本件債権1及び2は滞納会社に帰属すると解すべきことになる。）。

(4) そうすると、本件においては、被告が本件債権1及び2につき譲渡禁止特約が付されていることを知らなかったとしても、被告にはこれにつき重大な過失があり、被告に対する債権譲渡は無効であって、被告は、本件債権1及び2を取得することはできない。

2 争点(3)について

(1) 前記争点(2)について検討した結果、本件債権1及び2は、滞納会社に帰属し、原告は、国税徴収法に基づく滞納処分による差押えをした結果、本件債権1及び2について取立権を取得したといえる。

(2) 前記前提事実のとおり、原告が本件債権1及び2に対して滞納処分による差押えをした後、滞納会社は、破産宣告を受けた。

ところで、破産法71条1項の趣旨は、破産財団に属する財産に対して、破産宣告前に国税徴収法に基づく滞納処分がなされていた場合には、後に破産宣告がなされても、当該滞納処分はその効力を失うことがなく、徴税官庁は、そのままこの滞納処分を続行することができ、結局、租税債権につき差し押さえた財産から優先的弁済を受けることができる旨を定めたものと解される。

したがって、原告は、滞納会社に対する破産宣告前に、本件債権1及び2に対して国税徴収法に基づく滞納処分による差押えをしたから、滞納会社に対する破産宣告後も、本件債権1及び2から優先的弁済を受けることができる。

(3) ところが、前記前提事実のとおり、第三債務者は、滞納会社に対する破産宣告後に、本件債権1及び2につき、債権者不確知による供託をした。前記の検討の結果、本位債権1及び2は滞納会社に帰属するから、滞納会社は、本件供託金1及び2の還付請求権を取得したといえる。

そして、原告が本件債権1及び2に対してした滞納処分による差押えの効力は、滞納会社が取得した本件供託金1及び2の還付請求権に対しても及ぶものと解すべきである。なぜなら、第三債務者は、債権者不確知を理由に供託をしたのであって、本件債権1及び2と本件供託金1及び2の還付請求権とは、実質的には同一であり、かつ、この効力が及ばないとすると、差押えによって弁済等を禁止された第三債務者は、その弁済等を原告に対して対抗することはできないから、原告に対して、二重に弁済をしなければならないという不合理な結果となるからである。

そうすると、原告は、本件債権1及び2に対する滞納処分による差押えによって、本件供託金1及び2の還付請求権について取立権を取得したということができる。そして、原告が滞納会社に対する破産宣告後にした供託金1及び2の還付請求権に対する滞納処分による差押えは、原告が本件供託金1及び2の還付請求権の取立権を有していることを明らかにした確認的なもの

であって、その意味では、本件債権1及び2に対する滞納処分による差押えの続行にすぎないというべきである。

(4) したがって、この点に関する被告の主張は失当である。

3 争点(4)について

前記のとおり、破産法71条1項の趣旨は、破産財団に属する財産に対して、破産宣告前に国税徴収法に基づく滞納処分による差押えがなされていた場合には、後に破産宣告がなされても、当該滞納処分はその効力を失うことがなく、徴税官庁は、そのままこの滞納処分を続行することができ、結局、租税債権につき優先的弁済を受けることができる旨を定めたものと解される。

他方、破産宣告後は、破産財団に属する財産に対し、財団債権である国税債権をもって新たに国税徴収法に基づく滞納処分による差押えをすることはできず、破産宣告後の破産財団に対する租税債権の権利行使としては交付要求をすることができるにとどまるものと解される（最高裁昭和45年7月16日第一小法廷判決・民集24巻7号879頁）。

すなわち、現行法は、破産宣告時を基準として、その前後によって租税債権の優先性に差異を設けたのであって、破産財団に属する財産に対して、破産宣告前に国税徴収法に基づく滞納処分による差押えがなされていた場合には、徴税官庁は、破産宣告後も、租税債権につき当該差押えがなされた財産から優先的弁済を受けることができるのである。

そうすると、被告が主張するように、滞納会社が、弁護士に対して債務整理ないし破産申立てを委任するなど破綻状態にある段階で、かつ、具体的に破産申立ての準備段階であったとしても、破産宣告前であれば、原告は、自らの租税債権の優先性を確保するために国税徴収法に基づく滞納処分による差押えをすることに何ら問題はない。そして、破産宣告前になした滞納処分による差押えは、宣告後も続行し、優先的弁済を受け得ることは前記のとおりである。

そして、前記のとおり、滞納会社の被告に対する本件債権1及び2の譲渡は、第三債務者の利益を保護するための譲渡禁止特約によって無効であっ

て、滞納会社に帰属する本件債権1及び2に対して滞納処分による差押えをした原告と被告とは対抗関係にはない。また、被告が主張するように滞納会社の被告に対する本件債権1及び2の譲渡が信託的譲渡であるとすると、被告は本件債権1及び2の譲渡について固有の利益を有しないことになる。さらに、被告が主張するように、破綻に瀕した滞納会社の財産を保全するための信託的譲渡であっても、それはあくまでも違法ないし事実上、自己の債権の回収を図ろうとする債権者から滞納会社の財産を保全することを目的とするものであって、原告がする国税徴収法に基づく滞納処分まで阻むことができないことは明らかである。

したがって、この点に関する被告の主張は失当である。

4 結論

以上によれば、その余の点について判断するまでもなく、原告の本訴請求は理由があり、被告の反訴請求は理由がない。したがって、訴訟費用の負担について、民訴法61条を適用して、主文のとおり判決する。

3 破産手続開始決定後の供託物還付請求権との関係

供託の理解を深めるため、2及び前掲大分地判平16.3.26（訟務51-5-1315）の解釈を整理してみる。

前掲大分地判は、要旨「破産宣告後にした供託金の還付請求権に対する滞納処分による差押えは、滞納処分庁が供託金の還付請求権の取立権を有していることを明らかにした確認的なものであって、その意味では、基本債権に対する滞納処分による差押えの続行にすぎない」とし、そう解する理由として、「第三債務者は、債権者不確知を理由に供託をしたのであって、基本債権と供託金の還付請求権とは、実質的には同一であり、かつ、差押えの効力が及ばないとすると、差押えによって弁済等を禁止された第三債務者は、その弁済等を原告に対して対抗することはできないから、原告に対して、二重に弁済をしなければならないという不合理な結果となる」と判示している。

次に、混合供託とは、弁済供託と執行供託を一つの供託行為としたものであり、「弁済供託の場合（執行供託の場合は事情が異なる）は、供託の基礎

となった基本債権と**供託物還付請求権**とは発生原因を異にする別個の債権であることなどの理由から、基本債権に対する差押えの効力が**供託物還付請求権**の上には移行しないと解されていることに基づくものと考えられる」(注2)(加島康宏：ジュリ 158 百選-162)。この点は、異論のない解釈となっているようである。

そうすると、基本債権を差し押さえした後に破産手続開始決定があり、供託されたときは別個の債権を差し押さえすることになるとの理解になりそうである（図 63）。

しかしながら、「弁済供託により、従前の債権債務関係が消滅し、債権者が新たな**供託物還付請求権**を有することとなり、弁済供託をした債務者が債権者の供託受諾の事由がない限り供託金を取り戻すことができ、その場合には供託は当初からなかったこととなり従前の債権は消滅しなかったこととなるというような関係に照らすと、**供託物還付請求権**は従前の債権の価値代替物ということができ、破産宣告前に従前の債権の差押えに着手していれば、その価値代替物である**供託物還付請求権**の価値も把握していたということができ、**供託物還付請求権**の差押えは、破産手続開始決定前に着手された滞納処分の続行ということができるであろう」(前掲加島) とされている。

(注2) 同趣旨として、第 5 章第 3 節の 11 における「供託前に金銭債権に対して滞納処分をしたことの効果として、徴収法第 67 条第 1 項の規定による取立権を**供託物還付請求権**に対しても行使することになると解される。したがって、その限りでは、被供託者としての滞納者（債務者）の**供託物還付請求権**の上に滞納処分の効力が移行してきていると考えるのが妥当」(執行供託実務-261)。「執行供託では、供託された場合、滞納者に帰属する供託金還付請求権をごく抽象的に観念し得るとしても、基本債権に対する差押えの効力が供託金還付請求権にも及ぶ（乗り移る）ことは自明のこととされている」(堀嗣亜貴：ジュリ 107 百選-169) を参照。

【図63】　※　数字順に推移

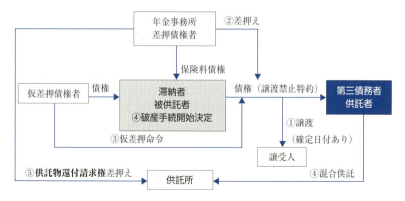

4　新たな滞納処分か否か

　図63の関係において、破産手続開始決定後の**供託物還付請求権**を滞納処分によって差押えすることが新たな滞納処分か、それとも基本債権の価値代替物であって、**供託物還付請求権**の差押えは、破産手続開始決定前に着手された滞納処分の続行かということである。

　3の加島見解は、「弁済供託により、従前の債権債務関係が消滅し、債権者が新たな**供託物還付請求権**を有する」としている。

　また、「基本債権を差押えた場合において、第三債務者が基本債権につき債権者不確知を理由として供託したときにおいて、滞納者が譲渡等の処分をしていないと認められるときは、被供託者を被告とする確認訴訟を提起し、滞納者が有する供託金の還付請求権を差押えた上、被供託者を被告として、供託金還付請求権の取立権が国に帰属していることの確認訴訟を提起する。その場合、基本債権の差押えの解除は、前記の訴訟において勝訴の確定判決を得たときに行う（つまり供託がされたとしても基本債権が依然として存在しているとの理解）」としている（昭和55年10月28日付国税庁通達）(注3)。

　これらを考察してみると、前掲加島解釈は前半と後半部分とで矛盾がある

(注3)　第5章第6節3を参照。

ように感じられ説得力に欠けるし、その解釈と前記国税庁通達は、基本債権が残っていると考える箇所で解釈が衝突している。

つまるところ、議論の余地は依然としてあって、**供託物還付請求権**を差し押さえしたときに、破産管財人から訴訟を提起されることがあり得るであろう。

私見は、「弁済供託をした債務者が債権者の供託受諾の事由がない限り供託金を取り戻すことができ、その場合には供託は当初からなかったこととなり従前の債権は消滅しなかったこととなるというような関係に照らすと、**供託物還付請求権**は従前の債権の価値代替物」(前掲加島)、「基本債権の差押えの解除は、前記の訴訟において勝訴の確定判決を得たときに行う」(前記国税庁通達)を支持したい(注4)。

徴収職員体験記 7

破産と滞納処分

平成4年頃、下関社会保険事務所在籍時のこと。滞納金額75万円、売掛債権額100万円(半金半手、手形満期日90日)があり、その全額を差し押さえするとの債権差押通知書を第三債務者の博多支店長に交付した。第三債務者は某大企業であるところ、翌日、東京からその顧問弁護士だといって電話があった。

「あんたの所は75万円しかないのにどうして100万円差し押さえするのか。違法ですよ」というもの。

筆者は、はは〜ん、この弁護士は徴収法を知らんなと、鼻で笑って(若気の至りもあって、そういう雰囲気を漂わせていたと思う)「民事ではそうかもしれませんが徴収法を見てください」と答えた。前記の気分が伝わったものとみえて、いきなり「ふざけるな、75万円取れたらそれでいいだろう」

(注4)　なお、この国税庁通達は、**供託物還付請求権**を滞納者が譲渡しているときは、第三債務者を被告として基本債権の取立訴訟を提起するとの取扱いが定められており、基本債権が残っているとしても前記取扱いは無理筋の解釈ということが私見である(第5章第6節3を参照)。

と怒鳴って、それ以後は一方的にまくしたて、会話にならない状態となった。筆者が説明しようとしても、話を遮られてどうしようもない。そうして、一方的に電話がぶち切られた。弁護士に怒鳴られたことは、これまでこの1回のみである。

はて、どうしたものかと、1日か2日経過した。すると、弁済期前であるにもかかわらず、第三債務者から75万円が振り込みされてきたのである。そこで、25万円部分の差押えを解除して完結となった。弁済条件が手形であったから、はるか前に滞納が解消したことになる。

全額差押えという基本に忠実な対応であったことの効果である。この弁護士は、元々滞納処分に悪い印象を有していたのであろう。滞納者に怒鳴られたことは、再三あるが、法律的に完全に誤っていて、しかも弁護士であったことから印象深い思い出である。いかなる場面も感情が勝者であるときは、理屈は完全な敗者である。

破産事件では、その多くにおいて公租公課の滞納がある。改正前の破産法では、公租公課債権は財団債権とされており、破産者の財産を整理したところ、公租公課債権にさえ充たないことも多く、「私は、何のために破産管財人をやったんだろう」「お宅は、（滞納者・破産者から）待ってくれと言われたらいくらでも待つのか」などと、ボヤキや嫌みの類を言われたことが多々ある。一般に、滞納処分庁は、弁護士からよい印象を持たれていないであろう。

そのことが顕著に示されたのが、前掲最一判昭45.7.16（民集24-7-879）である。色眼鏡をかけないで事案を考察すれば、この事案では、滞納処分を執行することには十分な理由があると考えられる。なのに、「破産宣告後新たに滞納処分をすることは許されない」と、木で鼻を括る判決とは、このような判決をいう。判決で読む以上のことはわからないが、非常に恣意的な弁済をしていると言わざるを得ず、破産管財人には、国税に弁済したくない感情があったのではなかろうか。

更には、破産と交付要求の関係においても国税には不利な判決（最三判平9.11.28民集51-10-4172、最一判平9.12.18集民186-685）が続い

ている（この判例はここでは割愛する）。こと破産事件においては、裁判所にさえ印象が悪いのではないか。

　そういう意味では、前掲大分地判平16.3.26（訟務51-5-1315）の解釈も安泰ではないと警戒する必要があるだろう。これは筆者の恣意的な解釈であろうか。

第8章 供託の閲覧手続き

1 供託物払渡請求権の差押え

　復習すると**供託物払渡請求権**の構造は図64のとおりであり、公租公課債権者において、滞納者の財産調査をする際に、滞納者が供託者であれば**供託物取戻請求権**を有し、被供託者であるときは、**供託物還付請求権**を有する。

　滞納者の財産調査として、賃貸人が滞納者であれば第三債務者である賃借人から聴取をしたとき、あるいは滞納者を捜索すると賃借人において賃料を供託した（したらしい）との情報をつかんだときは、滞納処分における第三債務者となる供託所（供託官）に対して財産調査をする必要性が生じる。

　もっとも、**供託物取戻請求権**を差押えしても取立てができることに繋がる可能性は低い（注1）。

【図64】**供託物払渡請求権**の調査

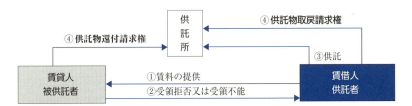

2 徴収法上の質問及び検査権

　徴収職員は、滞納処分のため滞納者の財産を調査する必要があるときは、その必要と認められる範囲内において、滞納者はもとより、滞納者に対し債

（注1）　供託の目的は、被供託者の実体上の請求権の満足を図ることにあるため、被供託者の供託金還付請求権は、供託金取戻請求権に対して供託手続きの上では優越的な地位が認められるからである（第3章3参照）

権若しくは債務がある者に対して質問及び検査権が行使できる（徴収法第141条）。

　図64の構造上、供託官は、供託者及び被供託者の双方に対して、供託物取戻債務又は供託物還付債務を負っているから供託者又は被供託者が滞納者であれば滞納者に対して債務があることになるから、前記規定によって徴収法上の質問検査権の行使が可能と考えられる。

　供託所における対応は次項以下のとおりであり、ことさらに前記の主張をせずとも財産調査が可能となっている。質問及び検査権を有することを認識しつつ、次項以下の対応とすべきである。

3　供託に関する書類の閲覧規則

　供託規則第48条第1項は、「供託につき利害の関係がある者は、供託に関する書類（電磁的記録を用紙に出力したものを含む）の閲覧を請求することができる」と規定し、同条第2項は、「閲覧を請求しようとする者は、第33号書式による申請書を提出しなければならない」と規定している。

　前条は、昭和53年の供託規則の一部改正により供託規則として新設されたもので、「供託は、一定の法律関係に基づいてされる供託所に対する寄託関係を基礎とする特定の法律関係であって、登記制度のようにその内容の公示を目的とするものではないから、供託に関する書類は、本来、第三者の閲覧に供すべき性質のものではない。しかし、供託者又は被供託者その他の供託関係に直接利害関係をもつ者が、たとえば供託の関係書類を紛失した等の事由により、供託に関する書類を調査する必要があるときは、関係部分に限ってその閲覧を認めることとしても何ら実害がないし、むしろ利害関係人にとっては閲覧を認めないと酷であるから、本条1項においてその旨を規則上明確にした」というのが立法趣旨である（供託実務事例-17）。

4　閲覧を請求できる者（利害関係人）

　供託に関する書類を閲覧できる者は、「供託につき利害の関係がある者」であり、具体的には、**供託物取戻請求権**者、**供託物還付請求権**者及びこれら

の一般承継人（供託者又は被供託者の相続人、供託者又は被供託者である法人の合併後の存続法人）、これらの権利の譲受人（譲渡人から供託所に債権譲渡通知のあった**供託物払渡請求権**の譲受人）、質権者（質権設定者から供託所に質権設定の通知があった**供託物払渡請求権**の質権者）及び差押え・仮差押えをした者（**供託物払渡請求権**の差押債権者又は仮差押債権者）等直接それらの権利について、供託上利害関係を有している者とされている（供託実務事例-17）。

　また、執行供託における供託の原因たる事実欄中に記載されている差押債権者、仮差押債権者及び滞納処分による差押債権者並びに支払委託書に記載されている**供託物還付請求権**も利害関係人に含まれると解されている。

　さらに、建物の賃借人が賃貸人に対する家賃を供託しているところ。当該建物の抵当権者が、民法第372条において準用する同法第304条の規定に基づく**供託物還付請求権**を差し押さえる前提として、当該抵当権設定登記がされている不動産全部事項証明書を閲覧申請書に添付した上で供託書副本の閲覧を請求した場合、これに応じるとされている（平14.11.22民商第2757号民事局商事課長回答・先例集8-405）（供託実務事例-18）。

5　官公署からの閲覧請求規定

　これから**供託物取戻請求権**又は**供託物還付請求権**を差し押さえようとしている債権者は、実体上の債権者としての利害関係はあるとしても、当該供託につき直接法律上の利害関係を有する者には該当しない。

　一方、官公署からの閲覧請求については、当該官公署が供託につき直接利害関係を有しない場合でも、公益の必要上相当と認められるときは、便宜閲覧を認める取扱いとなっている（供託実務事例-18）。

　徴税吏員から地方税法第20条の11（徴収法第146条の2に相当）を根拠として、**供託物払渡請求権**の差押えのため供託番号等の照会があるときの供託所の対応として、「差押えを前提とした本相談のようなケースでは、滞納者の住所氏名等により供託関係書類が特定できる場合に限り、便宜、要請に応じて差し支えないと考える。ただし、この依頼は、正式に文書で依頼があ

ったときに初めて応じることができるもので、電話や窓口等、口頭による場合は応じることはできない」とされている（吉岡供託実務-271）(注2)。

何故、差し支えないか根拠までは記載されていない。公租公課の徴収という公益性に加えて、徴収法上、質問及び検査権があることが考慮されているものと考えられる。いずれにしても徴収法上の滞納処分のためである旨を明記して閲覧申請を行うべきである。

徴収法

> （官公署等への協力要請）
> 第146条の2　徴収職員は、滞納処分に関する調査について必要があるときは、官公署又は政府関係機関に、当該調査に関し参考となるべき帳簿書類その他の物件の閲覧又は提供その他の協力を求めることができる。

地方税法

> （官公署等への協力要請）
> 第20条の11　徴税吏員は、この法律に特別の定めがあるものを除くほか、地方税に関する調査について必要があるときは、官公署又は政府関係機関に、当該調査に関し参考となるべき簿書及び資料の閲覧又は提供その他の協力を求めることができる。

6　閲覧方法

閲覧は、供託所内の指定場所で、供託書類を持ち出すことはできず、また、確認する方法のみとされており、複写までは認められていないようである。しかし、利害関係人から供託書副本の写真撮影の申請があった場合は、閲覧申請として認めて差し支えないとされている（昭37.1.24民事甲第132号民事局長認可23問・先例集3-67）（吉岡供託実務-265）。

(注2)　吉岡供託実務の執筆者は、元富山法務局長、元広島法務局民事行政部供託課長、元広島法務局民事行政部供託係長であるから、現場実務の実態といってよい。

ただし、指定供託所において供託書副本の閲覧申請があった場合には、副本ファイルの記録を用紙に出力したものを閲覧することになり、この出力用紙は閲覧申請人が希望した場合は、本用紙を交付して差し支えないとされているから、これを希望することが最も優れている。念のために、デジタルカメラを持参することがよい。

7　閲覧申請書の内容

閲覧申請書様式は、規則33号書式に定められており、次頁を参考にして作成する。実務において、初めて閲覧申請を行うときは、事前に供託所へ閲覧申請書の記載内容について確認しておくことが円滑に進むことになる。

8　閲覧による消滅時効中断

払渡しの完了していない供託に関する解説として、供託の有無を目的とする書類（供託書副本）の閲覧は、債務の承認（民法第147条第3号）に該当し、時効の中断(注3)事由となることから、供託書副本裏面に閲覧の年月日、申請人の氏名及び閲覧させた旨を記載すること、指定供託所においては副本ファイルにその旨記録しなければならないこと、また、出力した用紙を請求者に交付した旨記録するとされている（供託実務事例-19）。

払渡しの完了していない供託に関して、供託の有無についての確認を目的とする書類の閲覧に応ずることは、債務の承認（民法第147条第3号）となり得ることから、副本ファイルに、閲覧の年月日、申請者の氏名及び閲覧をさせた旨を記録しなければならない（実務供託入門-465）。

このように二つの図書で時効中断について解説されている。読む限り誰が閲覧しても債務の承認（民法第147条第3号）にあたると受け取れる。しかし、私見は、一般的に前記のとおり解することはできても、全面的に債務の

(注3)　参考として記しておくと、それまで進行した時効期間が零に戻って（双六でいえば振り出しに戻ること）しまうことを中断という。善意・悪意、**供託物還付請求権**等は、世間でいう意味と法律上の意味が異なっており、中断も同じである。改正民法では、中断という用語の不適切さがが指摘され、時効期間の「更新」との用語に改正された。

承認に当たると解することはできないと考える。

　図65では、滞納処分庁の差押えによって公租公課債権の消滅時効は中断するとしても、被差押債権である売掛債権の時効は中断しないと解されている。その理由は、「民法147条2号に定める時効中断事由としての差押えとは、権利の現実的実行行為として、時効の対象とされている権利の権利者が自ら行った場合をいうものと解すべきであり、国が原告の被告に対する債権を差押えても被差押債権たる原告の被告に対する債権の消滅時効を中断するに由ない」（後掲東京地判昭56.9.28判時1040-70）と解されている。

　誰が誰に権利行使をしたか問われるということであり、図65では売掛債権の時効中断は、滞納者が第三債務者の財産を差し押さえすること又は滞納処分庁が第三債務者の財産を差し押さえすること（それは、第三債務者に対する取立訴訟を提起し債務名義を取得したうえでのことになる）でなければ時効は中断しないわけである。

　この理屈が**供託物払渡請求権**を滞納処分庁が差し押さえたときにもあてはまるはずであるから、滞納処分庁が**供託物払渡請求権**を差し押さえようと閲覧したときに、供託所が債務を承認したということにはならないはずである。換言すると、供託者又は被供託者に対して債務を承認したことにはならない。逆に言うと、供託者又は被供託者が閲覧する場合には、債務の承認と認められるとの結論になる。

　この点、「供託されていることの確認を目的として供託者（被供託者）に供託に関する書類を閲覧させたときは、債務の承認として時効が中断すると解されている（昭39.10.3民事甲3198号民事局長回答、先例集(5)22頁）という記述が正確である（吉岡供託実務-273）。

　もっとも、前記の結論は、滞納処分庁に不利益はなく、それほどこだわるべきことではない。しかし、徴収権者にとって債権管理を図って徴収していくべきことが問われており、供託の法律論に触れた際に、前記の公租公課債権と被差押債権の消滅時効中断に関する誤解が生じ、被差押債権が消滅時効となって滞納者に損害を与える事態を招かないよう注意喚起の意味を込めて解説したわけである。

滞納解消には、徴収職員（徴税吏員）の活躍によるところが大きく、法律解釈の精度を高めることが日々問われる。

【図65】

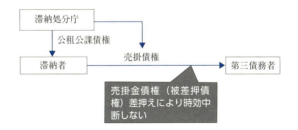

《滞納処分によって差押えされた債権は時効が中断しない》
東京地判昭56.9.28（判時1040-70）

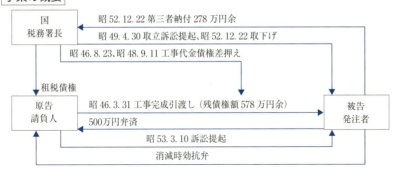

一　請求原因第1項の事実のうち、原告が昭和45年7月26日不動産の管理及び賃貸を業とする株式会社である被告と、本件請負契約を締結したことは、当事者間に争いがない。

〈証拠〉、原告会社代表者尋問の結果とこれにより真正に成立したものと認められる〈証拠〉によれば、本件請負契約の当初の約定の工事のうち、粗積工事11万円は中止し、石工事21万8,000円及び左官工事4万5,000円を加え、その他タイル工事、装飾工事、建具工事、鏡及び硝子工事並びに家具工事の各工事については一部変更し、本件請負契約代金は合計99万2,600円

増額になり、さらに、現場で発注された厨房工事95万4,750円営繕工事（4階サウナ倉庫雑工事並びに5階及び6階の各階段横更衣室新設工事）30万2,000円の追加工事があり、結局、請負代金は224万9,350円増額され、本件請負工事代金の総額は、合計1,367万4,550円となったことを認めることができ、被告代表者尋問の結果中右認定に反する供述部分は信用できず、他に右認定を覆えすに足りる証拠はない。

次に、〈証拠〉並びに原告会社及び被告会社の各代表者尋問の結果（但し、〈証拠〉及び被告会社代表者の供述のうち、後記認定に反する部分を除く。）を考え合わせると、被告は、本件工事を行った場所でナイトレストランを経営することを予定していたところ、原告の本件工事は当初の約定期限から相当遅れたが、原告は、昭和45年11月10日、被告に対し、同月17日までに工事を完了させる旨の念書を提出したので、被告は、同月12日、A名義で渋谷保健所長に対して営業許可申請書を提出し、同月18日、ナイトレストラン・キャッツアイの開店被露のパーテイを行ない、同月20日、食品衛生法施行細則18条に基づく施設の基準に合致するかどうかの、渋谷保健所長の調査を受け、同月21日、同日から昭和48年11月30日までの食品衛生法上の飲食店営業の許可を受けたこと、被告は、東京都渋谷都税事務所に対して同月18日にキャッツアイを開業したことを通知していること、原告は、前記約束に反しキャッツアイ開店後も部分的には工事を残し、同年12月28日、被告に対し、昭和46年1月25日までに工事を完成させる予定の工程表を作成提出して、同月中に、右工事を完成したこと、しかしながら、被告のキャッツアイ開業後における原告の工事は同店の営業自体には差しつかえない程度の手直しの工事であったこと、ところが被告は、昭和45年12月、キャッツアイをいったん閉店し、昭和46年4月6日、B株式会社名義で営業を再開したこと、以上の事実を認めることができ、〈証拠〉及び被告会社代表者の供述のうち、右認定に反する部分は採用することができず、他に右認定を覆えすに足りる証拠はない。

右の事実によれば、原告の本件工事は、昭和45年11月17日までに、その主要部分を完成して、原告から被告に引き渡され、被告は、右場所におい

て同月18日からナイトレストラン、キャッツアイの営業を開始したものの、営業には差しつかえないものではあったが手直し程度の工事が残っていたので昭和46年1月にも原告に残りの工事をさせ、被告は、同年4月6日に営業を再開するにいたったのであるから、遅くとも同年3月末ころまでには原告の工事は終了して被告に引渡されたものと認めることができる。

請求原因第3項の事実は、当事者間に争いがない。

以上の事実によれば、原告は、本件請負代金1,367万4,550円中788万9,180円の弁済を受けたことになり、なお、被告に対し、本件請負残代金として578万5,370円の請求権を有することを認めることができる。

二　そこで、抗弁のうち、先ず、被告は、本件請負代金債権は消滅時効によってすでに消滅した旨主張するので、この点につき判断する。

右に認定したとおり、本件工事は、遅くとも昭和46年3月末に完成し、被告に引渡されたのであるから、本件債権の消滅時効の起算点は、昭和46年4月1日とすることが相当である。そうすると、本件債権の消滅時効の期間は民法170条により3年間であるところ、本訴の提起が昭和53年3月10日であることは当裁判所に顕著であるから、被告の消滅時効の抗弁は一応理由があるので、次に、原告の主張する時効の中断事由について検討する。

原告は、国が原告に対する租税債権を執行債権として原告の被告に対する本件債権を差押えたことによって本件債権の時効は中断し、また、国が被告に対して取立ての訴えを提起し、昭和52年12月22日、右訴訟を取り下げたが、原告は、それから6か月以内に本訴を提起したので、本件債権について時効は中断した旨を主張する。原告の右の主張は、国の本件債権に対する差押え及びその取立権に基づく取立訴訟の二つの行為が時効の中断事由にあたると主張しているものと解される。

ところで、民法の規定する時効中断事由の本質は、権利が確定されることによって真実を反映する蓋然性の基礎がくずれ、あるいは、権利の主張があることによって継続自体が絶たれたこと、そして、このような場合には、権利者は権利の上に眠るものとはいえないことにあるものと考えられる。従って、民法147条2号に定める時効中断事由としての差押えとは、権利の現実

的実行行為として、時効の対象とされている権利の権利者が自ら行った場合をいうものと解すべきであり、国が原告の被告に対する債権を差押えても被差押債権たる原告の被告に対する債権の消滅時効を中断するに由ないものといわなければならない。

そして、本件債権については、右のとおり、遅くとも昭和46年4月1日が時効の起算点となるところ、前記判断のとおり、昭和49年4月30日に国の取立訴訟が提起されたことは当事者間に争いがないので、右取立訴訟は前記時効起算点から3年を経過した後に提起されたことは明らかであるから、右の訴訟の提起も時効中断の効力を生じないものというべきであり、結局、この点に関する原告の主張はいずれも理由がない。

次に、原告は、被告が昭和52年12月22日に原告の国に対する租税債務についてなした第三者納付は本件請負代金の一部弁済となり、本件債権を承認したこととなるし、仮に、それ以前に本件債権につき消滅時効が完成していたとしても、被告が消滅時効の援用をすることは許されない旨主張する。被告が国に対して原告の主張する第三者納付をしたことは当事者間に争いのないところであるが、被告の右第三者納付が本件請負代金の一部弁済となるかどうかはさておき、時効利益の援用、放棄の効果は、相対的なものであるから、仮に被告が国に対して本件債権を承認したとしても、原告との関係においても直ちに承認の効果を生ずるものではない。そうすると、右の承認を理由とする原告の右主張は理由がない。

右のとおり、原告の消滅時効中断の主張及び援用権の喪失の主張はいずれも理由がなく、他にこの点に関する主張、立証がないので、結局、原告の本件請負代金債権は時効によって消滅したものと判断せざるを得ない。

三　以上によれば、その余の点について判断するまでもなく、原告の本訴請求は、理由がないのでこれを棄却することとし、訴訟費用の負担につき民訴法89条を適用して、主文のとおり判決する。

徴収職員体験記 8

時効の制度も実は難しい

　供託は、重要な制度であるけれど、一般的ではなく、かつ難解である。時効は、重要な制度で、誰でも使う一般的な言葉であるが、これもまた難解である。

　改正民法及び「民法の一部を改正する法律の施行に伴う関係法律の整備等に関する法律」（平成29年6月2日法律第45号）は、平成32（2020）年4月1日から施行されることとなった。施行は、3年後とされていたので、平成32年6月1日と予想していたところ、見事に外れた。年度替わりを考慮した結果なのであろう。

　この改正では、時効制度も改正されており、改正前は、それまで進行した時効期間が双六でいうところの振り出しに戻って新たに進行を開始することを中断と呼んでおり、国語辞書の意味と相違していることから、改正後は「時効の更新」（改正民法第147条等）とし、また、時効の停止に代えて「時効の完成猶予」（前条）と呼ぶことに改正された。

　停止をわざわざ完成猶予とすることに意義を感じないが、それはともかく、中断から更新のところでは、単に振り出しに戻って新たに進行を開始することだけではなく、その構成が改正されている。

　滞納処分の観点からその条文を紹介してみよう。

　通則法

改正後	改正前
（時効の完成猶予及び更新） 第73条　国税の徴収権は、次の各号に掲げる処分に係る部分の国税については、当該各号に定める期間は完成せず、その期間を経過した時から新たにその進行を始める。 （各号の一つに督促がある）	（時効の中断及び停止） 第73条　国税の徴収権は、次の各号に掲げる処分に係る部分の国税については、その処分の効力が生じた時に中断し、当該各号に掲げる期間を経過した時から更に進行する。 （各号の一つに督促がある）

　改正前では、督促をすると時効の中断状態が継続し、督促状を発した日から起算して10日を経過した時から再び進行を開始することになっていた。

督促は、時効の中断事由であったところ、改正後は、督促は、時効の停止事由で、10日間停止が継続し、10日を経過した時に再び進行を開始する（更新）との理屈になった。実務の対応を変更する必要はなく、理屈の整理のみである。

何故、こういう構成になったかというと、改正民法の影響であり、いわばとばっちりを食らった形で通則法が改正されたといえる。

差押えは、それ自体時効の進行を止めるだけで、改めて時効が走り出すのは、強制執行手続きの終了後になお債権の残額が残っている場合。そこで、そのことがわかるように条文を書いたと説明されている（内田貴：民法改正のいま、中間試案ガイド-26）。

ええっ!!そうだったの？

「滞納処分として原告所有の財産を差押えるべく適当な差押財産の有無を質問すると共に一応屋内を見廻したが目星しい差押物件が存在しなかったので捜索調書を作成して引揚げたことを認めることができ、（中略）昭和28年9月26日租税の滞納処分として原告の財産に対し差押に着手したものと認めるのが相当であるから、たとえ差押うべき物件がなく執行不能に終ったとしてもこれにより時効中断の効力を生じたものと解す（る）」（京都地判昭34.2.14（行集10-2-305）

「一般財産に対し滞納処分としての差押の着手をなしたが、たまたま差押うべき物件がなかったので右差押は執行不能に終ったものというべきである。しこうして、右のような差押に着手したときはたとえ差押うべき物がなく執行不能となった場合でもなお時効中断の効力を生ずるものと解するのが相当である」（名古屋地判昭42.1.31訟務13-4-490）。

これら判例が示すとおり、徴収法上の捜索処分に時効中断の効力を認めており、差押え＝時効中断と理解している判決文である。

前記内田解説は、「差押え、仮差押え及び仮処分は、権利者の請求により又は法律の規定に従わないことにより取り消されたときは、時効の中断の効力を生じない」（民法第154条）との対比からして適切なのだろうか。

「中断効が生じるのは、差押え・仮差押え・仮処分の手続きが申し立てら

れた時点である（最三判昭 59.4.26 民集 38-6-687 参照）。また、中断した時効がふたたび進行を始める時点（民法第 157 条第 1 項）は、手続き完了時点である」（潮見佳男：民法総則講義-326）とされている。要するに、差押えによって時効が中断しっぱなしとなってその効力がなくなると進行を開始するとの理解である。

　改正民法の作業着手前では、差押えは時効中断（更新）事由であり、取り消されたときは、時効中断の効力が生じないとの理解であって、時効の完成が猶予されていて、それが更新されていくとの二段構えの理屈はなかったのではないか。前掲最高裁判例においても「（動産執行）申立てが取り下げられ若しくは却下されたことにより、又は債務者の所在不明のため執行が不能になったことにより、結局差押えがされなかった場合には、動産執行の申立てによっていったん生じた時効中断の効力は、遡及して消滅することになるものと解すべきである」と判示している。

　改正民法において、何故ここまでこだわらないといけないのか、その必要性があるのかわかりかねる。中断より更新の方がわかりよいのはそのとおりだが、全体的にかえってわかりにくくなったのではないか。そうすると、改正民法は、本当に国民生活の向上に資する内容なのか疑問に感じる。

　この解釈の是非はともかく、ここでいいたいことは、想定外の事態に対応して、強力な公権力を行使する徴収職員は、一見遠回りのように見えるが、こだわって法律に接する態度の方が迅速、正当な判断を有する真の徴収職員になり得る。それが筆者の経験則である。

　日々、正確な理解に向けて研鑽を重ねることが職責といえよう。

第9章 法令

1 供託法（明治32年法律第15号）

第1条　法令ノ規定ニ依リテ供託スル金銭及ヒ有価証券ハ法務局若ハ地方法務局若ハ此等ノ支局又ハ法務大臣ノ指定スル此等ノ出張所カ供託所トシテ之ヲ保管ス

第1条ノ2　供託所ニ於ケル事務ハ法務局若ハ地方法務局若ハ此等ノ支局又ハ此等ノ出張所ニ勤務スル法務事務官ニシテ法務局又ハ地方法務局ノ長ノ指定シタル者カ供託官トシテ之ヲ取扱フ

第1条ノ3　供託官ノ処分ニ付テハ行政手続法（平成5年法律第88号）第2章ノ規定ハ之ヲ適用セズ

第1条ノ4　供託官ノ処分ニ不服アル者又ハ供託官ノ不作為ニ係ル処分ノ申請ヲ為シタル者ハ監督法務局又ハ地方法務局ノ長ニ審査請求ヲ為スコトヲ得

第1条ノ5　審査請求ハ供託官ヲ経由シテ之ヲ為スコトヲ要ス

第1条ノ6　供託官ハ処分ニ付テノ審査請求ヲ理由アリト認ムルトキ又ハ審査請求ニ係ル不作為ニ係ル処分ヲ為スベキモノト認ムルトキハ相当ノ処分ヲ為シテ其旨ヲ審査請求人ニ通知スルコトヲ要ス

2　供託官ハ前項ニ規定スル場合ヲ除クノ外意見ヲ付シ審査請求アリタル日ヨリ5日内ニ之ヲ監督法務局又ハ地方法務局ノ長ニ送付スルコトヲ要ス此ノ場合ニ於テ監督法務局又ハ地方法務局ノ長ハ当該意見ヲ行政不服審査法（平成26年法律第68号）第11条第2項ニ規定スル審理員ニ送付スルモノトス

第1条ノ7　法務局又ハ地方法務局ノ長ハ処分ニ付テノ審査請求ヲ理由アリト認ムルトキ又ハ審査請求ニ係ル不作為ニ係ル処分ヲ為スベキモノト認ム

ルトキハ供託官ニ相当ノ処分ヲ命スルコトヲ要ス

2　法務局又ハ地方法務局ノ長ハ審査請求ニ係ル不作為ニ係ル処分ノ申請ヲ却下スベキモノト認ムルトキハ供託官ニ当該申請ヲ却下スル処分ヲ命ズルコトヲ要ス

第1条ノ8　第1条ノ4ノ審査請求ニ関スル行政不服審査法ノ規定ノ適用ニ付テハ同法第29条第5項中「処分庁等」トアルハ「審査庁」ト、「弁明書の提出」トアルハ「供託法（明治32年法律第15号）第1条ノ6第2項に規定する意見の送付」ト、同法第30条第1項中「弁明書」トアルハ「供託法第1条ノ6第2項の意見」トス

第1条ノ9　行政不服審査法第13条、第18条、第21条、第25条第2項乃至第7項、第29条第1項乃至第4項、第31条、第37条、第45条第3項、第46条、第47条、第49条第3項（審査請求ニ係ル不作為ガ違法又ハ不当ナル旨ノ宣言ニ係ル部分ヲ除ク）乃至第5項及ビ第52条ノ規定ハ第1条ノ4ノ審査請求ニ付テハ之ヲ適用セズ

第2条　供託所ニ供託ヲ為サント欲スル者ハ法務大臣カ定メタル書式ニ依リテ供託書ヲ作リ供託物ニ添ヘテ之ヲ差出タスコトヲ要ス

第3条　供託金ニハ法務省令ノ定ムル所ニ依リ利息ヲ付スルコトヲ要ス

第4条　供託所ハ供託物ヲ受取ルヘキ者ノ請求ニ因リ供託ノ目的タル有価証券ノ償還金、利息又ハ配当金ヲ受取リ供託物ニ代ヘ又ハ其従トシテ之ヲ保管ス　但保証金ニ代ヘテ有価証券ヲ供託シタル場合ニ於テハ供託者ハ其利息又ハ配当金ノ払渡ヲ請求スルコトヲ得

第5条　法務大臣ハ法令ノ規定ニ依リテ供託スル金銭又ハ有価証券ニ非サル物品ヲ保管スヘキ倉庫営業者又ハ銀行ヲ指定スルコトヲ得

2　倉庫営業者又ハ銀行ハ其営業ノ部類ニ属スル物ニシテ其保管シ得ヘキ数量ニ限リ之ヲ保管スル義務ヲ負フ

第6条　倉庫営業者又ハ銀行ニ供託ヲ為サント欲スル者ハ法務大臣カ定メタル書式ニ依リテ供託書ヲ作リ供託物ニ添ヘテ之ヲ交付スルコトヲ要ス

第7条　倉庫営業者又ハ銀行ハ第5条第1項ノ規定ニ依ル供託物ヲ受取ルヘキ者ニ対シ一般ニ同種ノ物ニ付テ請求スル保管料ヲ請求スルコトヲ得

第 8 条　供託物ノ還付ヲ請求スル者ハ法務大臣ノ定ムル所ニ依リ其権利ヲ証明スルコトヲ要ス

2　供託者ハ民法第 496 条ノ規定ニ依レルコト、供託カ錯誤ニ出テシコト又ハ其原因カ消滅シタルコトヲ証明スルニ非サレハ供託物ヲ取戻スコトヲ得ス

第 9 条　供託者カ供託物ヲ受取ル権利ヲ有セサル者ヲ指定シタルトキハ其供託ハ無効トス

第 10 条　供託物ヲ受取ルヘキ者カ反対給付ヲ為スヘキ場合ニ於テハ供託者ノ書面又ハ裁判、公正証書其他ノ公正ノ書面ニ依リ其給付アリタルコトヲ証明スルニ非サレハ供託物ヲ受取ルコトヲ得ス

2　供託規則（昭和 34 年法務省令第 2 号）

第 1 章　総則

（趣旨）

第 1 条　金銭、有価証券及び振替国債（その権利の帰属が社債、株式等の振替に関する法律（平成 13 年法律第 75 号）の規定による振替口座簿の記載又は記録により定まるものとされる国債をいう。以下同じ。）の供託に関する手続は、別に定める場合のほか、この省令の定めるところによる。

（供託関係帳簿）

第 2 条　供託所には、現金出納簿のほか、次の各号に掲げる帳簿を備える。

一　供託有価証券受払日計簿

二　供託振替国債受払日計簿

三　金銭供託元帳

四　有価証券供託元帳

五　振替国債供託元帳

六　譲渡通知書等つづり込帳

（供託有価証券受払日計簿等）

第 3 条　供託有価証券受払日計簿は第 1 号書式、供託振替国債受払日計簿は第 1 号の 2 書式により、調製しなければならない。

2　供託官は、毎日、供託有価証券又は供託振替国債の受払いを供託有価証券受払日計簿又は供託振替国債受払日計簿に記入しなければならない。

3　供託官は、予算決算及び会計令（昭和22年勅令第165号）の定めるところにより、現金出納簿に供託金及び供託法（明治32年法律第15号）第3条（社債、株式等の振替に関する法律第278条第4項において準用する場合を含む。）の規定による利息（以下「供託金利息」という。）の出納を記入しなければならない。

（金銭供託元帳等）

第4条　金銭供託元帳、有価証券供託元帳及び振替国債供託元帳は、磁気ディスク（これに準ずる方法により一定の事項を確実に記録することができる物を含む。以下同じ。）をもって会計年度ごとに調製しなければならない。

2　供託官は、金銭、有価証券又は振替国債の供託を受理したときは、それぞれ次に掲げる事項を金銭供託元帳、有価証券供託元帳又は振替国債供託元帳に記録しなければならない。

　一　受理年月日
　二　供託番号
　三　供託の種類
　四　供託者の氏名又は名称
　五　受入年月日
　六　供託金額（金銭供託元帳に限る。）
　七　供託有価証券の名称、総額面及び枚数（有価証券供託元帳に限る。）
　八　供託振替国債の銘柄及び金額（振替国債供託元帳に限る。）

3　供託官は、前項の供託に係る供託物の払渡しを認可したときは、それぞれ次に掲げる事項を金銭供託元帳、有価証券供託元帳又は振替国債供託元帳に記録しなければならない。

　一　払渡年月日
　二　還付又は取戻しの別

（譲渡通知書等つづり込帳）

第5条　供託官は、第47条の規定により提出された書面、供託物払渡請求権についての譲渡若しくは質権設定の通知書又は供託物払渡請求権に関する仮差押命令書、仮処分命令書、差押命令書、転付命令書若しくは譲渡命令書その他供託物払渡請求権の移転若しくは処分の制限に関する書類を受け取ったときは、これに受付の旨及びその年月日時分を記載し、受付の順序に従って、譲渡通知書等つづり込帳に編てつしなければならない。

2　譲渡通知書等つづり込帳には、第4号書式の目録を付さなければならない。

（記載の文字）

第6条　供託書、供託物払渡請求書その他供託に関する書面に記載する文字は、字画を明確にしなければならない。

2　金銭その他の物の数量を記載するには、アラビア数字を用いなければならない。ただし、縦書をするときは、「壱、弐、参、拾」の文字を用いなければならない。

3　記載した文字は、改変してはならない。

4　記載事項について訂正、加入又は削除をするときは、二線を引いてその近接箇所に正書し、その字数を欄外に記載して押印し、訂正又は削除をした文字は、なお読むことができるようにしておかなければならない。ただし、供託者又は請求者が供託書、供託通知書、代供託請求書又は附属供託請求書の記載事項について訂正、加入又は削除をするときは、これらの書面に押印することを要しない。

5　供託官が訂正、加入又は削除をするときは、前項本文の規定による欄外記載及び押印に代えて、訂正、加入又は削除をした文字の前後に括弧を付し、これに押印することができる。

6　供託書、供託通知書、代供託請求書、附属供託請求書、供託有価証券払渡請求書又は供託有価証券利札請求書に記載した供託金額、有価証券の枚数及び総額面又は請求利札の枚数については、訂正、加入又は削除をしてはならない。

（継続記載）

第7条　供託所に提出すべき書類について書式及び用紙の大きさが定められている場合において、一葉の用紙に記載事項の全部を記載することができないときは、当該用紙と同じ大きさの用紙を用いて適宜の書式により継続して記載することができる。

2　前項の場合には、各葉の用紙に継続の旨を明らかにしなければならない。

（書類の契印）

第8条　供託所に提出すべき書類（供託書、供託通知書、代供託請求書及び附属供託請求書を除く。）が二葉以上にわたるときは、作成者は、毎葉のつづり目に契印しなければならない。

2　前項の場合において、当該書類の作成者が多数であるときは、その一人が契印すれば足りる。

（資格証明書等の有効期間）

第9条　供託所に提出又は提示すべき代表者又は管理人の資格を証する書面、代理人の権限を証する書面であって官庁又は公署の作成に係るもの及び印鑑の証明書は、この規則に別段の定めがある場合を除き、その作成後3月以内のものに限る。

（添付書類の原本還付）

第9条の2　供託書、代供託請求書、附属供託請求書、供託物保管替請求書、供託物払渡請求書、供託金利息請求書又は供託有価証券利札請求書に添付した書類については、供託又は請求に際し、還付を請求することができる。ただし、第30条第1項の証明書及び代理人の権限を証する書面（官庁又は公署の作成に係るものを除く。）については、この限りでない。

2　書類の還付を請求するには、供託書又は請求書に原本と相違がない旨を記載した当該書類の謄本をも添付しなければならない。

3　供託官は、書類を還付したときは、その謄本に原本還付の旨を記載して押印しなければならない。

4　委任による代理人によって供託書、代供託請求書又は附属供託請求書に添付した書類の還付を請求する場合には、代理人の権限を証する書面を提

示しなければならない。

5　委任による代理人によって供託物保管替請求書、供託物払渡請求書、供託金利息請求書又は供託有価証券利札請求書に添付した書類の還付を請求する場合には、請求書に代理人の権限を証する書面を添付しなければならない。この場合には、第15条の規定を準用する。

（保存期間）

第10条　供託官は、供託に関する書類（磁気ディスクをもって調製した記録及び電磁的記録媒体（電子的方式、磁気的方式その他人の知覚によっては認識することができない方式で作られる記録であって電子計算機による情報処理の用に供されるものに係る記録媒体をいう。以下同じ。）を含む。次条及び第12条において同じ。）及び帳簿を、次の区別に従って保存しなければならない。

一　第13条の2第2号（第21条第6項において準用する場合を含む。）の副本ファイルの記録　最終の払渡し又は第21条の4第1項の保管替えをした年度の翌年度から10年

二　支払委託書　最終の払渡しをした年度の翌年度から10年

三　供託書及びその添付書類　供託を受理した年度の翌年度から10年

四　代供託請求書副本及び代供託請求書の添付書類並びに附属供託請求書副本及び附属供託請求書の添付書類　代供託又は附属供託の請求を受理した年度の翌年度から10年

五　供託物払渡請求書（第43条第2項又は第44条第2項に規定する申請書情報の内容を用紙に出力したものを含む。）及びその添付書類、供託物保管替請求書及びその添付書類、第5条に掲げる書類　払渡し又は振替をした年度の翌年度から10年

六　供託金利息請求書（第43条第2項に規定する申請書情報の内容を用紙に出力したものを含む。）及びその添付書類、供託有価証券利札請求書及びその添付書類　払渡しをした年度の翌年度から5年

七　供託有価証券受払日計簿、供託振替国債受払日計簿、金銭供託元帳、有価証券供託元帳、振替国債供託元帳　最終の記載をした年度の翌年度

から10年
　　八　第21条の2第1項の書面　当該書面の提出を受けた年度の翌年度から10年
　　九　第21条の2第4項の書面　当該書面の作成をした年度の翌年度から10年
　　十　第13条の3第1項に規定する電磁的記録媒体　受理の日から1年
2　前項の書類又は帳簿は、保存期間の満了した後でも、保存を必要とする特別の事由があるときは、その事由のある間保存しなければならない。
（書類廃棄手続）
第11条　供託所において保存期間の満了した書類又は帳簿を廃棄しようとするときは、その目録を作り、法務局又は地方法務局の長の認可を受けなければならない。
（未完結書類の持出禁止）
第12条　払渡しの完了しない供託、代供託又は附属供託に関する書類は、事変を避けるためにする場合を除き、供託所外に持ち出してはならない。
第2章　供託手続
（供託書）
第13条　金銭又は有価証券の供託をしようとする者は、供託の種類に従い、第1号から第11号までの様式による供託書を供託所に提出しなければならない。
2　前項の供託書には、次の事項を記載しなければならない。
　　一　供託者の氏名及び住所、供託者が法人であるとき又は法人でない社団若しくは財団であって、代表者若しくは管理人の定めのあるものであるときは、その名称、主たる事務所及び代表者又は管理人の氏名
　　二　代理人により供託する場合には、代理人の氏名及び住所、ただし、公務員がその職務上するときは、その官公職、氏名及び所属官公署の名称
　　三　供託金の額又は供託有価証券の名称、総額面、券面額（券面額のない有価証券についてはその旨）、回記号、番号、枚数並びに附属利賦札及びその最終の渡期

四　供託の原因たる事実

五　供託を義務付け又は許容した法令の条項

六　供託物の還付を請求し得べき者（以下「被供託者」という。）を特定することができるときは、その者の氏名及び住所、その者が法人又は法人でない社団若しくは財団であるときは、その名称及び主たる事務所

七　供託により質権又は抵当権が消滅するときは、その質権又は抵当権の表示

八　反対給付を受けることを要するときは、その反対給付の内容

九　供託物の還付又は取戻しについて官庁の承認、確認又は証明等を要するときは、当該官庁の名称及び事件の特定に必要な事項

十　裁判上の手続に関する供託については、当該裁判所の名称、件名及び事件番号

十一　供託所の表示

十二　供託申請年月日

3　振替国債の供託をしようとする者は、供託の種類に従い、第5号から第9号まで、第11号及び第12号の様式による供託書を供託所に提出しなければならない。

4　第2項の規定は、前項の供託書について準用する。この場合において、第2項第3号中「供託金の額又は供託有価証券の名称、総額面、券面額（券面額のない有価証券についてはその旨）、回記号、番号、枚数並びに附属利賦札及びその最終の渡期」とあるのは、「供託振替国債の銘柄、金額、利息の支払期及び元本の償還期限」と読み替えるものとする。

5　供託書が二葉以上にわたるときは、作成者は、当該供託書の所定の欄に枚数及び丁数を記載しなければならない。

（供託書正本の調製等）

第13条の2　供託官は、供託書の提出があったときは、次に掲げる措置を執らなければならない。

一　第5号から第18号の5までの書式に準じて供託書正本を調製すること。

二　当該供託書に記載された事項を磁気ディスクをもって調製する副本ファイルに記録すること。

（電磁的記録媒体の添付）

第13条の3　供託をしようとする者は、第13条第2項各号（第2号、第5号、第9号、第11号及び第12号を除き、同条第4項において準用する場合を含む。）に掲げる事項の供託書への記載に代えて、法務大臣の指定する方式に従い当該事項を記録した電磁的記録媒体を当該供託書に添付することができる。この場合には、二葉以上にわたる供託書を提出することができない。

2　前項に規定する電磁的記録媒体は、法務大臣の指定する構造のものでなければならない。

3　前2項の指定は、告示してしなければならない。

（供託カード）

第13条の4　賃料、給料その他の継続的給付に係る金銭の供託をするために供託書を提出する者は、供託カードの交付の申出をすることができる。ただし、前条第1項に規定する場合は、この限りでない。

2　前項の申出があった場合には、供託官は、当該供託を受理することができないときを除き、供託カードを作成して、申出をした者に交付しなければならない。

3　前項の供託カードには、供託カードである旨及び供託カード番号を記載しなければならない。

4　供託カードの交付を受けた者が、当該供託カードを提示して、当該継続的給付について供託をしようとするときは、第13条第2項の規定にかかわらず、供託書には、次の各号に掲げる事項を記載すれば足りる。

一　供託カード番号

二　供託者の氏名又は名称

三　第13条第2項第2号、第3号及び第12号に掲げる事項（代理人の住所を除く。）

四　供託カードの交付の申出をした際に供託書に記載した事項と同一でな

い事項

5　前項の規定は、次の各号に掲げる場合には、適用しない。

一　最後に同項の規定による供託をした日から2年を経過したとき。

二　第13条第2項第1号又は第2号に掲げる事項に変更があったとき。

（資格証明書の提示等）

第14条　登記された法人が供託しようとするときは、登記所の作成した代表者の資格を証する書面を提示しなければならない。この場合において、供託所と証明をすべき登記所が同一の法務局若しくは地方法務局若しくはこれらの支局又はこれらの出張所（法務大臣が指定したものを除く。）であるときは、その記載された代表者の資格につき登記官の確認を受けた供託書を提出して、代表者の資格を証する書面の提示に代えることができる。

2　前項の法人以外の法人が供託しようとするときは、代表者の資格を証する書面を供託書に添付しなければならない。

3　法人でない社団又は財団であって、代表者又は管理人の定めのあるものが供託しようとするときは、当該社団又は財団の定款又は寄附行為及び代表者又は管理人の資格を証する書面を供託書に添付しなければならない。

4　代理人によって供託しようとする場合には、代理人の権限を証する書面を提示しなければならない。この場合において、第1項後段の規定は、支配人その他登記のある代理人によって供託するときに準用する。

（供託振替国債に関する資料の提供）

第14条の2　供託者が振替国債を供託しようとするときは、その振替国債の銘柄、利息の支払期及び償還期限を確認するために必要な資料を提供しなければならない。

（添付書類の省略）

第15条　同一の供託所に対して同時に数個の供託をする場合において、供託書の添付書類に内容の同一のものがあるときは、1個の供託書に1通を添付すれば足りる。この場合には、他の供託書にその旨を記載しなければならない。

（供託通知書の発送の請求等）

第16条　供託者が被供託者に供託の通知をしなければならない場合には、供託者は、供託官に対し、被供託者に供託通知書を発送することを請求することができる。この場合においては、その旨を供託書に記載しなければならない。

2　前項の請求をするときは、供託者は、被供託者の数に応じて、供託書に、送付に要する費用に相当する郵便切手又は民間事業者による信書の送達に関する法律（平成14年法律第99号）第2条第6項に規定する一般信書便事業者若しくは同条第9項に規定する特定信書便事業者による同条第2項に規定する信書便の役務に関する料金の支払のために使用することができる証票であって法務大臣の指定するものを付した封筒を添付しなければならない。

3　前項の指定は、告示してしなければならない。

4　第1項の請求があった場合においては、供託官は、供託の種類に従い、第19号から第21号までの書式に準じて供託通知書を調製しなければならない。

（供託書の特則等）

第16条の2　金銭又は有価証券の供託をしようとする者は、やむを得ない事情があるときは、第13条第1項の規定にかかわらず、同項に規定する供託書を供託所に提出することを要しない。この場合においては、供託の種類に従い、第5号から第18号までの書式による正副2通の供託書を供託所に提出しなければならない。

2　第13条第2項の規定は、前項後段の供託書について準用する。

3　第1項後段の場合においては、第13条第5項、第13条の2第1号、第13条の3及び第13条の4の規定は、適用しない。

4　第1項後段の場合において、前条第1項の請求をするときは、供託者は、被供託者の数に応じて、供託の種類に従い、第19号から第21号までの書式の供託通知書を添付しなければならない。

5　前項の場合においては、前条第1項後段及び第4項の規定は、適用しな

い。

（記名式有価証券の供託）

第17条　供託者が記名式有価証券（株券を除く。）を供託しようとするときは、その還付を受けた者が直ちに権利を取得することができるように裏書し、又は譲渡証書を添附しなければならない。

2　前項の場合には、裏書する旨又は譲渡証書を添付する旨を供託書に記載しなければならない。

（受理手続）

第18条　供託官は、金銭又は有価証券の供託を受理すべきものと認めるときは、供託書正本に、供託を受理する旨、供託番号、一定の納入期日までに供託物を日本銀行に納入すべき旨及びその期日までに供託物を納入しないときは受理の決定は効力を失う旨を記載して記名押印し、これを、財務大臣の定める保管金払込事務等の取扱いに関する規定又は供託有価証券の取扱いに関する規定に従い作成した保管金払込書又は供託有価証券寄託書とともに供託者に交付しなければならない。

2　供託者が前項の納入期日までに供託物を納入しないときは、受理の決定は効力を失う。

3　供託官は、第16条第1項の請求があった場合において、日本銀行から財務大臣の定める保管金払込事務等の取扱いに関する規定又は供託有価証券の取扱いに関する規定による供託物受領の証書の送付を受けたときは、被供託者に同条第4項の供託通知書を発送しなければならない。

第19条　供託官は、振替国債の供託を受理すべきものと認めるときは、供託者に対し、供託を受理する旨、供託番号、供託所の口座、一定の納入期日までに当該口座について供託振替国債に係る増額の記載又は記録がされるべき旨及びその期日までに増額の記載又は記録がされないときは受理の決定は効力を失う旨を告知しなければならない。

2　前項の納入期日までに供託所の口座について供託振替国債に係る増額の記載又は記録がされないときは、受理の決定は効力を失う。

3　供託官は、第1項の納入期日までに前項の記載又は記録がされたとき

は、供託書正本に供託振替国債を受け入れた旨を記載して記名押印し、これを供託者に交付しなければならない。

（供託金受入れの特則）

第20条　供託金の受入れを取り扱う供託所に金銭の供託をしようとする者は、供託書とともに供託金を提出しなければならない。

2　供託官は、前項の供託を受理すべきものと認めるときは、供託書正本に供託を受理する旨、供託番号及び供託金を受領した旨を記載して記名押印し、これを供託者に交付しなければならない。この場合において、第16条第1項の請求があるときは、供託官は、被供託者に同条第4項の供託通知書を発送しなければならない。

第20条の2　供託官は、銀行その他の金融機関に供託金の振込みを受けることができる預金があるときは、金銭の供託をしようとする者の申出により、第18条の規定による供託物の納入又は前条第1項の規定による供託金の提出に代えて、当該預金に供託金の振込みを受けることができる。

2　供託官は、前項の申出があった場合において、同項の供託を受理すべきものと認めるときは、供託書正本に供託を受理する旨及び供託番号を記載して記名押印し、かつ、供託者に対し、供託を受理した旨、供託番号、一定の振込期日までに供託金を同項の預金に振り込むべき旨及びその期日までに供託金を振り込まないときは受理の決定は効力を失う旨を告知しなければならない。

3　供託者が前項の振込期日までに供託金を振り込まないときは、受理の決定は効力を失う。

4　供託者が第2項の振込期日までに供託金を振り込んだときは、供託官は、供託書正本に供託金を受領した旨を記載して記名押印し、これを供託者に交付しなければならない。この場合には、前条第2項後段の規定を準用する。

第20条の3　供託官は、金銭の供託をしようとする者の申出により、第18条の規定による供託物の納入又は第20条第1項の規定による供託金の提出に代えて、供託官の告知した納付情報による供託金の納付を受けること

ができる。

2　供託官は、前項の申出があった場合において、同項の供託を受理すべきものと認めるときは、供託書正本に供託を受理する旨及び供託番号を記載して記名押印し、かつ、供託者に対し、供託を受理した旨、供託番号、同項の納付情報、一定の納付期日までに当該納付情報により供託金を納付すべき旨及びその期日までに供託金を納付しないときは受理の決定は効力を失う旨を告知しなければならない。

3　供託者が前項の納付期日までに第1項の納付情報により供託金を納付しないときは、受理の決定は効力を失う。

4　供託者が第2項の納付期日までに第1項の納付情報により供託金を納付したときは、供託官は、供託書正本に供託金を受領した旨を記載して記名押印し、これを供託者に交付しなければならない。この場合には、第20条第2項後段の規定を準用する。

第20条の4　供託官は、金銭の供託をしようとする者が国である場合には、当該者の申出により、第18条の規定による供託物の納入又は第20条第1項の規定による供託金の提出に代えて、国庫内の移換の手続による供託金の払込みを受けることができる。

2　供託官は、前項の申出があった場合において、同項の供託を受理すべきものと認めるときは、供託書正本に供託を受理する旨及び供託番号を記載して記名押印し、かつ、供託者に対し、供託を受理した旨、供託番号、一定の払込期日までに同項の手続により供託金を払い込むべき旨及びその期日までに供託金を払い込まないときは受理の決定は効力を失う旨を告知しなければならない。

3　供託者が前項の払込期日までに第1項の手続により供託金を払い込まないときは、受理の決定は効力を失う。

4　供託者が第2項の払込期日までに第1項の手続により供託金を払い込んだときは、供託官は、供託書正本に供託金を受領した旨を記載して記名押印し、これを供託者に交付しなければならない。この場合には、第20条第2項後段の規定を準用する。

（代供託又は附属供託の請求）

第21条　供託の目的たる有価証券の償還金、利息又は配当金の代供託又は附属供託を請求しようとする者は、第22号及び第23号書式による正副2通の代供託請求書又は附属供託請求書を供託所に提出しなければならない。

2　供託有価証券が国債以外の記名式のものであるときは、請求者は、前項の請求書に償還金、利息又は配当金取立のための日本銀行あての委任状を添附しなければならない。

3　前項の場合の取立の費用は、請求者の負担とする。

4　供託官は、第1項の請求を受理すべきものと認めるときは、代供託請求書又は附属供託請求書の正本に請求を受理する旨及び供託番号を記載して記名押印し、これを、第18条の保管金払込書及び財務大臣の定める供託有価証券の取扱に関する規定により作成した払渡請求書とともに請求者に交付しなければならない。

5　第14条及び第15条の規定は、第1項の場合に準用する。

6　第13条の2第2号の規定は、供託所に第1項の規定による正副2通の代供託請求書又は附属供託請求書の提出があった場合に準用する。

（供託振替国債の償還等）

第21条の2　供託所に対し供託振替国債の元本の償還又は利息の支払をしようとする者は、次に掲げる事項を記載した書面又は当該事項を記録した電磁的記録（電子的方式、磁気的方式その他人の知覚によっては認識することができない方式で作られる記録であって、電子計算機による情報処理の用に供されるものをいう。以下同じ。）を供託所に提出し、又は送信しなければならない。

一　供託番号
二　供託振替国債の銘柄
三　償還金又は利息（以下「償還金等」という。）の支払をしようとする年月日
四　償還金等の金額

五　償還金又は利息の別
2　供託官は、前項の書面又は電磁的記録の提出又は送信を受けた場合において、当該償還金等の供託を受理することができないと認めるときは、当該支払をしようとする者にその旨を通知しなければならない。
3　前項の通知を受けた者は、第1項の支払をすることができない。
4　供託官は、第1項の電磁的記録の送信を受けたときは、これに代わるものとして保存すべき書面を作成しなければならない。
（保管替え）
第21条の3　法令の規定により供託金の保管替えを請求しようとする者は、第24号書式による供託金保管替請求書1通に、供託書正本を添付して、これを当該供託金を供託している供託所に提出しなければならない。
2　数回にわたって供託されている供託金については、一括して保管替えを請求することができる。
3　第26条及び第27条の規定は、第1項の請求に準用する。
第21条の4　供託官は、保管替えの請求を相当と認めるときは、供託金保管替請求書に保管替えする旨を記載して記名押印し、これを供託書正本とともに保管替えを受ける供託所に送付し、当該保管替えに関する事項を副本ファイルに記録し、かつ、財務大臣の定める保管金払込事務等の取扱いに関する規定に従い、国庫金振替の手続をしなければならない。
2　供託官は、前項の手続をしたときは、金銭供託元帳に保管替えをした旨を記録しなければならない。
3　供託官は、第1項の手続をしたときは、保管替えを受ける供託所に対し、保管替えを受けた供託に関する事項を副本ファイルに記録するために必要な情報を送信しなければならない。
第21条の5　前条第1項の規定による書類の送付を受けた供託所の供託官は、供託書正本に新たに供託番号を記載し、従前の供託番号を朱抹し、かつ、金銭供託元帳に保管替えを受けた旨を記録しなければならない。
2　前条第3項の規定による情報の送信を受けた供託所の供託官は、副本ファイルに保管替えを受けた供託に関する事項を記録しなければならない。

3　日本銀行から国庫金振替済の通知を受けたときは、供託官は、供託書正本に保管替済の旨を記載して記名押印し、これを保管替えの請求をした者に交付しなければならない。

第21条の6　第21条の3第1項及び第2項並びに前2条の規定は、供託振替国債の保管替えについて準用する。この場合において、第21条の3第1項中「第24号書式」とあるのは「第24号の2書式」と、前条第3項中「国庫金振替済」とあるのは「供託振替国債に係る増額の記載又は記録がされた旨」と読み替えるものとする。

2　第26条及び第27条の規定は、前項において準用する第21条の3第1項の請求について準用する。

（却下決定）

第21条の7　供託官は、供託を受理すべきでないと認めるとき又は第21条第1項若しくは第21条の3第1項（前条第1項において準用する場合を含む。）の請求を理由がないと認めるときは、却下決定書を作成し、これを供託者又は請求者に交付しなければならない。

第3章　払渡手続

（供託物払渡請求書）

第22条　供託物の還付を受けようとする者又は供託物の取戻しをしようとする者は、供託物の種類に従い、第25号から第26号の2までの書式による供託物払渡請求書（供託物が有価証券又は振替国債であるときは請求書2通）を提出しなければならない。

2　前項の請求書には次の事項を記載し、請求者又はその代表者若しくは管理人若しくは代理人が記名押印しなければならない。

　　一　供託番号

　　二　払渡しを請求する供託金の額、供託有価証券の名称、総額面、券面額（券面額のない有価証券についてはその旨）、回記号、番号及び枚数又は供託振替国債の銘柄及び金額（国債の発行等に関する省令（昭和57年大蔵省令第30号）第3条第2項に規定する最低額面金額の整数倍の金額に限る。）

三　払渡請求の事由
四　還付又は取戻しの別
五　隔地払の方法（供託所の保管金取扱店である日本銀行所在地外の日本銀行その他供託官の定める銀行において供託金の払渡しをする方法をいう。）又は預貯金振込みの方法（日本銀行が指定した銀行その他の金融機関の当該請求者又はその代理人の預金又は貯金に振り込む方法をいう。第43条第1項において同じ。）により供託金の払渡しを受けようとするときは、その旨
六　国庫金振替の方法により供託金の払渡しを受けようとするときは、その旨
七　供託振替国債の払渡しを請求するときは、請求者の口座
八　請求者の氏名及び住所、請求者が法人であるとき又は法人でない社団若しくは財団であって、代表者若しくは管理人の定めのあるものであるときは、その名称、主たる事務所及び代表者又は管理人の氏名
九　請求者が供託者又は被供託者の権利の承継人であるときは、その旨
十　代理人により請求する場合には、代理人の氏名及び住所、ただし、公務員がその職務上するときは、その官公職、氏名及び所属官公署の名称
十一　供託所の表示
十二　払渡請求の年月日

（供託物払渡しの一括請求）
第23条　同一人が数個の供託について同時に供託物の還付を受け、又は取戻しをしようとする場合において、払渡請求の事由が同一であるときは、一括してその請求をすることができる。

（供託振替国債の払渡請求の特則）
第23条の2　供託振替国債について、その償還期限の3日前を経過しているときは、その払渡しを請求することができない。
2　供託振替国債を取り扱う社債、株式等の振替に関する法律第2条第2項に規定する振替機関（同法第48条の規定により振替機関とみなされる日本銀行を含む。）の振替業の休日及び行政機関の休日に関する法律（昭和

63年法律第91号）第1条第1項各号に掲げる日は、前項の期間に算入しない。

（還付請求の添付書類）

第24条　供託物の還付を受けようとする者は、供託物払渡請求書に次の各号に掲げる書類を添付しなければならない。

一　還付を受ける権利を有することを証する書面。ただし、副本ファイルの記録により、還付を受ける権利を有することが明らかである場合を除く。

二　反対給付をしなければならないときは、供託法第10条の規定による証明書類

2　前項の規定により供託物払渡請求書に利害関係人の承諾書を添付する場合には、同項に規定する者は、当該承諾書の作成前3月以内又はその作成後に作成された次に掲げる書面を併せて添付しなければならない。

一　当該承諾書に押された印鑑につき市町村長（特別区の区長を含むものとし、地方自治法（昭和22年法律第67号）第252条の19第1項の指定都市にあっては、市長又は区長若しくは総合区長とする。第26条第一項において同じ。）又は登記所の作成した証明書

二　法人が利害関係人となるときは、代表者の資格を証する書面

三　法人でない社団又は財団であって代表者又は管理人の定めのあるものが利害関係人となるときは、代表者又は管理人の資格を証する書面

（取戻請求の添付書類）

第25条　供託物の取戻しをしようとする者は、供託物払渡請求書に取戻しをする権利を有することを証する書面を添付しなければならない。ただし、副本ファイルの記録により、取戻しをする権利を有することが明らかである場合は、この限りでない。

2　前条第2項の規定は、前項本文の場合について準用する。

（印鑑証明書の添付）

第26条　供託物の払渡しを請求する者は、供託物払渡請求書又は委任による代理人の権限を証する書面に押された印鑑につき市町村長又は登記所の

作成した証明書を供託物払渡請求書に添付しなければならない。ただし、供託所と証明をすべき登記所が同一の法務局若しくは地方法務局若しくはこれらの支局又はこれらの出張所（法務大臣が指定したものを除く。）である場合において、その印鑑につき登記官の確認があるときは、この限りでない。

2 　法定代理人、支配人その他登記のある代理人、法人若しくは法人でない社団若しくは財団の代表者若しくは管理人又は民事再生法（平成 11 年法律第 225 号）、会社更生法（平成 14 年法律第 154 号）若しくは金融機関等の更生手続の特例等に関する法律（平成 8 年法律第 95 号）による管財人若しくは保全管理人若しくは外国倒産処理手続の承認援助に関する法律（平成 12 年法律第 229 号）による承認管財人若しくは保全管理人が、本人、法人、法人でない社団若しくは財団又は再生債務者、株式会社、金融機関等の更生手続の特例等に関する法律第 2 条第 2 項に規定する協同組織金融機関、相互会社若しくは債務者のために供託物の払渡しを請求する場合には、前項の規定は、その法定代理人、支配人その他登記のある代理人、代表者若しくは管理人又は管財人、承認管財人若しくは保全管理人について適用する。

3 　前 2 項の規定は、次の場合には適用しない。

一　払渡しを請求する者が官庁又は公署であるとき。

二　払渡しを請求する者が個人である場合において、運転免許証（道路交通法（昭和 35 年法律第 105 号）第 92 条第 1 項に規定する運転免許証をいう。）、個人番号カード（行政手続における特定の個人を識別するための番号の利用等に関する法律（平成 25 年法律第 27 号）第 2 条第 7 項に規定する個人番号カードをいう。）、在留カード（出入国管理及び難民認定法（昭和 26 年政令第 319 号）第 19 条の 3 に規定する在留カードをいう。）その他の官庁又は公署から交付を受けた書類その他これに類するもの（氏名、住所及び生年月日の記載があり、本人の写真が貼付されたものに限る。）であって、その者が本人であることを確認することができるものを提示し、かつ、その写しを添付したとき。

三　供託物の取戻しを請求する場合において、第14条第4項前段の規定により供託官に提示した委任による代理人の権限を証する書面で請求者又は前項に掲げる者が供託物払渡請求書又は委任による代理人の権限を証する書面に押した印鑑と同一の印鑑を押したものを供託物払渡請求書に添付したとき。

四　法令の規定に基づき印鑑を登記所に提出することができる者以外の者が供託物の取戻しを請求する場合において、官庁又は公署から交付を受けた供託の原因が消滅したことを証する書面を供託物払渡請求書（当該請求書に委任による代理人の預金又は貯金に振り込む方法による旨の記載がある場合を除く。次号において同じ。）に添付したとき。

五　前号に規定する者が供託金の払渡しを請求する場合（その額が10万円未満である場合に限る。）において、第30条第1項に規定する証明書を供託物払渡請求書に添付したとき。

（代理権限を証する書面の添付等）

第27条　代理人によって供託物の払渡しを請求する場合には、代理人の権限を証する書面を供託物払渡請求書に添付しなければならない。ただし、支配人その他登記のある代理人については、登記所が作成した代理人であることを証する書面を提示すれば足りる。

2　第14条第1項後段の規定は、前項ただし書の場合に準用する。

3　第14条第1項から第3項まで及び第15条の規定は、供託物の払渡請求に準用する。

（払渡しの手続）

第28条　供託官は、供託金の払渡しの請求を理由があると認めるときは、供託物払渡請求書に払渡しを認可する旨を記載して押印しなければならない。この場合には、供託官は、請求者をして当該請求書に受領を証させ、財務大臣の定める保管金の払戻しに関する規定に従い小切手を振り出して、請求者に交付しなければならない。

2　供託物払渡請求書に第22条第2項第5号の記載があるときは、供託官は、前項後段の手続に代えて、財務大臣の定める保管金の払戻しに関する

規定に従い、日本銀行に供託金の払渡しをさせるための手続をし、請求者又はその代理人に当該手続をした旨を通知しなければならない。

3　供託物払渡請求書に第22条第2項第6号の記載があるときは、供託官は、第1項後段の手続に代えて、財務大臣の定める国庫内の移換のための払渡しに関する規定に従い、国庫金振替の手続をしなければならない。

第29条　供託官は、供託有価証券の払渡しの請求を理由があると認めるときは、供託物払渡請求書に払渡しを認可する旨を記載し、その1通に記名押印してこれを請求者に交付し、他の1通に押印し、かつ、請求者をして払渡しの認可の記載のある供託物払渡請求書の受領を証させなければならない。

2　供託官は、供託振替国債の払渡しの請求を理由があると認めるときは、供託物払渡請求書に払渡しを認可する旨を記載し、その1通に記名押印してこれを請求者に交付しなければならない。

（配当等の場合の特則）

第30条　配当その他官庁又は公署の決定によって供託物の払渡しをすべき場合には、当該官庁又は公署は、供託物の種類に従い、供託所に第27号から第28号の2までの書式の支払委託書を送付し、払渡しを受けるべき者に第29号書式の証明書を交付しなければならない。

2　前項に規定する場合において、供託物の払渡しを受けるべき者は、供託物払渡請求書に同項の証明書を添付しなければならない。

（却下決定）

第31条　第21条の7の規定は、第22条第1項の請求を理由がないと認める場合について準用する。

第32条　削除

第4章　供託金利息及び利札

（供託金利息）

第33条　供託金利息は、1年について0.024パーセントとする。

2　供託金利息は、供託金受入れの月及び払渡しの月については付さない。供託金の全額が1万円未満であるとき、又は供託金に1万円未満の端数が

あるときは、その全額又はその端数金額に対しても同様とする。

（供託金利息の払渡し）

第34条　供託金利息は、元金と同時に払い渡すものとする。ただし、元金の受取人と供託金利息の受取人とが異なる等元金と同時に払い渡すことができないときは、元金を払い渡した後に払い渡すものとする。

2　保証として金銭を供託した場合には、前項の規定にかかわらず、毎年、供託した月に応当する月の末日後に、同日までの供託金利息を払い渡すことができる。

第35条　前条第1項ただし書又は第2項の規定により供託金利息のみの払渡しを受けようとする者は、第30号書式による供託金利息請求書を供託所に提出しなければならない。

2　前項の請求書には次の事項を記載し、請求者又はその代表者若しくは管理人若しくは代理人が記名押印しなければならない。

一　第22条第2項第1号、第5号、第6号、第8号から第12号までに掲げる事項

二　供託金額

3　第1項の請求書には払渡しを受ける権利を有することを証する書面を添付しなければならない。ただし、副本ファイルの記録により、払渡しを受ける権利を有することが明らかである場合は、この限りでない。

4　第23条、第24条第2項及び第26条から第28条までの規定は、供託金利息のみの払渡しについて準用する。

（利札の払渡し）

第36条　保証のため有価証券を供託した者が渡期の到来した利札の払渡しを受けようとするときは、第31号書式による供託有価証券利札請求書2通を供託所に提出しなければならない。

2　前項の請求書には次の事項を記載し、請求者又はその代表者若しくは管理人若しくは代理人が記名押印しなければならない。

一　第22条第2項第1号、第8号から第12号までに掲げる事項

二　供託有価証券の名称、総額面、券面額（券面額のない有価証券につい

てはその旨)、回記号、番号、枚数並びに請求利札の渡期及び枚数
3 第23条、第24条第2項、第26条、第27条、第29条及び第35条第3項の規定は、利札の払渡しについて準用する。
(却下決定)
第37条 第21条の7の規定は、第35条第1項又は前条第1項の請求を理由がないと認める場合について準用する。
第5章 電子情報処理組織による供託等に関する特則
(電子情報処理組織による供託等)
第38条 次に掲げる供託又は請求(以下「供託等」という。)は、行政手続等における情報通信の技術の利用に関する法律(平成14年法律第151号。以下「情報通信技術利用法」という。)第3条第1項の規定により、同項に規定する電子情報処理組織を使用してすることができる。ただし、当該供託等は、法務大臣が定める条件に適合するものでなければならない。
一 金銭又は振替国債の供託(これと同時にする第42条第1項の書面の交付又は送付の請求を含む。)
二 供託金、供託金利息又は供託振替国債の払渡しの請求
(電子情報処理組織による供託等の方法)
第39条 前条の規定により供託等をするには、供託等をしようとする者又はその代表者若しくは管理人若しくは代理人(以下「申請人等」という。)は、法務大臣の定めるところに従い、法令の規定により供託書又は請求書に記載すべき事項(供託申請又は請求の年月日を除く。)に係る情報(以下「申請書情報」という。)(前条第2号の規定による払渡しの請求にあっては、当該申請書情報に電子署名(電子署名及び認証業務に関する法律(平成12年法律第102号)第2条第1項に規定する電子署名をいう。以下同じ。)を行ったもの)を送信しなければならない。
2 申請人等は、法令の規定により供託書若しくは請求書に添付し、又は提示すべき書面があるときは、法務大臣の定めるところに従い、当該書面に代わるべき情報にその作成者が電子署名を行ったもの(以下「添付書面情報」という。)を送信しなければならない。ただし、添付書面情報の送信

に代えて、供託所に当該書面を提出し、又は提示することを妨げない。
3 申請人等は、前2項の情報（第1項の情報にあっては、前条第2号の規定による払渡しの請求に係るものに限る。）を送信するときは、当該情報の作成者が電子署名を行ったものであることを確認するために必要な事項を証する情報であって次のいずれかに該当するものを併せて送信しなければならない。
　一 商業登記規則（昭和39年法務省令第23号）第33条の8第2項（他の省令において準用する場合を含む。）に規定する電子証明書
　二 電子署名等に係る地方公共団体情報システム機構の認証業務に関する法律（平成14年法律第百53号）第3条第1項の規定により作成された署名用電子証明書
　三 電子署名を行った者を確認することができる電子証明書であって、前2号に掲げるものに準ずるものとして法務大臣の定めるもの
4 前条第2号の規定による払渡しの請求について、第1項又は第2項の電子署名を行った者が法令の規定に基づき印鑑を登記所に提出した者であるときは、送信すべき電子証明書は、前項第1号に掲げる電子証明書に限るものとする。ただし、商業登記規則第33条の3各号に掲げる事項がある場合は、この限りでない。
5 登記された法人が前条の規定による供託等をする場合において、当該法人の代表者に係る第3項第1号に掲げる電子証明書が申請書情報（前条第2号の規定による払渡しの請求に係るものに限る。）又は代理人の権限を証する書面に代わるべき情報と併せて送信されたときは、当該供託等については、第14条第1項（第27条第3項（第35条第4項及び第42条第3項において準用する場合を含む。）において準用する場合を含む。）の規定は、適用しない。
6 前条第1号の規定による金銭の供託をする場合において、第16条第1項の規定による供託通知書の発送の請求をするときは、申請書情報に当該請求をする旨の記録をしなければならない。
（供託をする場合の資格証明書の提示に関する特則）

第39条の2　登記された法人が第38条第1号の規定による供託をする場合において、その申請書情報に当該法人の代表者が電子署名を行い、かつ、当該代表者に係る前条第3項第1号に掲げる電子証明書を当該申請書情報と併せて送信したときは、第14条第1項の規定にかかわらず、当該代表者の資格を証する書面を提示することを要しない。

（金銭供託の受理手続の特則）

第40条　第39条第1項の規定により金銭の供託に係る申請書情報が送信されたときは、第13条第1項の規定により供託書が供託所に提出されたものとみなして、第13条の2及び第16条第4項の規定を適用する。この場合においては、当該供託について、第20条の3第1項の申出があったものとする。

2　前項の場合において、供託者が第20条の3第2項の納付期日までに同条第1項の納付情報により供託金を納付し、かつ、法務大臣の定めるところに従い、供託書正本に係る電磁的記録の提供を求めるときは、供託官は、情報通信技術利用法第4条第1項の規定により、同項に規定する電子情報処理組織を使用して当該電磁的記録を提供しなければならない。

3　供託官は、前項の規定により供託書正本に係る電磁的記録を提供しようとする場合において、供託官の使用に係る電子計算機に備えられたファイルに当該電磁的記録に係る情報が記録され、電子情報処理組織を使用して送信することが可能となった時から30日以内に当該電磁的記録の提供を受けるべき者がその使用に係る電子計算機に備えられたファイルに当該情報を記録しないときは、同項の規定にかかわらず、当該電磁的記録を提供することを要しない。

（振替国債供託の受理手続の特則）

第41条　前条第2項及び第3項の規定は、第39条第1項の規定により振替国債の供託に係る申請書情報が送信された場合において、第19条の規定により供託所の口座について供託振替国債に係る増額の記載又は記録がされたときについて準用する。

（みなし供託書正本の交付）

第42条　供託者は、第40条第2項（前条において準用する場合を含む。）の規定により供託書正本に係る電磁的記録の提供を求めたときは、供託官に対し、当該電磁的記録に記録された事項を記載して供託官が記名押印した書面の交付を請求することができる。ただし、供託者が既に当該書面の交付を受けているときは、この限りでない。

2　前項の書面の交付を請求しようとする者は、第32号書式による請求書を提出しなければならない。

3　第9条の2第1項から第3項まで及び第5項の規定は請求書に添付した書類の還付について、第26条及び第27条の規定は第1項の書面の交付の請求について準用する。

4　第1項の書面は、第21条の3から第21条の5まで（第21条の6第1項において準用する場合を含む。）及び他の法令の規定の適用については、供託書正本とみなす。

（供託金又は供託金利息の払渡手続の特則）

第43条　第38条第2号の規定により供託金又は供託金利息の払渡しの請求をするときは、預貯金振込みの方法又は国庫金振替の方法によらなければならない。

2　供託官は、第39条第1項の規定により前項の請求に係る申請書情報が送信された場合において、当該請求を理由があると認めるときは、第28条第1項前段（第35条第4項において準用する場合を含む。）の規定にかかわらず、当該申請書情報の内容を用紙に出力したものに払渡しを認可する旨を記載して押印しなければならない。

（供託振替国債の払渡手続の特則）

第44条　第39条第1項の規定により供託振替国債の払渡しの請求に係る申請書情報が送信されたときは、第22条第1項の規定にかかわらず、供託物払渡請求書2通が供託所に提出されたものとみなす。

2　供託官は、前項に規定する場合において、当該請求を理由があると認めるときは、第29条第2項の規定にかかわらず、当該申請書情報の内容を用紙に出力したものに払渡しを認可する旨を記載し、請求者にその旨を通

知しなければならない。

（却下手続の特則）

第45条　供託官は、第38条の規定による供託等を却下する場合には、申請人等に対し、情報通信技術利用法第4条第1項の規定により、同項に規定する電子情報処理組織を使用して却下決定書に係る電磁的記録を提供することができる。

（氏名等を明らかにする措置）

第46条　情報通信技術利用法第3条第4項又は第4条第4項に規定する氏名又は名称を明らかにする措置であって主務省令で定めるものは、当該署名等をすべき者による電子署名（第38条第1号の規定による供託にあっては、申請人等の氏名又は名称に係る情報を入力する措置）とする。

第6章　雑則

（受諾書等の提出）

第47条　弁済供託の債権者は、供託所に対し供託を受諾する旨を記載した書面又は供託を有効と宣告した確定判決の謄本を提出することができる。

（供託に関する書類の閲覧）

第48条　供託につき利害の関係がある者は、供託に関する書類（電磁的記録を用紙に出力したものを含む。）の閲覧を請求することができる。

2　閲覧を請求しようとする者は、第33号書式による申請書を提出しなければならない。

3　第9条の2第1項から第3項まで及び第5項の規定は申請書に添付した書類の還付について、第26条及び第27条の規定は閲覧の請求について準用する。

（供託に関する事項の証明）

第49条　供託につき利害の関係がある者は、供託に関する事項につき証明を請求することができる。

2　証明を請求しようとする者は、第34号書式による申請書を提出しなければならない。

3　前項の申請書には、証明を請求する事項を記載した書面を、証明の請求

数に応じ、添付しなければならない。

4　第9条の2第1項から第3項まで及び第5項の規定は申請書に添付した書類の還付について、第26条及び第27条の規定は証明の請求について準用する。

（書面等の送付の請求）

第50条　次の各号に掲げる者は、送付に要する費用を納付して、それぞれ当該各号に定めるものの送付を請求することができる。

　一　第9条の2第1項（第42条第3項及び前条第4項において準用する場合を含む。）の規定により書類の還付を請求する者　当該書類

　二　第18条第1項の規定により供託書正本及び保管金払込書又は供託有価証券寄託書の交付を受ける者　当該供託書正本及び保管金払込書又は供託有価証券寄託書

　三　第19条第3項、第20条第2項前段、第20条の2第4項前段、第20条の3第4項前段、第20条の4第4項前段又は第21条の5第3項（第21条の6第1項において準用する場合を含む。）の規定により供託書正本の交付を受ける者　当該供託書正本

　四　第21条第4項の規定により代供託請求書又は附属供託請求書の正本、保管金払込書及び払渡請求書の交付を受ける者　当該正本、保管金払込書及び払渡請求書

　五　第29条第2項の規定により供託物払渡請求書の交付を受ける者　当該供託物払渡請求書

　六　第42条第1項の規定により同項の書面の交付を請求する者　当該書面

　七　前条第1項の規定により証明を請求する者　当該証明に係る書面

2　前項の場合においては、送付に要する費用は、郵便切手又は第16条第2項の証票で納付しなければならない。

様式編

1 第三債務者への供託及び事情届提出の教示
2 第三債務者からの事情届
3 滞調法の事情届通知書(滞納処分庁→裁判所)
4 滞納処分庁からの残余金受け取りの催告
5 副本ファイル閲覧申請書
6 滞調法上の差押え及び交付要求解除(通知)書(滞納処分庁→裁判所)
7 滞調法上の債権差押通知書(滞納処分庁→裁判所)(国税様式)
8 滞調法上の滞納現在額申立書(滞納処分庁→裁判所)(国税様式)
9 滞調法上の差押通知書及び交付要求書(滞納処分庁→裁判所)(国税様式)

1 第三債務者への供託及び事情届提出の教示

> お知らせ
>
> 1 あなたは、次に掲げる場合に該当するときは、この差押えによる差押債権額に相当する金銭を当（滞納処分庁）の徴収職員に支払う方法と、差押債権の全額に相当する金銭を債務の履行地の供託所に供託する方法とのいずれかを選択することができます（滞納処分と強制執行等との手続の調整に関する法律（以下「法」といいます。）第20条の6第1項、第20条の9第1項、第36条の12第1項、）。
> (1) この差押えの後に、民事執行法に基づく差押え又は民事保全法に基づく仮差押え（以下「民事の差押え」という。）がされた場合で、それらの（仮）差押えの額の合計が債務額を超えることとなったとき。
> (2) この差押えの後に、民事執行法に基づく差押え又は民事保全法に基づく仮差押えがされ、その後、更に滞納処分による差押えがされた場合で、それらの（仮）差押えの額の合計が債務額を超えることとなったとき。
> （注）この場合においては、この差押えの額を差し引いた残額については供託しなければならないこととされています（法第36条の6第1項）。
> (3) この差押えの後に滞納処分による差押えがされ、その後、更に民事執行法に基づく差押え又は民事保全法に基づく仮差押えがされた場合で、それらの（仮）差押えの額の合計が債務額を超えることとなったとき。
> (4) この差押えの前に民事保全法に基づく仮差押えがされた場合で、その仮差押えの額とこの差押えの額との合計が債務額を超えることとなったとき。
> 2 あなたが上記1（1の(2)の(注)を除きます。）により供託したときは、同封の事情届の用紙に必要事項を記入の上、当（滞納処分庁）へ提出してください。
> （注）この差押えについての債権差押通知書が送達される前に他の滞納処分による債権差押通知書又は民事執行法に基づく差押命令・差押処分が送達されている場合を除きます。
> 3 事情届には、供託書正本を必ず添付してください。
> 4 あなたが供託所に供託しない場合は、この差押え以外の差押えの有無を当（滞納処分庁）へご連絡ください。

連絡先：（滞納処分庁の部署名及び電話番号）

2　第三債務者からの事情届

事　情　届
平成　年　月　日 　　　　　　　殿 　　　　　　　　第三債務者　住　　　　所 　　　　　　　　　　　　　　氏名又は名称　　　　　　　　　　　　　印 　　　　　　　　　　　　　　電　話　番　号

1 差押債権の表示	(1)　滞納者（債権者名） 　　　　住　　　　所 　　　　氏名又は名称 (2)　差押年月日　平成　年　月　日 (3)　差押債権
2	供託した金額　金　　　　　　　円也
3	供託した日時　平成　年　月　日　午前・午後　　時

供　託　番　号	供　託　所
平成　　年度金第　　　号	（地方）法務局　　　支局

4 供託の事由	(1)　この届出をすることになった債権差押通知書の送達日 　　　平成　年　月　日 (2)　上記と競合するイ差押命令、仮差押命令　ロ滞納処分による差押え 　　　イ　　　　地方裁判所　平成　年（　　）第　　号 　　　　　　債　権　者　名 　　　　　（仮）差押命令の送達日　平成　年　月　日 　　　　　　差　押　金　額　金　　　　　　円 　　　ロ　　税務署（　　年金事務所、　　県税事務所　　市役所） 　　　　　債権差押通知書の送達日　平成　年　月　日 　　　　　差押金額　金　　　　　　　円 　　（以下省略）

作成要領
1　「1差押債権の表示」欄の「(2) 差押年月日」欄には、債権差押通知書に記載されている年月日を記載してください。
2　「1差押債権の表示」欄の「(3) 差押債権」欄には、債権差押通知書の「差押債権」欄に記載してあるとおりに記載してください。
3　「4供託の事由」欄の (2) のイでは、仮差押命令である場合には、(仮) に○印を付けてください。
4　「4供託の事由」欄に記載しきれないときは、適宜の用紙を用いて横書きで記載してください（差押えが複数あるときは、そのすべてを記載してください。）。

3　滞調法の事情届通知書（滞納処分庁→裁判所）

| | | | | | 平成　年（　　）第　　号 |

事情届通知書

平成　年　月　日

所在地
　　　　地方裁判所　　御中
　　　　　　　　　所在地
　　　　　　　　　　　　　滞納処分庁の長
　　　　　　　　　　　　　　　　　　　　　印

　下記のとおり、滞納処分と強制執行等との手続の調整に関する法律第20条の6第2項の規定による事情届が提出されましたから、同条3項の規定により通知します。

滞納者	住　　　所			
	氏名又は名称			
債権の表示	事件番号及び事件名	平成　年（　　）第　　号債権差押事件		
	第三債務者	住　　　所		
		氏名又は名称		
	債権の表示			
滞納処分の状況	行政機関等		自庁分	他庁分
		所在地		
		名称		
	差押年月日			
	差押えの範囲			
供託事由等	供託した金額			
	供託した日時	平成　年　月　日　午前・午後　時　分		
	供託事由	供託番号	平成　年度金第　　号	
		供託所	（地方）法務局　　支局	
備考				

作成要領
1　「この通知書は、滞調法政令第12条の6第1項の規定により作成する。
2　この通知書を「事情届けがあった旨の徴収職員等への通知」（滞調法基本通達20の6-5の(2)）として使用する場合は、補正して使用する。

4　滞納処分庁からの残余金受け取りの催告

平成　年　月　日

住所
氏名　　　　　　　　　様

滞納処分庁の長

残余金の交付について

　（　　　　　　　　）の滞納処分にかかる残余金の交付について、平成　年　月　日付配当計算書謄本によって交付期日を本年　月　日午後　時として通知させていただいたところですが、来所されていません。
　つきましては、本年　月　日午後　時に当（滞納処分庁）において受領いただきますよう再度通知します。
　なお、同日においても受領されない場合は、弁済供託することになりますので、この旨申し添えます。

担当課
担当者
電話番号

5　副本ファイル閲覧申請書

閲覧申請書

閲覧の目的
　（利害関係）　　申請人は、国税徴収法上の徴収職員（地方税法上の徴税吏員）であり（国税債権、地方税債権、保険料債権など）に係る滞納処分として滞納者に帰属する供託物払渡請求権の有無及びその存在内容を調査する必要があるため、供託書副本ファイルに記録されている内容につき閲覧を申請する。

閲覧しようとする関係書類及びその部分

　次の者について、供託書副本ファイルの有無及び有りの場合は、供託書副本ファイルに記録されている以下の事項。

・供託年月日　平成　　年　　月　　日
・供 託 番 号　平成　　年度金　　　　　号
・供 託 金 額　　　　　　　　　　　　円
・供託の種類
・供　託　者　住所又は居所
　　　　　　　氏名又は名称
・被 供 託 者　住所又は居所
　　　　　　　氏名又は名称

上記のとおり閲覧を申請する。

　平成　　年　　月　　日

　　　　　　　　　申請人（徴収職員）

　　　　　　　　　　住所（滞納処分庁住所）

　　　　　　　　　　名称（滞納処分庁の長氏名）　　　　　　印

○○法務局　御中
（○○地方法務局　　支局）

6　滞調法上の差押え及び交付要求解除（通知）書（滞納処分庁→裁判所）

	平成　年（　　）第　号

差押え及び交付要求解除（通知）書

平成　年　月　日

所在地

　　　　地方裁判所民事第　部　御中

　　　　　　　　　　　　滞納処分庁の長

　　　　　　　　　　　　　　　　　　　印

　下記の財産の差押えを解除　します　ので、この通知を交付　します。
　　　　　　　　　　　　　　しました　　　　　　　　通知
なお、交付要求も解除します。

滞納者	住　　　所	
	氏名又は名称	

差押え及び交付要求解除財産等	事件番号及び事件名	平成　年（　　）第　　号	
	差押年月日	差押解除年月日	交付要求年月日
	平成　年　月　日	平成　年　月　日	平成　年　月　日
	財産の表示	名称、数量、性質及び所在	

参加差押え等	執行機関	所在地	
		名　称	
	差押財産	名称、数量、性質及び所在	

備考	

7 滞調法上の債権差押通知書（滞納処分庁→裁判所）（国税様式）

		平成　年（　）第　号

債権差押通知書

　　　　　　　　　　　　　　　　　　　　　　　　平成　年　月　日

所在地
　　　地方裁判所　　　御中

　　　　　　　　　　　　　　　　所在地
　　　　　　　　　　　　　　　　滞納処分庁の長
　　　　　　　　　　　　　　　　　　　　　　　　印

　下記のとおり、滞納国税及び滞納処分費を徴収するため、下記の債権を平成　年　月　日差押えましたので、滞納処分と強制執行等との手続の調整に関する法律第 36 条の 3 第 2 項の規定により通知します。

滞納者	住　　所	
	氏名又名称	

滞納国税等	年度	税目	納期限	本税	加算税	延滞税	利子税	滞納処分費	法定納期限等	備考
				円	円	法律による金額 円	円	法律による金額 円		

差押債権	事件番号及び事件名	平成　年（　）第　号	
	第三債務者	住　　所	
		氏名又は名称	
	差押債権	（別紙差押財産目録のとおり）	

備考：「延滞税」欄の「要：」の記載は、国税通則法所定の全延滞税額の交付を求めるものである。また、：以下の金額は、便宜、この交付要求書作成日までのものを概算したものである。「滞納処分費」欄に掲げた金額は、この要求書作成日までのものである。

8 滞調法上の滞納現在額申立書（滞納処分庁→裁判所）（国税様式）

事件番号	平成　　年（　）第　　号

滞納現在額申立書

平成　　年　　月　　日

所在地
　　　　地方裁判所　　　　部御中

　　　　　　　　　　滞納処分庁の長　　　　　　　　㊞

　滞納国税は、下記のとおりです。
　滞納処分と強制執行等との手続の調整に関する政令第29条第2項の規定により、この書面を交付します。

滞納者	住　所	
	氏名又名称	

滞納国税等	年度	税目	納期限	本税	加算税	延滞税	利子税	滞納処分費	計	法定納期限等
				円	円	円	円	円	円	
		計								

参考事項	

作成要領
1　この申立書は、滞調法政令第29条第2項の規定により作成する。
2　「滞納国税等」欄については、9滞調法上の債権差押通知書及び交付要求書作成要領の4と同様である。
　　なお、延滞税については、第三債務者が法第36条の6第1項の規定により供託した日現在における金額を記載する（徴収法基本通達第129-7参照）。

9 滞調法上の差押通知書及び交付要求書（滞納処分庁→裁判所）（国税様式）

事件番号	平成　年（　）第　号

差押（通知）書及び交付要求書

平成　年　月　日

所在地
　　　地方裁判所　　　部
　　執行官　　　　　　殿

所在地
滞納処分庁の長　　　　　　　㊞

　　　　　　　　　　　　　　　　　　　差し押さえます
　下記のとおり、滞納国税及び滞納処分費を徴収するため、財産を
　　　　　　　　　　　　　　　　　　　平成　年　月　日差し押さえました
ので、滞納処分と強制執行等との手続の調整に関する法律第　条　第　項の規定により、この書面を交付
　　　　　　　　　　しします。
通　　　　　　知
　なお、下記のとおり、滞納国税及び滞納処分費を徴収するため、国税徴収法第82条第1項により交付要求をします。

| 滞納者 | 住　　所 | |
| | 氏名又名称 | |

滞納国税等	年度	税　目	納期限	本　　税	加算税	延滞税	利子税	滞納処分費	法定納期限等
				円	円	法律による金額 円	円	法律による金額 円	

交付要求に係る事件番号及び事件名	

差押財産	名称、数量、性質及び所在

作成要領
1　この差押（通知書）及び交付要求書は、滞調法政令第13条、第17条の2、第19条、第24条第1項及び第25条から第27条までの規定により、動産について滞納処分による差押えをする場合又は不動産、船舶、航空機、自動車、建設機械若しくは小型船舶について滞納処分による差押えをした場合において作成する。
2　適用条項は、該当する条項を記載し、不要部分は二重線で抹消する。
3　動産について滞納処分による差押えをする場合に限り、様式本文の「平成　年　月　日差押えました」及び「通知」を抹消することに留意する。
4　「滞納国税等」欄は、滞納国税等をその法定納期限等の古い順に記載し、法定納期限等の同一のものが2以上あるときは、小計を付する。

事項索引

■ あ行

異議をとどめない承諾 ………… 209
一部差押え …………………… 137,138
営業上の保証供託 ………………54
営業保証供託 ……………………66
閲覧請求 ………………………… 279
閲覧できる者 …………………… 278

■ か行

確定日付 ………………………… 215
確定日付のある債権譲渡通知 ……… 139
確認訴訟 ………………………… 205
仮差押 …………………… 66,95,219,247
仮差押解放金 …………………… 168,257
仮差押解放金債権 ……………… 251
仮差押競合債権 ………… 95,219,221
仮差押えの権利供託 ……………85
仮処分 …………………………… 219
寄託 ……………………………… 3,10,105
寄託契約 …………………………26
基本債権 …… 204,206,208,221,265,271,273
義務供託 ………… 11,67,68,69,82,84,94
186,191,192,194,246
供託官の審査権限 ………………56
供託金の還付 …………………… 7
供託金の変動 ……………………97
供託金の利息 ……………………97
供託金払渡請求権の消滅時効 …… 103
供託金払渡請求権の消滅時効期間 … 105
供託原因 …………………………55
供託原因が消滅 ………………… 38,55
供託者 ……………………………10
供託受理の決定 …………………97
供託書正本 …………… 180,181,194

供託書副本 …………………… 280
供託の意義 …………………… 3
供託の沿革 …………………… 2
供託の字解 …………………… 2
供託の受諾 ……………………53
供託場所 ……………………… 163
供託物 …………………………33
供託物還付請求権 …………… 215
供託物の還付 …………………68
供託を受諾 ……………………55
銀行 ……………………………13
金銭、有価証券 ……………… 13,33,67
形式的審査 ……………………16
現金取扱庁 …………………… 14,37,97
検査権 ………………………… 277
権利供託 …… 11,67,68,77,82,93,95
175,186,204,219,242
権利能力のない社団又は財団 …… 12
行為能力 ………………………12
抗告訴訟 ………………………27
口頭の提供 …………………… 149
混合供託 ………… 71,73,204,208,265,271

■ さ行

債権差押通知 ………………… 139
債権者の受領不能 …………… 150
債権者不確知 ………… 13,59,150,271
債権譲渡 ……………… 43,73,77,265
債権譲渡通知 …………………72
債権譲渡通知書 ………………39
裁判上の担保供託 ……………65
裁判上の保証供託 ……………54
裁判所の配当 ………………… 185
債務の承認 …………………… 281

債務（の）履行地の供託所
……………………… 69,82,163,164
債務名義………………………………85
錯誤…………………………… 38,54,55
差押競合債権………………… 93,170,189
差押後の利息……………………………99
差押通知が同時到達………………… 196
差押通知の到達先後不明………… 203
残余金………………… 9,148,167,170,221
時効の完成猶予…………………………287
時効の更新………………………………287
時効の中断………………………………281
事情届……………………………………220
事情届通知書………………………180,194
執行機関…………………………………94
執行供託…………………………… 67,88
実質的要件………………………………16
質問………………………………………277
支払委託……………………… 68,83,195
地面師……………………………………56
受領拒絶……………………………… 149
受領（を）拒否………………………9,13
受領不能…………………………… 13,149
譲渡………………………………………39
譲渡禁止特約……………………………72
譲渡禁止特約付債権……………… 13,77
消滅時効の起算点…………………… 104
処分取消しの訴え………………………27
人格のない社団又は財団………………12
審査請求…………………………………26
全額差押え………………………… 129,179
選挙供託……………………………… 33,77
倉庫業者…………………………… 13,34
その他の物………………………… 33,67

■ た行

代価弁済…………………………………34

滞調法の権利供託・義務供託………92
滞納処分の続行………………… 273
担保供託………………………… 55,61
天然果実…………………………………99
転付命令…………………………………88
当事者適格………………………………12
当事者能力………………………………11
同時履行…………………………………53
到達の先後関係が不明……………… 139
独立性…………………………………38,40
土地管轄………………………………163
取立訴訟………………………………131

■ な行

二重に譲渡………………………… 139,146
二重弁済…………………………… 72,77,84

■ は行

配当等………………………… 68,84,185
配当要求…………………………………84
配当要求の終期…………………… 194
破産手続開始（の）決定……… 261,271
非現金取扱庁……………………… 14,37,97
物品………………………………………13
不服申立制度……………………………26
振替国債………………………… 3,13,33,67
弁済供託……………… 3,7,10,26,38,54,55
……………… 59,73,105,151,163,166
法定果実…………………………………99
保管供託…………………………………82
保証金を供託……………………………44
保全法上の権利供託……………… 247
没収………………………………………78
没収………………………………………78
没取供託…………………………………81
本案訴訟…………………………… 85,95

■ ま行

みなし仮差押解放金…………… 169,255

■ や行

優越的な地位……………………… 42,54
行方不明…………………………… 9
譲受人………………… 40,44,72,77,146

■ ら行

利息支払請求権…………………………99

判例年月日索引

■ 大正

大判大 5.3.8（民録 22-537） ··· 100

■ 昭和

最一判昭 15.12.11（民集 57-11-2196） ······································· 123
最大判昭 32.6.5（民集 11-6-915） ··· 151
千葉地判昭 35.6.7（行集 11-6-1837）（最一判昭 36.10.12 の第一審） ············· 17
仙台高判昭 35.12.5（下民集 11-12-2621）（最二判昭 37.7.13 の原審） ············ 51
最一判昭 36.10.12（集民 55-125、訟務 8-2-325） ······························ 16
最二判昭 37.7.13（民集 16-8-1556） ·· 50
名古屋地判半田昭 38.12.2（訟務 9-12-1334）（名古屋高判昭 39.12.15 の原審） ···· 229
名古屋高判昭 39.12.15（高民集 17-8-607） ··································· 223
東京高判昭 42.5.9（民集 22-10-2254）（最一判昭 43.10.24 の原審） ············· 217
最一判昭 43.10.24（民集 22-10-2245、判タ 228-101） ························· 216
大阪地判昭 44.2.15（判タ 233-179）（大阪高判昭 45.9.30 の原審） ··············· 30
最大判昭 45.7.15（民集 24-7-771） ·· 106
最一判昭 45.7.16（民集 24-7-879） ·· 262
大阪高判昭 45.9.30（判時 619-43） ··· 28
最三判昭 45.12.15（民集 24-13-2043） ······································· 243
宇都宮地判昭 49.1.31（訟務 20-6-106） ······································· 45
最三判昭 55.1.11（民集 34-1-42、金法 914-126） ····························· 140
東京地判昭 55.6.12（行集 31-6-1314））（最二判昭 59.11.26 の第一審） ··········· 23
東京高判昭 56.1.29（行集 32-1-134）（最二判昭 59.11.26 の原審） ··············· 20
東京地判昭 56.9.28（判時 1040-70） ··· 283
最二判昭 59.11.26（集民 143-205、判時 1149-87） ····························· 19
最二判昭 60.7.19（民集 39-5-1326） ·· 88

■ 平成

東京地判平 4.11.27（金法 1362-46） ··· 160
東京高判平 5.2.25（訟務 39-11-2269、判時 1452-40）（最一判平 9.6.5 の原審） ··· 211
最三判平 5.3.30（民集 47-4-3334） ·· 142
最三判平 6.6.21（民集 48-4-1101） ·· 254
広島高決平 8.10.1（判タ 938-270） ·· 250
最一判平 9.6.5（民集 51-5-2053、判時 1615-39） ····························· 209

東京地判平 11.3.26（判時 1692-88 金商 1084-46）………………………………… 197
大分地判平 16.3.26（訟務 51-5-1315）………………………………………………… 266
名古屋地判平 18.12.4（訟務 54-5-1087）……………………………………………… 133

判例要旨索引

■ あ行

一般債権者の差押えと物上代位権の行使の差押えでは物上代位が優先する……………88

■ か行

仮差押解放金の性質とその時効中断効………………………………………………………254
仮差押えがあるときの残余金交付を滞納者とすることの適否①……………………………223
仮差押えがあるときの残余金交付を滞納者とすることの適否②……………………………229
元本債権の差押えとその利息債権に及ぼす効力……………………………………………100
供託官の行う供託物取戻請求の却下は行政処分にあたる……………………………………28
供託官の供託金払戻請求却下処分は行政処分ではない………………………………………30
供託官の審査は形式的要件により実質的審査権限を有するものでない①…………………16
供託官の審査は形式的要件により実質的審査権限を有するものでない②…………………17
供託官は供託書に基づき供託の有効性につき実体的要件の審査権限を有する①…………20
供託官は供託書に基づき供託の有効性につき実体的要件の審査権限を有する②…………23
供託金取戻請求権転付により供託金還付請求権は消長を来たさない………………………50
供託申請における供託官の審査権限の範囲……………………………………………………19
供託物取戻請求権が転付された場合には供託の効力は失われる……………………………51
供託物取戻請求権は被供託者の還付請求権には対抗できない………………………………45
権利を行使することができる時の解釈…………………………………………………………123

■ さ行

債権が仮差押えを受けているときは取立て等の満足的手続きは許されない………………250
債権の全額差押えの意義…………………………………………………………………………133
差押通知と確定日付ある譲渡通知との到達先後関係が不明の場合…………………………142
市役所文書課係員受付の債権譲渡通知書は確定日付ある証書とならない…………………217
市役所文書課係員受付の債権譲渡通知書は確定日付ある証書となる………………………216
受領拒否と債権者への口頭の提供をしない場合の債務不履行………………………………151
譲渡禁止特約付債権の譲渡後にされた債務者の譲渡と債権譲渡の第三者に対する
効力………………………………………………………………………………………………209
譲渡禁止特約付債権の譲渡と債権者不確知による供託の可否………………………………160
譲渡禁止の特約付指名債権の譲渡が有効となる場合における対抗力の遡及時期…………211

■ た行

第三債務者へ権利供託を認める趣旨……………………………………………………………243

滞納処分によって差押えされた債権は時効が中断しない……………………… 283
同時到達における譲受人の弁済請求………………………………………………… 140

■ は行
破産宣告後の新たな滞納処分の許否………………………………………………… 262
破産宣告後の供託金還付請求権の差押え…………………………………………… 266
弁済供託における供託金取戻請求権の消滅時効の起算点とその期間…………… 106
法定納期限前設定の抵当権による物上代位と賃料差押えの優劣………………… 197

先例年月日索引

■ 明治
明 45.5.23 民事 582 民事局長回答（先例集 1-17） ……………………………… 44

■ 昭和
昭 23.8.20 民事甲 2378 民事局長通達（先例集 1-367）（ジュリ 158 百選-4） ………… 165
昭 33.5.1 民事甲 917 民事局長心得回答（先例集 1-873） ……………………………… 42
昭 55.9.6 民事 4・5333 民事局長通達・第 2、4 の 1（一）（先例集 6-319）
　　（ジュリ 158 百選-100） ……………………………………………………… 69,249
昭 55.9.6 民事 4・5333 民事局長通達・第 2、4 の 2（先例集 6-310）
　　（ジュリ 107 百選-110） …………………………………………………………… 249
昭 61.12.16 民事 4・8986 民事局第四課長回答（先例集 7-162）
　　（ジュリ 158 百選-162） …………………………………………………………… 72

■ 平成
平 5.5.18 民事 4・3841 民事局第四課長通知（民事月報 48-5-112）
　　（ジュリ 158 百選-60） ……………………………………………………………… 147
平成 8 年度全国供託課長会同決議・5 問（民事月報 52-4-16）
　　（ジュリ 158 百選-166） ……………………………………………………………… 184
平 2.11.13 民事 4・5002 民事局長通達・第 2、3（一）ア（イ）（民事月報 45-11-208）
　　（ジュリ 158 百選-104） ……………………………………………………………… 249

先例要旨索引

■ あ行

いわゆる混合供託がされている供託金について滞納処分に基づく取立てによる
還付請求があった場合の払渡認可の可否……………………………………………72

■ か行

金銭債権に対して仮差押えの執行のみがされた場合の供託①…………………… 249
金銭債権に対して仮差押えの執行のみがされた場合の供託②…………………… 249
金銭債権の一部のみが差し押さえられた場合における供託①……………………69
金銭債権の一部のみが差し押さえられた場合における供託②…………………… 249
供託受諾の意思表示と供託物取戻請求権……………………………………………42
供託物取戻請求権の処分と還付請求権の行使………………………………………44

■ さ行

債権譲渡と債権差押通知の先後が不明である場合の供託受理の適否…………… 147
債権に対する遅延損害金が供託されている場合の払渡請求の範囲……………… 184
債務履行地に供託所がないときの供託所…………………………………………… 165

著者紹介

吉国　智彦　（よしくに　さとひこ）

　　　　　　　　　社会保険労務士・公租公課徴収指導者
昭和33年生まれ　　山口県出身
昭和51年 4月　　　社会保険庁採用
平成21年12月　　　社会保険庁辞職（社会保険庁廃止による）
平成22年 1月　　　日本年金機構宇部年金事務所長
平成23年10月　　　同本部徴収企画指導グループ長
平成25年 4月　　　同中国ブロック本部適用企画指導グループ長
平成27年10月　　　同本部人材育成グループ（研修センター）教授
平成29年 7月末　　日本年金機構退職
平成29年 9月　　　山口県周南市にて、銀座社会保険労務士法人設立　代表社員

著書
徴収職員のための滞調法の基本と実務（平成29年8月　第一法規）
図解債権譲渡判例集　裁判例からみる債権回収の実務（平成29年12月　日本加除出版）

サービス・インフォメーション
―――――――――――――――――――通話無料―――
①商品に関するご照会・お申込みのご依頼
　　　TEL 0120(203)694／FAX 0120(302)640
②ご住所・ご名義等各種変更のご連絡
　　　TEL 0120(203)696／FAX 0120(202)974
③請求・お支払いに関するご照会・ご要望
　　　TEL 0120(203)695／FAX 0120(202)973

●フリーダイヤル（TEL）の受付時間は、土・日・祝日を除く
　9：00～17：30です。
●FAXは24時間受け付けておりますので、あわせてご利用ください。

**供託されてもひるまない
徴収職員のための供託制度の知識と対処法**

　　　平成30年10月20日　初版第1刷発行

　　　著　者　　吉　国　智　彦
　　　発行者　　田　中　英　弥
　　　発行所　　第一法規株式会社
　　　　　　　　〒107-8560　東京都港区南青山2-11-17
　　　　　　　　ホームページ　http://www.daiichihoki.co.jp/

徴収職員供託制度　ISBN978-4-474-06495-9　C2031　(6)